China and Her People

百年前的中国和中国人：
田贝北京回忆录

[美] 田贝
（Charles Denby）

著

叶凤美

译

北京联合出版公司
Beijing United Publishing Co.,Ltd.

本书是一位美国外交官对中国的观察，对往事的回忆，以及所得出的结论。

作者查尔斯·登比（Charles Denby，中文名：田贝）是一名法学博士，曾任美国驻华公使，在华13年。

本书为两卷本。书中附有作者收集的大量图片和照片的复制品。

本书由科洛尼尔出版社（Colonial Press）于1905年11月出版，由L. C.佩奇出版公司（L. C. Page & Company）于1906年发行。

法学博士田贝

# 序　言

　　已故陆军上校查尔斯·登比（Charles Denby，中文名：田贝）常驻远东的那些年，正是那个地区在世界文明史上最令人瞩目和最重要的时期。总体来说，田贝原本只是（美国）内战中印第安纳州一个军团的普通指挥官，在赴华前对中国这个国家总体上一无所知，事先也没有接受过什么外交工作方面的培训。而他奉派担任美国驻大清帝国公使，在其任上竟能如此善断外交事务，以至于连任三届，每届四年，外加第四届的第一年，而且还是处在政治上最为艰难的时期，这不能不说是我国外交史上最著名的事例之一。毋庸置疑，田贝先生值得被称为一个极具才干、极为可贵的公务员，他兢兢业业地工作，为美国和美国人民赢得了声望和荣誉。他连续 13 年担任外交高官，可以说是创造了我们国家的一个纪录，这样说丝毫不过分。因此，要求他将其经历写成回忆录出版也就顺理成章了。田贝就是为了回应这一要求写了本书，而将此书结集付梓，则让我倍感荣幸。

　　这样的一本书应当既趣味盎然，又珍贵无比。对此，我相信读者自会从本书中深有体会。作者的写作风格是最讨人喜欢的那一种：在纯粹的回忆部分，他引领读者去理解和欣赏北京的宫廷生活，读者会禁不住与他一起为那里曾经的外交使团已不复存在而深感惋惜。他饱含同情心地准确描述了中国人的内心生活、精神和抱负。作者记录了中国及中国人，谈及中国的人和事，巨细靡遗，娓娓道来。我们要对其心怀感激，这样说想必大家都会举双手赞成。

本书第一卷描述了中国的社会生活和普通百姓，第二卷则侧重政治方面。读者在书中将会发现作者清晰地、毫不隐晦地阐述了日俄战争的潜在因素。阅读本书的这一卷，读者一定会相信作者以其睿智的洞察力与锐利的目光，一眼便看穿了远东问题的核心。田贝在其人生的最后日子里，当得知在中国实行"门户开放"的主张已在海约翰（John Hay）的指引下，成为美国和这个世界的政策时，他无疑感受到了难得的和持续的欣慰，因为他从一开始起就坚定并勇敢地支持"门户开放"。这样一种经历是留给其后代的一份珍贵遗产。

确实没法说哪些章节最有看头，不过，如果一定要说的话，那肯定是有关结束中日甲午战争的和平谈判的那部分。田贝上校充当了谈判的中间人，正是因为他在谈判起步阶段游刃有余的处理技巧，才使和平最终得以达成。在书中涉及传教士的章节里，田贝上校表明了自己力挺他们的立场；涉及义和团运动和美国排华的有关问题，也特别值得一读，对我们很有启发，引人深思。

编者考虑得极为周到，在第二卷中附加了第十八章，内容为新近发生在远东的战争的梗概和年表。这一章无疑错漏难免，然而却使这部重要的著作更为完满。

F. B. T.

# 法学博士田贝生平简介

1830年6月16日，查尔斯·登比（Charles Denby，中文名：田贝）出生于美国弗吉尼亚州博特图尔特县的乔伊山，是纳撒尼尔·登比（Nathaniel Denby）和简·登比（Jane Denby）夫妇的长子。乔伊山是田贝的祖父马修·哈维（Matthew Harvey）的乡间居所所在地，那里至今仍被作为一个值得一游的景点介绍给到访弗吉尼亚的游客。

田贝先生在弗吉尼亚州汉诺弗县的汤姆·福克斯学校接受了早期教育，后来进入哥伦比亚特区的乔治敦学院，再后来进入弗吉尼亚州军事学院，1850年他以优异的成绩从该学院毕业。

田贝的父亲是弗吉尼亚州的一位船主，对欧洲贸易很感兴趣。在田贝十来岁时，其父奉派赴法国马赛港任职，职务相当于总领事，不过那时称之为美国海军代理。纳撒尼尔·登比走马上任时带上了田贝，少年田贝在法国度过的那些年，构成了青年田贝受教育经历中的一段重要时期。他在那里学习法语，能说一口流利地道的法语，而且后来从未荒废掉。熟稔法语为他后来的外交生涯提供了不可估量的有利条件。在法国度过的那些年也为他后来的军事训练打下了坚实基础，特别是使他之后在弗吉尼亚州军事学院能够出色地完成学业，也因此，他于 1861 年应召入伍，被派往其家乡担任军事训练和军事技术方面的教官。田贝在后来的岁月里常常充满深情地、骄傲地回忆起他在马赛皇家学院所学的课程，以及这些课程对他的极大帮助，使他从中获益匪浅。

从弗吉尼亚州军事学院毕业后，田贝去了亚拉巴马州的塞尔马，在那里的学校从事了 3 年的教育工作。1853 年，他迁居到印第安纳州的伊文斯维利，他把家安在那里，直至终老再未搬迁。那时的伊文斯维利只是一个有着 6000 居民的小镇，该镇位于俄亥俄河之畔，这里也是沃巴什和伊利运河的尽头处，这样的地理位置看起来这里注定会有极大发展。在伊文斯维利，田贝专心于法学研究并从事新闻工作。1856—1857 年的议会会期期间，他作为其所在县的代表进入印第安纳州议会。在议会工作时，田贝邂逅了玛莎·菲奇小姐，她是印第安纳州的美国联邦参议员菲奇的女儿，他俩后来喜结连理。这一姻缘使他们成为完美的一对，两人终生恩爱如初，直至田贝撒手人寰。

在萨姆特要塞遭到攻击的那一天，田贝先生便意识到一场痛苦的战争在这个国家开始了。以其在弗吉尼亚出生并在那里的军事学院接受过训练的背景，田贝注定要为国家做出贡献。他毫不犹豫地终止了所从事的事业，关闭了办公室，立即着手组建一支队伍，高举星条旗为国而战。凭借其指挥才能，这支队伍在军事技术方面特别过硬。最后他的队伍于 1861 年 7 月正式编入印第安纳志愿军第 42 军团，并积极投入战斗。田贝先生被指派为这个团的中校，任此职直至 1862 年 10 月 10 日，同时从这天起被调派至印第安纳志愿军第 18 军团任上校。他身经百战，曾两次负伤，不过伤得不算重。1863 年 2 月，根据军医的证明，部队强令他退伍。之后他回到伊文斯维利，重新从事法学研究。

终其一生，田贝与民主党不离不弃，是民主党竞选活动的积极参与者。尽管他从未成为某一政治职位的候选人，但他全身心地投入民主党的各种会议，多次作为印第安纳州的代表出席民主党全国代表大会。

克利夫兰当选为总统时，田贝的朋友们提议田贝作为外交服务岗位的候选人。1885 年 5 月 29 日，他被指派为驻中国公使。他对外交职业具有特殊禀赋，对工作尽职尽责，充满激情，他刻苦学习，善于思考，他在工作、生活方方面面始终都表现得正直无私，所有这一切很快便显现出他是国家在这个岗位上的不二人选。在各国首都的美国公使中，鲜有像田贝那样，不仅他本人的上司，而且他奉派所驻国家里他的那些同胞们，同时还有驻在国政府，所有各方都对他表示满意。田贝在中国连任了三届又外加第四届的部分时间，其间，中国当局从未对他失去过信任。比起其他外国公使，中国政府更愿意对田贝敞开心扉，谈他们遇到的问题和困难，听取他的建议，并主要依其建议作为指导来处理与其他列强的关系。田贝严谨正直，公正无私，他理应受到这样特别的尊重。无论何时，他自始至终致力于维护本国政府及驻在国他的同胞们的利益，他从未有过哪怕是一次，利用自己的影响捞取个人好处。他在中国常驻的时期，正是国际政治风云跌宕起伏之时。那时多个强国政府在中国角逐对华贷款权，迫使其出让租借地；那时大量资金进入中国来推进铁路建设和矿产开采；那时凡能影响或能"吸引"中国政府，就能获得这个巨大的商品市场。就是在中国近代史上的这个时期，田贝追寻着纯洁而崇高的事业，美利坚合众国的名声不曾被玷污，而在这个时期，有几个国家却声名狼藉。

作为公使在其忙忙碌碌的任上，田贝所获得的尤为显著的成功，并非在于他得到了众多热情有加的赞赏，而在于他与美国在华传教士的关系方面。他很早就认识到美国在华传教士的利益对美国在华利益至关重要。他最早期的职责之一就是去了解传教士，了解他们的工作、他们的个性、他们在其所属教会中的地位等。对于此项任务，他以特有的热情付出了不寻常的努力。他在中国游历了很多地方，访问和视察过学校、学院、医院和教堂。每到一处，他都与传教士们敞开心扉交朋友，亲自分享他们成功的喜悦，倾听他们的牢骚和抱怨。同时，以其与大清帝国各级部门的官方关系，使自己与意见相左的双方彼此都很熟悉，进而使其得以形成一个认知：传教团以及传教士是不容置疑的。

田贝上校是在克利夫兰先生当选总统后出使中国的，其任内经历了克利夫兰先生的第一个总统任期，哈里森先生的总统任期，克利夫兰先生的第二个总统任期，接着他又在麦金莱总统上任后继续任职一年多时间。麦金莱总统接受了田贝的辞呈，总统曾对其朋友说，田贝辞职是因为其党内有一个职位需要他，并非出于他个人的原因。

1898 年 9 月，田贝上校一回到美国就被指派为一个使团的成员，该使团的职责是质询对西班牙开战的行为。使团解散之前，他又被推举为赴菲律宾的第一个使团的成员，该团的其他成员有杜威将军、奥蒂斯将军、康奈尔大学校长舒尔曼，以及密歇根大学的伍斯特教授。田贝对远东的广博知识与经验，给予了使团工作极有价值的帮助，使团中的同事以及政府都对他赞赏有加。

从原岗位正式退休之后，田贝上校返回在印第安纳州伊文斯维利的老家定居，专心于写作、做研究，以及享受家庭生活。他的家庭关系十分和睦，生活幸福美满，他交友广泛，一生都在享受着朋友们的爱戴。作为一个有血有肉的人，他是一个完美的堂堂正正男子汉的楷模。所有认识他的人，都会被他高尚的忍耐和宽容的品格所吸引。他匀称的身材和英俊帅气的容貌使他在一切公共场合均能吸引众人的目光。74岁时，他去纽约的詹姆斯顿做演讲，其间倏然离世。

——（原书）编者

# 目　录

第二卷

# 插图目录

## 第一卷

# 第二卷

第一卷

# 第一章　出使中国

1885 年 5 月 29 日，克利夫兰总统指派笔者为驻大清帝国公使。我在公使的任期上，经历了克利夫兰的第一个总统任期，哈里森的总统任期，克利夫兰的第二个总统任期，直到麦金莱总统任期内的 1898 年 8 月我才卸任。这年 8 月，由埃德温·康格（Edwin H. Conger）接替了我，随后我回到了美国。这样，我任驻华公使长达 13 年多，我在中国居住的时间也几乎有那么长。长期生活在中国，使我能够对中国人的性格和生活由表及里地有了最深入的了解。

中国提供了一个非同一般的有趣议题，供美国人来评述和讨论。我们对中国感兴趣，因为我们与其有贸易关系；因为我们现在也可以说是一个亚洲强国；因为我们的很多同胞，无论是作为商人，还是作为传教士，居住在这个国度里。除此之外，那些不为人知的罗曼蒂克的东方所具有的魅力，也使整个议题更吸引人——这块土地上聚集着数量巨大的人口，他们说着奇怪的语言，有着奇怪的习惯和风俗，并且有着可以追溯到几千年前，比我们美国立国早得多得多的文明。除了这些考虑之外，还有一个重要的国际性问题已经发展到了极具威胁性的地步。就在当下，我们已经成为维护中国独立自主的原则的坚定支持者。我们不仅正在为赢得一个市场而战——这个市场对于我们珍贵无比，而且我们也对中国的事态发展忧心忡忡，那就是欧洲列强将通过分割中国的领土，以其驻屯于中国沿海或扬子江沿岸的武装部队，与我们在远东的殖民地对峙。瓜分大清帝国是报纸、演说家，以及国务院热议的议题。回望过去，我们有着仁慈地善待"远东"的光彩历史，不过是否继续坚持和平路线还是尚待解决的问题。根据以往的判断，我们完全可以相信，我们的外交可以取代我们的大炮。我们在"远东"的名声主要基于这样的事实：我们对待各个不同的种族都是依据"黄金法则"。世界上的所有国家里，只有我国签订了严肃的条约，并据此颁布法律，规定美国人不得在中国经营买卖鸦片。美国船只一律不得携带这种毒品，美国商人不得将这种毒品投放中国市场。而且通过最近即 1903 年 10 月与中国签订的新条约，我们同意将吗啡以及吸食吗啡的器具一律逐出中国市场。

我们打开了日本的大门。海军准将马修·加尔布雷斯·佩里（Matthew Galbraith Perry）与日本签订了第一个条约，此前无论欧洲或美洲的任何一个国家都未曾与其签订过条约。该条约签订于 1854 年 3 月 31 日。后来在 1883 年，我们主动将我们赔款所得 300 万美元归还给日本，那是日本对四国（荷兰、英国、法国和美国）的赔款，因为马关的大名的炮台曾经炮击损毁过四国船只。四国之中，唯有我国归还了赔款。1885 年，我国还主动归还给中国总计 453,400 美元。这笔款子是 1858 年中国对美赔款[1]总额的尚未支付的尾款，根据条约我们当然完全可以保留此款。

东印度公司垄断英国对华贸易直至 1832 年，那年，东印度公司的对华贸易特许权被英国议会所撤销，由此带来了一个重大的变化，即英国驻中国的代表应该是外交使节而不是之前的商务代表。东印度公司曾经疯狂地反对基督教传教士的努力宣教。它就知道做生意，而从未教授或指导过中国人任何事情。它眼中没有《圣经》和任何宗教读本。这个公司的组建就是一个目的：赚钱。公司为达此目的还严格地规范其行为。取消了它的特许权就为商业发展开辟了广阔天地。我们与中国的贸易关系始于 1784 年，当我们美国的第一艘船"中国皇后号"（Empress of China）于那年的 8 月 30 日抵达从未到过的广州，在广州靠港抛锚，中美贸易就此开始了。"中国皇后号"由约翰·格林（John Green）船长驾驶，该船的商务代表山茂召（Samuel Shaw）成为了美国驻华第一任领事。我们与中国的第一个条约签订于 1844 年 7 月 3 日，是由作为美国专使的顾盛（Caleb Cushing）与中国签订的。从那天起直至眼下，我们的贸易额一直在增长，到 1901 年，总量达到 31,000,000 美元，几乎占了中国对外贸易的 1/10。1902 年，又增长到 34,699,784 美元。那年，中国进口货值为 315,363,905 海关两[2]，出口货值为 214,181,584 海关两。进出口总值达 529,545,489 海关两。

没有一个国家或阶级可以把打开中国国门使其与外国交往的全部功劳据为己有。外交家、领事、商人、水手、士兵，以及各国的传教士们都有其功劳，各自为此做出了贡献，是他

1　1858 年 11 月 8 日，清政府与美国签订《赔偿美商民损失专约》，总额为 50 万两白银。
2　海关两是晚清至民国中期中国海关使用的一种虚拟的银两计量单位，其目的在于统一进出口关税的征收标准。——译者

们推倒了阻碍中国对外交往的藩篱，为"远东"人民迅速学习模仿西方文明创造了条件。轮船、铁路、电报、电话，在中国、日本、泰国或朝鲜已经不是奇怪的东西。对于开展这项教导启发的工作，可以说每一个西方国家都贡献出了他们最好的最勇敢的公民。我可以很高兴、很骄傲地说，世界上没有任何一个地方能找到比在"远东"的租界和租借地里更为明智、更有造诣、更具进取性的社团了。在中国，你可以发现由外国人建造和管理的漂亮小巧的城市，城里具备西方城市所有的喜闻乐见的东西。你会发现有精明能干、积极活跃、野心勃勃的生意人，他们的经营占世界金融交易的很大份额。这些不大的租界里的社会生活令人兴奋、着迷，因为这里和蔼可亲的人们待人和善、谦逊和热情。如果美国内战之前你曾生活在我们国家的南方，或者你曾旅行到过南方，那么你将会认同有某些相似性，也就是说中国人与住在"远东"的外国人的行为方式和习俗是不同的，就像过去美国南方和北方的人们在行为方式和习俗方面有所不同一样。你会注意到有大量的仆人、马匹和其他的搬运工具，可以为你的舒服提供一切服务。你会被类似过去南方各州那样的谦卑、没完没了的款待氛围所笼罩，当然可能相反，我所知道的这些也许依然是南方的标志。在这本书里，我将写到外国人在东方精心创造出辉煌成绩的过程中，他们所做的很多贡献。如果你读到这本书，你将比以往更尊敬你的种族，因为你将看到，我们这个种族正从事着在有色人种当中建立起一种机制，其目的在于使所有种族和人们的生活条件得到改进。也许你将因此更热烈地赞美"白人肩负"的重任。

我可以说，世界上没有哪一个国家像中国那样被低估了。尽管这样，只要粗略地瞥一眼中国历史和目前现状，观察者便会相信，仅凭其悠久的文明，中国就值得西方人给予比现在更多的尊重。我不想把我的这本书写成学术性著作，我将写看得见摸得着的事情，使每一个旅行者都能看明白。

　　中国像世界上其他一些国家一样包容所有形式的宗教，这几乎达到了日本幕府的精神境界。日本幕府时期，当西方传教士要求允许把基督教引入日本时，幕府的回答是："好啊，为什么不呢？我们已经有了很多种宗教，再多一种也无妨。"而在中国，各个宗教团体的传教士想去哪里就可以去哪里，可以在那里买地置房，在那里住下来。很久以前，中国就包容接纳了犹太教和景教。在北京住着30,000名伊斯兰教徒。如果你愿意，可以比较一下中国和俄国的宗教政策。没有一个基督教牧师可以穿越西伯利亚。在北京，我曾两次拿着美国传教士的护照向俄方申请签证，以便其经西伯利亚进入俄国，但两次都被拒绝了。在中国，有些官员专司宗教事务，比如专门向寺庙提供祭祀用品，这样的职位绝不能由不忠于本土教义的人担任，所以，基督教传教士不得担当此职，但在文职和武职官员中有不少基督教皈依者。

　　必须牢牢记住，其他东方民族也曾崛起并在或长或短的时期里成为统治者，但他们最终都从地图上消失了，而中国以其原始的活力一直延续至今。可以肯定地说，这份功劳应归于中国的政府，这个政府历经岁月在4亿人口中完整地保留下来了。事实上，如此庞大的人口要穿、要吃，要保障他们生存的权利，其顽强生存下来，就说明把他们组织起来的制度必定有其力量，有其合理性和连贯性。

　　中国可考证的历史可以追溯到6000年前，据有关资料，中国人发明了火药、印刷术和罗盘。有时候真叫人感到不可思议的是，为何除了烟火和装饰性的器物外，其他工业类的技艺却没有在中国境内繁荣发展起来？为什么在这方面少有成绩呢？理由也许是要为众多的人口保留饭碗。每一项发明，意味着或者想当然地意味着要剥夺很多劳动者的饭碗。在今天的北京，你依然可以看到成百上千的人们从事着手工拉锯的无趣苦活，一个在上，一个在下，把原木破开；你还可以看到几百头小公牛或壮劳力在转动磨盘，把谷物碾成粉。还有，成千的挑水工被雇用来挑水，他们用一只系着绳子的桶从井中把水打上来，根本不用卷扬机，不过有时候也有用的。中国人和我们一样知道，一台轻便锯床一天可锯的木头相当于所有锯木工一个星期完成的工作量；他们也知道，一家蒸汽磨粉厂一个星期磨的面粉相当于现在这样的磨法一个月的产量；他们还知道用一台泵从井中取水可以节省几十个劳力。但是他们知道，或设想他们是知道的，对于百姓或这个国家来说，最好是不要把劳动者变成流浪汉。他们基本的认知错误即在此处，外国人教导他们要纠正的正是这一点。外国人的经验是，发明非但不会减少反而会增加提供工作的机会。电话发明后，比由人工传递信息的时代需要更多的人来工作，电报的发明也没有妨碍信使继续工作，反而使几千人有了工作机会。铁路的建造，使铁路沿线的马车被火车取代了，但是通向铁路的其他道路上比未建铁路之前有更多的马车在往返奔跑，火车上载有几千旅客，而以前那里有一辆笨重的公共马车就足够了。同样，棉纺织厂开办起来比手织机时代需要更多的人手。下面这话就是一个西方人可以给出的老一套说法：终有一天中国人会彻底了解他们自己所需，到那时他们将会以震惊世界的脚步飞速向前。此时此刻，中国以原始的和尚未完备的方式实践着现代科学的点点滴滴。中国境内有无数上百年历史的吊桥，就是简单利用铁索悬吊建成的跨越峡谷深渊的桥梁。马可·波罗在 13 世纪时写的书里告诉我们，中国人的四桅船上装备有水密舱，而我们却声称水密舱是我们发明的。中国境内有世界上最长的运河。这条运河从北京直通杭州，杭州曾是宋朝的都城。马可·波罗是这样描述这条运河的："你要知道，是皇帝促成了从涿郡到余杭的这条水路的建设。运河是用人工挖出的又宽又深的水渠，连通河流与河流、湖泊与湖泊，如同一条大河一般，大船可以在运河中往返通航。"[1] 这项工程完成于公元 600 年。[2] 运河总长达 650 英里[3]。中国在公元前 204 年开始修建长城。在西方政治家的词汇里，修建长城相当于劳民伤财。1894 年，我从中国回到美国，报纸要我谈谈外交方面的事情，我拒绝了，于是报纸上就说我背着中国的长城回来了！对于长城，始终有狭隘的、毫无意义的、故意刁难的说法和想法。事实上，长城的建造是一件得民心的明智之举，它是由秦始皇开始建造的，目的是保护其疆土不受北方部落的入侵。汉人不好战，满洲人却骁勇好战，他们骑着飞驰的矮种蒙古马突入其境内，大肆抢掠，然后绝尘而去。长城建起来后，阻挡了这样的侵袭，一次又一次地保护了汉人的疆域，直到 1644 年清兵征服明朝为止。

长城从位于直隶（今河北）和盛京（今辽宁）之间的沿海城市山海关一直延续到陕西境内的黄河。威廉斯（Williams）说长城头尾直线距离长达 1255 英里，但因为它是曲折迂回的，所以总长达 1500 英里。

早在几百年前，中国就盛行使用天然气。在四川，邻近盐井的地方就发现有气井，盐水用竹管引导到铁锅里，铁锅架在灶台上，点燃天然气来蒸发水分以获取盐，这是天然气的唯一用途。我收到很多来自印度的信件，

1 尤尔：《马可·波罗》第二卷，第 136 页。——原注
涿郡，今北京；余杭，今杭州。——译者
2 一般把大运河开凿的历史分为三期，春秋至隋之前为第一期，隋代为第二期，元、明、清时期为第三期。文中的"这项工程完成于公元 600 年"，那只是第一期运河。——译者
3 英里，英美制长度单位，1 英里合 1.6093 公里。——编者

常常问到气井还可以维持多长时间，因为他们那里的天然气快用
光了。两地的情况如此不同，没有可比性。在印度，大量的天然
气在使用，在浪费，几乎很快就无气可供了；而在中国，用得很
少，也许能永久使用下去吧。

长城

# 第二章　抵达北京

当任命我为驻华公使时，有关中国人的问题在旧金山持续引起热议。[1] 在我与总统通电话以接受他的最后指示时，我问总统：当我被问到作为驻华公使如何看待把中国劳工驱赶出美国这个问题时，我该怎样回答加利福尼亚人呢？总统在答复中以其自身不平凡的经历定下了基调。他说："告诉他们，你将遵照宪法和法律行事。"从一个外交官的角度来看，这一指示不是一个下属官员所希望听到的。遵照这一指示处理了我在旧金山遇到的问题，使我能够经过这个迷人的城市时，既未冒犯民众"代表"，也未冒犯保守派。鼓动家们把多个代表团派到我面前，他们极力想把排华的观点强加给我，而百万富翁们为我精心安排的不过是几场精美绝伦的晚宴。

1885 年 8 月 20 日，我们在旧金山登上了"里约热内卢号"（*Rio de Janeiro*）——太平洋邮船公司的一艘轮船，该船是开往日本横滨的。这艘船上配备了杰出的水手，船长是西

1　见有关限禁华工的章节。——原注

011

伯里（Seabury），他后来成为这条航线上的船队总管。从任何方面来说，他都是非常优秀的。那时载旅客横渡太平洋的只有两家邮船公司：一家是东西方邮船公司，另一家是太平洋邮船公司。现在则有 13 家公司了，分别从温哥华、塔科马、西雅图、波特兰、旧金山、圣迭戈和洛杉矶发船，这是商业繁荣进步的很好的证明，商业需要增加这些邮船公司以方便交往。

我们的此次旅程因为历经三天的台风袭击而让人难忘，台风真是把我们所有的人都吓坏了，我们的船不得不掉转船头，脱离原航线反方向行驶了 12 个小时。在风暴中，巨浪造成了不小的破坏。一艘系在甲板上的小船被巨浪卷走了，其他几艘船底朝上系在甲板上的小船被风浪击碎了。女士舱顶上的灯也被风浪击碎，涌进女士舱和会议室的海水有两英尺[1]深。正在进行的祈祷会被粗鲁地搅散了。台风卷起的巨浪高达 55 英尺。这时候，有一群男士正聚集在船上最高处的吸烟室里，一个巨浪拍过来，毫不夸张地说，一下子就把我们冲到了甲板上。

不可思议的是，在我们从旧金山驶往日本的途中，我们不曾见到一条其他的船，这不禁使我们联想到，假如我们的船沉了，我们身后将不会留下任何踪迹，无人会知道我们经历了什么。

最终，经过 22 天的航行，我们到达了美丽的横滨港。我的老朋友舰队司令约翰·S. 戴维斯（John S. Davis）把我们邀请到他的旗舰"特伦敦号"（Trenton）上，他要送我们前往中国大沽，我们愉快地接受了他的邀请。我们在白天的时候穿航于"内海"上，晚上则停航，旅途中每时每刻都很享受。不过那时有一桩奇怪的诉讼案正在进行，涉及这片平静的水面问题。当然，这片水面完全被陆地包围着，是日本的内海。一艘半

1　英尺，英美制长度单位，1 英尺等于 12 英寸，合 0.3048 米。——编者

岛和东方航运公司的轮船在内海撞沉了一艘日本的鱼雷艇，日本天皇起诉要求赔偿损失。当然，这个案子上了英国法庭，而半岛和东方航运公司提起反诉，要求日本天皇赔偿他们的损失。这样问题就来了，就是能不能对一国君主提起反诉。法庭认为是可以的，由受理中国和日本案件的法官组成的受理上诉的法庭也肯定了可以提起反诉，于是这一案件提交到英国枢密院，枢密院终审法庭最终推翻了两级下级法庭的裁定，坚持认为海事法的法律不适用于内海，内海只属于日本，而且不能对一国君主提起反诉。这一案子彰显了英国法庭的独立和公正，即便违背其本国人利益，对问题也毫不犹豫地做出裁决。这一案例解决了一个重要问题，即在领事法庭上，根据条约做出对外国人不利的裁定后，处于被告地位的一方不得对本地原告提起反诉。

若干年后，我们再次乘坐"特伦敦号"，本想在旅途中好好享受一番，不想在萨摩亚群岛海域遭遇风暴而彻底迷航。这次遭

天津的街道

遇是我经历的最令人毛骨悚然的一次，"特伦敦号"上的水手在几乎认定他们自己必死无疑的时候，却惊喜地发现一艘英国军舰正安然无恙地穿越风暴。

在 1885 年 9 月的最后几天里，我们到达了大沽。军舰必须在离港口栅栏几英里之外的地方停泊，然后来了一条小拖船送我们去天津。小拖船行驶了 50 英里到达白河，这条河流弯弯曲曲，杂乱无章。河道两岸有大片村庄，人来人往的。乡间看上去单调无趣，没有什么吸引人的地方，房子都是泥巴堆起来的。天津的外侨张开双臂欢迎我们，多次款待我们，然后送我们上了带有卧室的船，经由白河去通州，通州离北京 14 英里，也是这次水路旅程的终点。

带卧室的船是属于中国海关的，按合理的价格出租给外国人。船上各处都很宽敞，有一个很棒的厨房，船员们也很好。这艘船用人力拖拉，纤夫们沿着这条世界上最弯曲的河流的岸边拉着船前行。我们常常上岸去走一走，我们很容易超过船行的速度，常比船早到几个小时。我们沿路走，有时候穿过平坦的田野，地里庄稼茂密；有时候穿过村庄，人们住的都是土房。河里船很多，天津至通州来往的船只有 5000 条之多，有时候还有大木排，由上百纤夫拽着逆流前行。后来在 1896 年，再走这段水路时，带卧室的船就改由蒸汽拖船牵引了。这艘船是总督提供给我们的，而我和我夫人这次差一点丢了性命。当拖船突然开始驶向对岸时，我们船上的驾驶员还没有把船舵调到新的方位上，结果我们的船撞到了岬角，无法前行，而拖船还在使劲地拖。就在几乎要翻船的瞬间，我们艰难费劲地从位于船底两边的窗户中爬了出去，滑到了河中，就在我们要靠岸时，船完全沉入水中了。人们从水里打捞出我们的行李，但是漂亮的日本丝绸、日本漆盒完全损坏了。

商家曾经打保票说这种漆盒是防水的，浸泡在水中也没问题。漆盒中的紫色天鹅绒脱落出来沾在丝绸上，丝绸被染了色也没用了。当然我们的损失相当大。我们只穿着睡衣裤，其他的衣服都在泥水中。幸运的是在天津最后洗的衣服放在我们仆人的船上，我们找了几件亚麻布衣服穿上了，后来就一直穿着这几件衣服坐着拖船到达通州。在船上时，一阵大风刮过来，我们看到我们的好多正在晾干的衣服又被吹落水中。从前从天津到通州，我在船上度过了 6 天。翻船的这一次，我们用了 3 天，当然这次我们是用了拖船的。如今水路已弃之不走了。天津和北京之间已开通了铁路，长 80 英里，旅客坐在舒适的车厢里，全程只要 4 小时。我不知道旅客从这种变化中能有什么获得感。不再有长时间的梦幻般的水上旅途，也不再有乡间漫步、玩牌、聊天等，那种乘坐带卧室的船所带来的乐趣也全都没有了。

走了 120 英里水路从天津到了通州，从通州到北京还有 14 英里。我们骑马和坐轿子从通州出发去北京。我们没有走用石块

中国人的独轮车

铺的路，而是走乡间的土路。那条石块铺的路是通州至北京的主要道路，但在中国什么东西也不好好整修，那条路已经变得几乎不能通行了。在较偏僻的路段上，原来铺着的大石块有不少不见了，留下深深的坑，车轮不断陷入坑中，坐车的人如同在炼狱中备受折磨。中国人不懂筑路的工艺，几百年的磨损把路磨出了车辙，很多车辙变成很深很窄的小道。雨季一来，这些小道就成了水沟。坐轿子还可以忍受，地面不平坦也不影响坐轿人的舒服，抬轿子的人可以不费气力地一个小时走 6 英里。离北京还很远，可是路上的景象完全打消了探索这座伟大城市的兴趣。路上五花八门的原始交通工具不计其数。有笨重而无减震的手推车。运货马车由7 匹马组成的说不上是什么样的马队拉着，或由 3 匹马和 2 头骡子拉着，或由一头驴和几头骡子拉着，还有用公牛和马拉的，所有这些牲口都用绳子以不可思议的方式系在车轴上，不过不管怎样，都有助于拉着车缓慢前行。一种常见的车是独轮车，轮子居中，两边的货物重量必须均衡，在平原地带，还用篷布来助车前行。很多扛着重包的人走过去了，有时候一件重物由许多人抬着，比如一架钢琴，或者一件很重的家具。骑骡子的、骑马的、骑驴的人多得数不过来。还有满洲官员戴着镶红边的官帽，脑袋光秃秃的中国和尚骑着驴子。6 匹骆驼分别被用绳子穿过鼻子系在一起组成一队，赶骆驼的人坐在最后一匹骆驼上打瞌睡。黄色的轿子用 4 人或 6 人或 8 人抬着，坐轿的人是那个王朝的亲王或亲王夫人。外国使馆的伶俐的随员们骑着满洲小马在飞奔。大运河从通州延伸到了北京，没有建造船闸，但是有 4 个水平面，每隔三四英里，水面就提升一个高度。大型驳船装载着由平底帆船运至天津的贡米，溯白河而上，运往北京。驳船在到达一个高的水面时要卸下贡米，贡米放置在水坝上，然后装到另外的驳船上，就这样转运直至运抵北京。这个过程很慢，但是因为有大量的廉价劳动力，这项任务不难完成。

我们在 1885 年 9 月的最后一天到达北京，那时正是阳光灿烂的秋季，这个季节在哪里都是令人心旷神怡的。北京雨水少，下雨主要集中在 7 月和 8 月的上半月，雨下起来一般就是大雨或暴雨，雨停后的几个星期里，太阳钻出云层驱散了潮气，空气清新，令人心旷神怡，路也干爽硬实了，路边的树如同森林中的树那样，树叶色彩斑斓，闪闪亮亮，有枫树、榉树、橡树等。我认为北京的天气在世界上可以说是四季分明的，只有春季刮的风不招人喜欢。四个季节各有特色，非常不同，不像有些地方那样从冬季一下子跳到夏季。冬季出奇地冷，所有的河流都会结冰，海的浅滩处也会结冰，比如大沽口外，有时候沿海海水结冰绵延好几英里。当时在北京，从 12 月中旬到来年 3 月中旬，就与南方中断联系了。只有邮件用马驮着从镇江送到北京，镇江位于（由上海）溯长江而上 144 英里处。马背邮路只送信件和每人一份的报纸。这条邮路刚开通时，前三个星期无邮件，之后才有邮件送达。这也是一条无规律的邮路，大致四天送达一次。镇江距离北京有 750 英里，现在冬季的邮件先运抵山海关，然后由火车运至北京。

在北京，春天这个季节处处都生机盎然，除了刮起来自戈壁沙漠的大风之外。这种大风裹挟着黄沙铺天盖地袭来，犄角旮旯到处塞满了沙子。这样的沙尘暴有时候在离海岸 300 英里的海上也能见到。沙尘暴也给家中的清洁工带来了大麻烦。但是据说沙尘暴可以杀菌，有利于健康。总之，北京这座城市没有下水道，没有正规的道路清洁体系，有着 500,000 人口，是世界上最健康的城市之一，不过也是最肮脏的城市之一。

还在路上，当临近北京时，你会看到长长的、灰暗的、神奇

017

的城墙。它的悠长历史、隐秘神奇和不可思议的宏伟壮观，令人惊异不已，并被深深迷住。墙里墙外的女儿墙用砖以胶泥砌成，中间填充泥土。有两道城墙：一道围着汉人的城，另一道围着鞑靼人[1]的城。后面那道墙高50英尺，顶部宽40英尺，底部宽60英尺。砖的分量重得像石头一样。围绕汉人城的城墙高30英尺，底部宽25英尺，顶部宽15英尺。围绕鞑靼人城的城墙长16英里，围绕汉人城的城墙长11英里。鞑靼人城的南城墙也是汉人城的北城墙。城墙四周的不同部位都有通道通向城墙顶部。中国人严禁上城墙，外国人则受恩惠，被允许在城墙上行走，但他们不得在城墙顶部坐轿子或骑马。有个胆大妄为的美国陆军上尉骑着马在城墙上绕圈，我事先警告过他，这样粗鲁地破坏规矩会招来大麻烦。城墙卫士不敢报告，以免他们自己被杀头，我费了很大劲才把这事平息下来。在城墙顶部绕圈行走是年轻人的时尚，没有走过，他总感到不舒服。使馆的女士们常常在城墙上度过晴朗的下午，因为相对来说城墙没有什么其他方面的用处，而城墙上绿草茵茵，其顶部和两边都有不少大树。

绕城的城墙总共有9道城门，其中一道是义和团运动之后增加的，铁路穿过这道门进入使馆区。我们从其中的一道门即哈德门[2]进入城内。哈德门大街是北京城中的一条主要街道。离哈德门不远处就是德国公使克林德男爵（Baron Ketteler）被义和团杀害的地点，那里竖立着一座恢宏的牌坊。我与克林德男爵很熟，我在北京时，他在德国使馆任秘书，前后有5年时间。他是一个很阳光、风度翩翩、才华横溢的绅士，做事非常专注，态度和蔼不傲慢，英语说得很流利，就像是他的母语一样。克林德男爵是年轻人中的佼佼者，他

1 鞑靼人，中国汉族人对北方各游牧民族的统称。——译者
2 哈德门，即今崇文门。——译者

北京的城墙

在使馆舞会上翩翩起舞，在音乐会上放声高歌，在跑道上，或在野炊时都能大展身手。肯定不是因为个人恩仇，有人忌恨他才导致了他的惨死。这或是罪恶阴谋中一个突发的意外，或是德国人不招中国人喜欢。克林德的死震惊了世界，也使这个才华横溢的外交官、忠诚尽心的丈夫、无可指责的绅士的家人坠入悲痛的深渊。进入北京城后，我们看到的房屋都像是仿照鞑靼帐篷建造的，都是一层的平房。私家房屋的周围都砌有砖墙。中国人讲究私密，常抱怨外国人建的房子能从上面俯视他们的院子。哈德门大街很宽，没有明确规划的人行道，大街中间有一道凸起的路堤，很多房子前有污水池。

人际关系方面，中国被认为是世界上最讲礼仪的国家。他们的伟大的哲学家孔夫子，在道德方面关于礼仪有大量的阐述，远远多于在宗教方面的阐述。然而他们的习惯却令人作呕。很多城市的街道，特别是北京，街道就是公厕，就是每家每户的垃圾堆积场，房子的墙上画着不堪入目的图画。沿着哈德门大街往前走

北京使馆街

不远，往左一拐，我们就到了使馆街。"使馆街"是外国人这么叫的，用中国话来说，就是"属国"街，这个地区就是 1900 年义和团攻打的区域。沿街右侧分别有意大利、法国、日本、西班牙诸国使馆的馆舍，左侧有汇丰银行大楼、德国使馆，然后到御河，过了河的右侧是俄国使馆，左侧，就是俄国使馆的对面，即为我们此行的目的地，也就是美国使馆。请注意，现在在（美）国外，我国使馆不再称合众国使馆（United States Legation），而是称美国使馆（American Legation）了。这是完全正确的。我们是美利坚合众国（the United States of American），用美国来标示我们的国名是合适的。义和团运动期间，城墙在当时的形势下至关重要。美国使馆的地界范围，前临使馆街，后抵沿城墙根的一条街。俄国使馆的背后隔一条窄街是英国使馆的围墙，英、俄两个使馆的馆舍与美国使馆当时所占用的馆舍（现已撤出）连成一线，一支武装队伍在城墙上居高临下指挥着人们。把中国人赶下城墙是完全必须的，这项任务由我们的海军陆战队士兵勇敢地完

美国公使馆的卫兵

成了，当时士兵们在迈耶斯（Meyers）上尉的指挥下奋勇抗击，并得到英国士兵和一些中国皈依者的协助。再往东，德国人占据着靠近哈德门的那部分城墙，因而敌人不能占领那里，在那部分城墙上可以俯视、指挥使馆区的绝大部分地区。意大利使馆、奥地利使馆和附近的赫德（Robert Hart）[1]的好房子、好楼房都被摧毁了，但其他的使馆建筑完好无损，不过法国使馆的房屋有些受损。荷兰使馆的建筑也被毁了，它位于前门和美国使馆之间，前门是北京最主要的大门。

这场运动在我们到达的 15 年之后发生。原先的外交使团由德国公使巴兰德（Herr von Brandt）牵头。巴兰德在东方 15 年，与慈禧太后建立了友谊关系，那时是慈禧太后第二次摄政时期。光绪皇帝只是傀儡，慈禧太后掌握实权。在这个幅员辽阔的帝国内，这里那里常常发生骚动，中国人为受损方

1　赫德，英国人，时任中国海关总税务司。——译者

021

付出了大量赔偿，并不断保证严守保护外国人的条约。在如何建立与外国的正常交往方面，中国人付出了惨痛的代价。他们曾签订了不少条约，而并不明白条约的真正含意。1885 年，世界上一个伟大国家的代表团来到北京，他们是绅士，和善有礼貌，考虑周到，并且具有说服力。他们要想办法开导中国而不是胁迫中国。说到这一点时有必要提到合作政策，只有外国公使们能够完全一致地行动，合作政策才能发挥全部功效，放弃合作政策则一切化为乌有，得到的只能是不幸的苦果。

# 第三章　在京外国人的生活

美国公使馆占地面积大概有 1 英亩[1]，里面各处建有不少房子，分配给公使、一秘、二秘、翻译、中文秘书以及其他使馆工作人员居住。房子都是一层的平房，原本是中国人的住房。使馆的房产属于卫三畏博士（Dr. S. Wells Williams）的后人，卫三畏博士出版过《汉英拼音字典》（*A Syllabic Dictionary of Chinese Language*）[2]、《中国总论》（*the Middle Kingdom*）等著作。他因在广州遭受损失而获得一笔赔款，他用这笔赔款在北京购买了这批房产。只是美国政府也看上了这里，而且国务卿也倾向于把使馆安排在这里。卫三畏坚持自己拥有这批房产，但把房子出租给了美国政府。这是些老旧的房子，看起来也不精致漂亮，不过房子的位置在北京是最好的，而且也没有哪个公使会抱怨房子太少，不够用。

初到北京，新来的外交官第一项任务就是去拜访总理衙门，即外交部，向总理衙门表达敬意，并使自己的官

1　英亩，英美制地积单位，1 英亩等于 4840 平方码，合 4046.86 平方米。——编者
2　《汉英拼音字典》，又译《汉英韵府》。——译者

职被认可。公使携带一封由总统签名的信件，信封上写明致"我真诚和伟大的朋友"，就是指皇帝，这封信就是国书。因为皇帝还未成年，由皇太后摄政，按照礼仪，皇太后不接见任何外国人，所以国书就无法呈递。以前的国书和我带到中国的国书一起都存放在办公室的保险柜里，现在还躺在那里。新来北京的外交官拜访总理衙门是唯一要办的事情。在其他国家，官方召见是令人头疼的事。但是我在北京的时候，没有参加什么宫廷活动。皇太后不赞许与外国人有什么社会交往。只是每年一次，在阳历新年那天，30 位高官分三批，每批 10 人，给公使们拜年，并给各使馆其他人员留下贺年片。到中国阴历新年时，一般在 2 月，外交使团就会去回拜。有一次回拜时，无意间听到一个看起来很威严的中国官员在问我们是哪个使馆的，被问者告诉他是美国使馆的。他又问，他们当官的讲什么话。中外官员之间没有什么必须的会面交流，对于双方来说都是一种解脱。除了极少场合，中外双方对于社会交往都感到无趣得很。但是有时候李鸿章、张荫桓、庆亲王、曾侯爵（曾纪泽）与外国人一起进餐，这几位修养极高的杰出人物的到来给招待会增添了不少乐趣。这 4 人当中，庆亲王仍健在，现在仍是总理衙门的领衔大臣；李鸿章和曾侯爵均已过世；张荫桓是被皇太后下令斩首的，罪名据说是在处理铁路权问题上欺骗外国人。

有一种形象的比喻，说外交使团就像是一个家庭。这个家庭的每一个成员来到岗位上时，必须拜访家庭的所有成员，直至年轻随员的妻子。他这样做了，他和他的全家就会被友好地接纳，受访者甚至会亲切无比地与其交往。我在北京居住了 13 年，外交使团成员之间发生矛盾冲突只有一次，是因为某人个人目的不纯引发的。由于排序问题，一个秘书和一个翻译之间发生了争执，争执愈演愈烈，几乎达到白热化的程度。餐桌上和其他地方讲究官衔和地位，这好像是由米堤亚人和波斯人的法律规定的。只有在中国任职时间最长的那位公使方能担任驻华外交使团的使团长。公使们的夫人也与他们的丈夫一样排序，但有时候碰巧使团长是个单身汉，那么在这种情况下，首席女士就由使团中最年长者担任。这样的等级排序规定也适用于使馆的各级成员。服务时间最长的秘书排位先于其他秘书。对于中国海关总税务司赫德如何排序是个很严肃的问题。他经常愉快地招待大家，而他不是外交官。结果按规定赫德排在外交代办之后，所以在30多年里，出席晚宴时，公使和代办先于赫德入席。

在北京，从不容许把一个同僚不按其应有的位置安排，除非其本人同意，本人提出申请，肯定照办。一次，一位著名的参议员的妻子到访北京，一位同僚设宴招待，我和我夫人想让这位女士坐上席，结果弄得很尴尬。我们特地要求主人让这位女士先落座，但是主人拒绝了，坚持规则不能违背，必须是任职最长者优先。一位著名的女士告诉我，她曾在墨西哥城同时款待墨西哥共和国的总统和美国的格兰特（Grant）将军，这真是个问题，不知道这两位大人物同时出席，她是如何安排座位顺序的。自然且毫无争议的事实是，这位女士是由（墨西哥）迪亚斯（Diaz）总统陪同前来的，普遍认可的规则是，一国政府的最高代表出席时应坐首席。我们总是安排中国的最高官员坐在上座，因为他代表皇帝。

除了官场外，有关礼仪的这一规定没人关注，人与人交往不讲级别。几乎每个德国人都是男爵，每个俄国人都是亲工，而西班牙人、意大利人和法国人中多是伯爵。在一般的社会交往中，这样的身份区别被抛之脑后。使馆中的下级人员、中国海关中的下级雇员，都受到与那些有爵位者同样和善和礼貌的对待。亲王夫人会与新入职的海关官员跳舞和骑马，公使会与最年轻的随员玩牌。在没完没了的舞会、野炊，以及自娱自乐的舞台上，完全不理会个人的级别问题，良好的举止和个人修养是社会活动成功的保证。中国海关总税务司很明智地将不少漂亮女士和擅长演奏小提琴、钢琴的青年才俊带到北京，他们都是舞场高手。我们所得到的服务是最顶级的。应当说北京的各种娱乐活动是无与伦比的，安排这些活动的人是最有心的，没有人能比得过他们。

赫德坚守的原则是，只指派大学毕业生进海关内班任职。这样一来，使海关坐拥世界各顶级大学毕业的男生。这些大学生聚到一起，能说欧洲的各种语言，他们在工作岗位上，将通过严格的脑力劳动去克服语言上的和其他方面的困难。这些年轻人是绅士，可以相信海关中从来没有发生过什么丑闻。

在外交使团的各个家庭之间洋溢着亲切友好的气氛。到了冬天，一路往北，被人们散步、游玩踏出来的道路上全都覆盖着积雪，这种情况一般长达 4 个月，每到此时，在北京生活的外国人只好在室内开展各种娱乐活动。有一个俱乐部拥有 40 个成员，俱乐部里有室内网球、弹子房、阅览室、棋牌室，这些都特别受欢迎；也有为好学者组建的非娱乐性社团；教会活动每月举办一次；文学爱好者和哲学研究者们常常辩论得不可开交。那时在北京有不少著名人物，最杰出的宗教方面的学者有很多在中国，他们中有丁韪良博士（Dr. Martin）、白汉理（Blodgett）、文书田（Owen）、艾约瑟（Edkins）、谢卫楼（Sheffield）、刘海澜（Lowry）、富善（Googrich）、塔夫脱（Taft）和贾腓力（Gamewell）。他们当中有些人的个性极具魅力，有些人在学术方面很有造诣。除了宗教议题之外，也常常讨论重大的历史问题和国际问题，各位才子尽情展露自己的学术、雄辩和演说的高超水平。还有一个学会在冬日里为人们增添了许多乐趣和知识，这就是伦敦东方学会北京分会。这个分会里有着各个团体的代表。人们读的报纸可以是各种不同语言的，但英语和法语是最常见的。

外交使团里的不少成员都有过在欧洲各国首都的工作经历，所以把各国的文学等各种学问都聚拢到一起来了。讨论的论题没有任何限制，不过很自然，绝大部分文章是关于亚洲问题的。

与我同时在这个圈子中的成员，有些人现在是伦敦或巴黎的大学中举足轻重的人物，有的则代表其政府驻节世界上的主要国家。

每逢夏季，除了海关人员之外，其他人都到北京以西 12 英里的山区去避暑。最著名的避暑地点是"八大处"。那里的山头一个挨着一个，一个高过一个，每个山头上都建有一座寺庙，一共是 8 座大庙。自 1863 年美国公使蒲安臣（Burlingame）任职时以来，美国人一直占用三山庵，三山庵之上是灵光寺。英国公使卜鲁斯（Frederick Bruce）当年第一个租下大悲寺，所以至今通常由英国人占用该寺。丁韪良博士则居于宝珠洞，该寺庙几乎在山的最高处。俄国人住在灵光寺。一些中国的高僧住在其他的庙宇中。因为有这些庙宇，附近地区也变得名气在外。几英里之外是著名的卧佛寺，那里有一尊巨大的卧佛横卧在石座上。还有碧云寺，其名声来自建筑规模之宏大和石碑雕刻艺术之精美，尤以栩栩如生的地狱变相图与涅槃圣境著称。到处可以看到古老的墓地和废墟，每一个地势绝佳处都盖有一座寺庙。

外国人用他们各自国家的历史人物重新命名了山头，但是这样的命名与原来的命名方式不可同日而语，原来的中文名称既富有诗意又确切地描绘了地形地貌。"虎头山"被改名为"卜鲁斯山"，"翠微山"被改名为"蒲安臣山"，这样改有什么好呢？

还有灵光寺、长安寺、宝珠洞，还能有什么别的名称可以替代它们呢？燕山这一山脉向南延伸 400 英里直到黄河，向北则直抵蒙古高原的边缘。说起来真是遗憾，这些如诗如画的原地名被改了名，而且不只是这一方面，在其他所有方面，外国人宣称中国人的所有事情都由他们外国人说了算。外国人现在正在这里凿山挖隧道，离山 6 英里之外的卢沟桥已建起一座火车站。13 世纪时，马可·波罗曾描述过卢沟桥，至今这座桥与他那时的描述相比，除了多了两个孔之外，没有什么别的变化。马可·波罗最初被看成是个大骗子，还被冠以吹牛男爵的称号，但是现在的研究表明，他是一位描绘精确、诚实可信的游记作家。

山里的生活无比惬意和享受，有关礼仪的事情可以暂且抛在一边，每个人都穿着亚麻布的服装，晚礼服成了禁忌。每天先是远足，然后是野炊。从山顶上极目远望，四周的景色变化万千，令人心旷神怡。我们的四周和附近有成千上万的中国人，他们的日常生活和手工技艺，以及在地里劳作的情景尽收眼底。自从 1870 年之后，直隶省没有再发生过什么骚乱。1870 年那次惨烈的骚乱发生在天津，那次有 13 个修女身首异处，法国领事和两个俄国人（一对新娘和新郎）被暴徒杀害。中国的老百姓很友善，我们无须随从可以到任何地方去，游走在他们之中。市场上很热闹，人也很多，有外国人，有卖肉的屠夫，有卖杂货的小贩，有来探行情的商人，还有地里丰收了挑担来做买卖的农夫。我们常常在茶馆喝茶，或者停留在地头与地主聊天。我们身边没有保镖或卫兵，我们与在这个国家里的任何一个外国人一样感到很安全，就像走在自己国家的自家周围一样安全。一想到这样宁静和善良的国家里的人民，在后来那个时刻来临时居然变成杀人魔王，不禁悲从中来！

义和团运动期间，英国公使馆在乡间的房子被一群暴徒捣毁了，三山庵下面那座寺庙里的塔也被捣毁了，灵光寺则被夷为平地。离北京4英里远的跑马场的看台和其他建筑物都被付之一炬。多年来跑马场为中国人和外国人带来了无穷的欢乐。无数的中国人来这里观看外国人跑马比赛，特别喜欢看马夫比赛，他们一出场，跑马比赛就结束了。每个马夫都骑着他主人的最好的马，这匹马也是马夫自己训练出来的。通常比赛结束时，会有震耳欲聋的欢呼声送给冠军骑手。除了马夫之外，还有绅士骑手们骑着马。一切事情都是公平公正和诚实的，不过赌马的人气很高。有一次举办少女马赛，而在北京只有一位年轻女孩，当然是她的马赢了。然后举办晚宴，接着是演讲，人们沉浸在欢声笑语和其乐融融的气氛之中。每逢这样的场合，衙门总会派代表团来与民同乐。

# 第四章　北京

　　北京这座城市坐落在多沙的平原上，位于北纬 39 度 54 分 36 秒，东经 116 度 27 分，几乎与撒马尔罕、那不勒斯和费城处在同一纬度。北京的人口大约不到 100 万。"北京"的"北"意思是北方。在中国话里，北京的意思就是北方的京城。过去南京是南方的京城，"南"的意思是南方。北京包括了"鞑靼城"（内城）、"汉人城"（外城）、皇城和紫禁城。鞑靼城由朝廷掌控，这里有亲王们的府邸、公使馆、库房和事务性用房，但是城市里重要的事务性用房设在汉人城中。汉人城中有汉人的戏院、游乐场和大量的房屋。鞑靼城的建筑相当宏伟，街道也很宽阔。很久以前，这里是有下水道的，但由于年久失修，下水道被堵死了，只好当作渗水池用了。对于街道唯一要做的事情，就是在皇上要经过某条街道去寺庙前，在这条街道上撒上一层黄土。皇城在鞑靼城里面，四周环以皇城墙。皇城长约 3 英里，宽约 2 英里。北堂就在皇城墙内。紫禁城坐落在皇城内，有护城河环绕着。皇帝住在紫禁城中，身边有 2500 个太监。皇帝这个名称还有其他叫法，其

北京皇宫第一门

中之一就是"寡人"，对于皇帝来说，"寡人"这个自称可谓名副其实。因为除了太监之外，没有其他男人住在紫禁城中。但是，皇帝身边从不缺少女人。一天中他就可以召幸3个女人到身边伺候，他还另有80个妾室。大太监是一个非常重要的角色，他控制和安排宫廷内的一切事务，有时甚至在政治事务中起重要作用。掌控嫔妃们，这件事情对他来说是挺难的。这些女人被分为几个等级，一等、二等、三等，她们有时候因为有冒犯的言行会被从高的等级降到较低的等级，这种冒犯主要是干涉了公共事务。她们侍候皇上一直到她们25岁时为止。那时，如果她们没有为皇上生儿育女，便会被逐出宫外。

皇上的日子过得很辛苦，这种辛劳在皇太后慈禧褫夺了皇上最严肃的工作后才算结束了。因为无论是皇太后还是皇上，早朝的时间是凌晨1点钟。凌晨1点之前城门就为住在外城的官员们打开了，皇太后在帘子后面接见大臣。除了普鲁士的亨利亲王之外，以前从没有人面见过皇太后，直到义和团运动后她从陕西回到北京时，人们才有机会一睹其面容。她如今定下规制接见外交使团中的女士们，与她们共进午餐或一起娱乐。我在北京的时候，皇上首先接见军机处大臣，军机处是中国实际上的统治机构。军机处大臣凌晨 1 点钟上朝觐见，他们被允许跪在垫子上。然后其他官员依次觐见，不过他们只能跪在地上，这是不得不克服的困难，然而也有人在宽大的官服里夹带一个垫子。

李鸿章在觐见时有过一次不幸的经历。李鸿章已近耄耋之年，走路时常有人在身旁搀扶着。一个冬天的凌晨 2 点钟，他到了皇宫，不得不让仆人离开，自己摇摇晃晃地穿过昏暗的过道，到达候见室的时候他已经筋疲力尽了。当他去觐见皇上时，身子下沉跪下了，但他无法保持跪的姿势，身子朝一边一点一点地弯下去，最终侧身趴在地上。觐见结束后他无法站立起来。皇上让他爬到门口，抓着门钉站起来，但即便这样他也站不起来。后来叫来了一个太监，太监把这个老资格的政治家抱起来，让他站住，扶他回到候见室，他在那里倒在椅子上，睡了足足两个小时。醒来后有人给他喝了点牛肉汤，然后他颤颤巍巍地扶墙走过走廊，遇见了等待他的仆人，仆人把他扶上轿子。发生这件事之后，皇上下了一道御旨，允准李鸿章觐见时可以有一个太监陪同帮助他。当气温下降到零度以下，这种早朝对于年岁大的官员来说真是遭罪。从大门到宫殿大约有半英里，礼仪规定任何人到大门必须下轿，大门到宫殿的这段路必须自己走过去，对于一些年纪特别大的官员，仁慈地允许他们骑马。中国人穿很厚很重的皮衣，因为他们的房子里通常没有火炉。穿着这样的皮衣走长路会热得很，到了地点就是一身汗，待到凉下来，他们的室温环境使他们很容易伤风感冒。已故的曾（纪泽）侯爵，去世前几个星期曾对我说，他请求允许他骑马走从大门到宫殿的那段路，但白提了，未被允准。他确信穿着厚厚的皮衣走那段不寻常的路将会要他的命。说这话不久，不想预言竟成真。曾纪泽是伟大的曾国藩的儿子，曾国藩曾经不择手段地镇压了太平天国起义。曾纪泽作为中国驻英公使，在英国工作了9年，他是一个很明智、很进步的外交家。外交使团为他的离世感到深深的惋惜，特别组团出席了他的葬礼。在曾纪泽提出骑马的请求后，衙门里讨论和争议了很长时间。

科士达（John W. Foster）在最近出版的《美国的东方外交》（*American Diplomacy in the Orient*）一书中，详尽地叙述了有关觐见的问题，因此本书就没有必要再重复了。1873年有过一次觐见，但是仪式不理想、不完美，那时皇上是同治。这次觐见后不久，同治就死了。光绪未成年时，由皇太后摄政。根据中国祖制，这时觐见是不可能的。中国人认为人只有到了结婚年龄，也就是20岁才算成年，1891年光绪20岁了[1]，他开始积极履行治国责任。一开始掌权，最先的行动之一就是下了一道谕旨，宣布他准备接见外国公使以及他们的随从。外交使团里事先并没有提出觐见的要求。实际上，在外交使团里有一些人十分特立独行，他们反对改变中国人的习惯，不希望他们模仿在西方国家盛行的礼仪。尤其是德国公使巴兰德，他坚持认为修正或改变中国人的古老习俗，其结果将损害外国人的利益。他的想法是，让中国人一直保持这种幼稚状态，不要把中国引导成为一个在国际大家庭中与他国平等的国家。中国的习俗越野蛮，列强各国对中国命运的影响就越大。很清楚，在争论中不少人主张不应彻底教会中国人懂得权利和权力，因为这两者属于所有那些国际法治下的独立国家。中国一旦明白了自身的权力，就可能会废除治外法权，就像日本已经做的那样；中国也可能废除外国船只目前享有的沿海和内河贸易权；中国还可能采取保护关税政策，抵制外国贸易；再者，中国可能会赶走在中国的美国打工者，就像我们把中国劳工赶出美国那样。不过，外交使团中的大部分人认为，皇上邀请我们觐见有其自己的意图，我们不能太失礼，不应拒绝邀请。另外还有争议说，不管怎样，根据我们的条约，我们应该继续控制中国的对外政策，一个公平的和隆重的觐见，并不表示降低自尊，反而能满足大部分外国公众的感情，并有利于显示中国已放弃了其荒谬的世界统治者的宣示，承认其与外国是平等的。而且，这样做看起来将会有效地影响中国民众，使他们比过去更尊重外国人。是否能产生这样那样的实际效果，当然还是有疑问的。有消息说，外国代表携带贡品到了御座前，而后来的中国史料并未透露觐见带来什么好的感觉。经过几个星期的详细讨论之后，1891 年 3 月 5 日，终于举行了觐见仪式。对于仪式不必描述了，因为整个过程与设定的方案完全不一样。觐见仪式在西花园的紫光阁举行，就是在1873 年举行觐见仪式的同一个地方。

1895 年中日甲午战争结束之后，又有过一次觐见仪式，这一次是在皇城内的文华殿。这一次觐见仪式比起以往的，更接近于外国人的习惯。1898 年，我呈递我被召回的国书，我站在皇上身边的台阶上，向皇上宣读我的告别词。皇上坐在大理石御座上，听我的告别词时很有感触。第二天，皇上赐给我"双龙"勋章，这是中国授予外交使节的最高奖章。因为我的继承者也在朝堂上，我已不再是公使了，不过依法我可以接受这个政府授予我的充满敬意的奖章，因为我与这个政府打了如此长时间的交道。

觐见问题在中国与协约国 1901 年 9 月 7 日签订的《辛丑条约》中得到了最终解决。根据条约，中国同意朝廷礼仪遵照西方习惯，于是长期以来的争议有了结果，从最初外国来使须行"叩头"礼，到最终——就正式交往而言——中国承认放弃其为天下之主的宣示，承认与他国同为平等之国。新的观念体系带来了新的变化，宫廷开始有了娱乐活动，妇女的社会地位也开始有了提高，在外国人和中国人之间，相应地也比过去更加相互尊重了。现代艺术开始装扮天作之美的北京城，使之成为世界上最漂亮的城市之一，而且北京也将成为铁路交通枢纽。然而眼下，我们要说的是 1885 年时的北京是什么样的。有很多作者描写过这个都城，不过各位通过资料搜集总会发现一些新的资料可供写作。

对于那些不堪税负的西方人来说，北京或可说是个人间天堂。西方一些地区税率估定得很高，总计达 3%，而投资带来的利润只有 4%，也就是说一个人的收入只能剩下 1/4 给个人使用，因此无须付什么税的地方真是人间的极乐天堂。北京就没有什么税，只有当运货物进城时，在城门口要缴一点税，实际上就是古代的货物入市税。在那里土地出售后，只需为土地证交一点费。无论是土地还是个人财产都无须纳税。那里没有公共委员会做调停工作，没有正规的城市警察，城市警卫工作由八旗兵担当。那里把市长叫作县令，城市管理依据军事条规。那里很少有什么证书，车辆无须办理证照。城市治理极为简单且令人满意。占用街道是司空见惯的事情，也是被默许的。剃头的和各种小贩可以随意在街上摆摊。那里只有海关总税务司署的楼里才有自来水和煤气，其他地方是没有的。街道上隔很远才有一盏煤油灯，没有人行道，没有铺设的路面，也没有机动车。因为有无穷尽的人力可以供应，也就不需要现代发明了，靠人做事也能做得挺好。离开了有卫生间、有电灯或煤气灯、有火炉等这些设施的房子，人们自然会设想住在没有这些先进设施的房子里该有多么不方便，但是实际上没有这种感觉。苦力会为你准备好洗澡水，他拎来水，水温如你所愿。煤油灯免费使用，亮度可以根据你的意愿调节。炉子和火炉也很不错地提供了暖气和热水。当然在这里生活必须有好多个仆人，不过雇用他们便宜得惊人。我们每月付给家里普通的仆人6个墨西哥银元，不管吃喝。不管墨西哥银元是值我们的钱80分时，或是跌到只值我们的钱50分以下时，我们都是只付6个银元雇用他们，所以雇一个仆人的月薪仅相当于3美元或不到3美元。必须说明，即使月薪只有这么一点儿，仆人们也是乐乐呵呵的，因为这些钱能养活一大家子人。这一家子人又能不断地为我们提供服务生和苦力。他们中的有些人在公使馆中干了30年。他们是一些可尊敬的诚实的人，所谓的异教徒，在智力方面并不低于天主教徒和基督教徒。然而不要以为仆人们养家只是靠每月的薪水，他们收入的一个很大来源是来到使馆的客人们给的"小费"，也就是我们说的礼物。此外，还有吃回扣，在各个等级的人之间，上至最高级别的官员，下至最低等的苦力，吃回扣的现象极为普

沿街叫卖者

遍，而且在各种情况下都有可能吃回扣。很体面、很富有的总理衙门官员，每年能拿到 1000 两银子的回扣。1000 两不是固定的数字，随着银价的波动会上下变动，按目前的汇率相当于我们的钱是 520 美元。这些钱虽不多，但这不过是卖官收取的好几千两银子的补充。总理衙门的首席官员能拿到 25 万两，他手下的 8 个官员，每一个拿到的都不少于 3 万两。这些钱就像工资一样有规律，每年 3 次由官员们孝敬给他们。直到去世之前，李鸿章在北京专门雇了一个人，此人的唯一职责就是向 30 位位高权重的官员送钱。李就是这样维持着他的影响力。

1894 年，皇太后迎来 60 大寿，这在中国是件大事，为此期盼甚至要求官员和富人给皇太后赠送寿礼。送的礼物实在是太多了。在皇宫门口，大太监对每件礼物征税，有时候要捐赠者付的钱多到 5000 两银子，才让他把礼物呈送上去。一个很有身份后来很有名气的人告诉我，当他被派到他很期待的一个职位上时，按照礼仪他必须孝敬皇上以谢皇上的知遇之恩，而他花费了 4000 两银子才进入宫中。任何一件物品想搬进房子里去，不给看门人送钱就进不去，通常以物品价格的 10% 送给看门人。美国人总被认为是有钱人，一般情况下，如果我们的客人是美国人的话，仆人们就发大财了，因为他们不断地购买古董、珍品。当使馆院子里新建了一栋办公楼时，包工头必须付给仆人们 500 两银子。当外国人在商店买东西时，店家会问买主是否自己拿回去，是的话，就照说的价格付钱；如要求店员送到买主的住处，那么要照所说的价格多付 10% 的钱，因为送东西进门，看门人会向店员要这笔钱。说到美国有钱人，必须说他们的大手大脚遭到了来远东旅游的欧洲人的一致谴责。有一次，一位很和善的朋友与我同桌，他是个百万富翁，他很逗乐地对我说，客人们送来的礼物有几百万，最有钱的人来时，一年中付给他厨师的钱多达6000美元，这可真使我吃惊，这可是我半年的工资啊！我的国人们都是很阳光灿烂的人，无论何时何地，他们都是非常爱国的。他们并不想炫耀卖弄，但是他们的消费行为搅乱了东方市场。比如，他们叫了一辆车，给驾车人5美元，而驾车人实际上心里想能拿到25美分就好了。再比如，只有几个人出游就租用一艘汽船，这样做也会树立不好的榜样。在东方一个口岸，一位绅士要租一艘汽船与他夫人去勘察加半岛打猎，汽船主要求他必须保证这艘汽船会回来，他就问汽船值多少钱，于是付给船主一张15万美元的支票。我不想去批评，但是不能不允许我提醒一下，美国人的这种极为错误的做法，在世界上一个平和宁静的社会里总会引起一番争论，而我经常见到这类太过分的错误。一次在一个餐桌上，一些最有钱的人和次有钱的人之间发生争论，争论迅速升温，个个面红耳赤，主人很为自己的客人们的名声担心，很温和而一针见血地说：你们这个样子正好证明外国人对我们的批评没有错，他们批评我们从来不会好好交谈，只会争吵，你们不就是这个样子吗？主人这么一说，他们才停止争论，这个话题就到此结束。

# 第五章　皇城

　　对于刚刚到达一个外国城市的人来说，最感兴趣的并非高楼、大桥、音乐，以及公共纪念碑之类，不过因为职责在身，他必须去看这些东西并赞扬它们。他最感兴趣的其实是街头生活，大街上来来往往的人们，就像香榭丽舍大道、斯特兰德、百老汇、广州的六尺宽街或者北京的大马路，这些地方才最有魅力，最能吸引来此的旅游者。北京街上各种有趣的奇怪的场景真叫人看不够。有一群人在训鸟，每个人都把他的鸟放飞出去，然后让鸟回来落在他的手指上；玩风筝的人，对手之间相互离得很远，而各自的风筝可以抵达对方；街边有临时搭起的炉灶；剃头师傅挑着担子从这儿到那儿，要剃头的人就坐在挑子上，由师傅给他剃头；有人在用脚玩勺子状的木棒；弓箭手在市场上射箭，姿势优美如同阿波罗；一支盛大的出殡队伍过来了，队伍里有人扛着肉鸡，队伍中有马、骆驼，还有死者家中的很多仆人，他们穿着夸张的粗布大褂；结婚的队伍来了，队列中人们扛着各种各样的礼品，如水果、家具、装满了各种家什的大箱子，新娘坐的红色轿子的轿帘覆盖着，而且上了锁，轿子前面有大块的红烧猪肉引诱鬼魂来吃；一队队满族士兵手持矛和剑；无数的车辆排列前行，有的车的车轮安装得特别靠后，这是高级别车辆的标志；轿子有两人抬的、4人抬的或8人抬的；从窗户缝往外窥见到一顶特大的轿子由16个人抬，这样的大轿从前是安放在四轮马车上由大象来拉的；有的人骑着骡子缓慢行走，这种骡子可能值500两银子或更多，另外有人骑着满洲小马或骑驴；这儿那儿一群群饶有兴趣的听众在听人讲述奇闻异事；杂技演员或变戏法的人在表演他们的高超技艺；不要命的杂耍人用粗铁钉穿过自己的脸颊，或坐在钉板上，动一动钉子尖头就会扎进屁股；有人表演用一个小铜钱就可以拔起一个钉子，所有的钉子都拔起来了，表演者得意扬扬、不可一世地转到别的地方，继续在很容易上当受骗的民众面前表演，然后等着收钱。

轿子

中国还有藩属，对此世界上知道得不多。这些藩属[1]有西藏、伊犁、缅甸、满洲、蒙古、朝鲜、尼泊尔，以及很多其名称只有历史学家才知道的半独立的部落。中国人把整个帝国划分为几部分，首先是 18 行省，这是本土；满洲是满族的发祥地，位于辽东湾以北，一直到黑龙江和乌苏里江以西；其他内属外藩还包括蒙古、伊犁（包括准噶尔和东突厥斯坦）、青海、西藏。我在北京的那些年里，那些藩属都会派代表到北京，有时候是来进贡，有时候是来做买卖。朝鲜每年都派使团到北京进贡，偶尔也来卖人参，人参买卖是免税的。朝鲜的进贡直到日本使其独立才终止。每年也有一个蒙古人代表团来到北京，一方面是来卖各种皮子、野味、毡毯、黄铜器皿等，一方面是来朝拜皇上。还有尼泊尔也是这样，每年派一个人数不多的代表团到北京，尼泊尔人个子不高，肤色黝黑。其他所有藩属都这样做。一到冬天，满大街全是稀奇古怪的从各藩属来的朝贡团成员，穿着朝贡的服装。在这些人中，朝鲜人戴着马鬃帽，尼泊尔人包着穆斯林头巾，满洲人戴着几乎没有边缘的瓜皮帽，蒙古妇女用粗犷闪亮的银质项圈和其他装饰品打扮自己，给人印象深刻。

街上还有中国当地人，或来自亚洲、美洲和欧洲各国的人，极其整洁干净的日本人学西方人的习惯真是学到家了。各个宗教的教士们聚在街头，有坐在一辆普通中国车子上的罗马天主教神父、留长发的希腊副主教、信仰佛教和道教的僧侣及道士、穿着浅口无鞋带皮鞋和长筒袜的英国主教，还有美国传教士。美国传教士冬天穿的

1 藩属制度是中国古代国家政体的一项重要内容。在清代，藩属分外藩属国与内属外藩，两者有着本质区别。外藩属国通常指的是境外国家，如朝鲜、缅甸、尼泊尔等。这些国家与清朝保持着一种相对平等的外交关系，通过朝贡制度与清朝进行交流。而内属外藩则指清朝版图内的边疆地区，如蒙古、新疆、西藏等，这些地区被视为国家的组成部分，清廷通过朝觐年班制度进行管理，体现了中央与地方的政治隶属关系。——译者

衣服与他们在印第安纳州和伊利诺伊州时穿的一样，在夏天则穿与其他人一样的白色衣服。闲逛时，穿过一拨又一拨闹哄哄的人群，他们或是在做生意，或是在干活。辛苦干活的人经常在茶馆歇脚，谈天说地，什么话题都有，不过有一种话题不会涉及，茶馆墙上贴着警示标语："莫谈国事。"中国人真是一种奇怪的组合，总体来说他们是爱国的，尽管国家全然没有保障他们的生存条件，但是他们热爱生养他们的故土，如同或甚至超过其他任何种族对自己故土的热爱。一般来说，他们不得不终日劳作，才能维持省吃俭用的日子。他们工作获得的报酬少之又少，一天的薪水通常只有 10 银分、15 银分或 25 银分。他们对于统治者的个人情况什么都不知道，而且也不关心统治者在干什么，所以统治者也不理睬他们，就让他们什么都不知道，政府的事情不关他们的事。他们把其他省份的人看成是陌生人或甚至是敌人。在中国南方，他们只是负重的牲口。那里没有别的动物，只有稻田里的脚踩淤泥的水牛。你喝的茶全是靠人背到海边的。中日甲午战争期间，只有满洲和直隶的军队对抗日军，其他省份根本不参与。

除了总体上没有爱国主义之外，中国人还没有宗教信仰。人群拥挤在僧侣授职仪式的周围，但促成他们盼望成为僧侣的动机并非出于宗教情结，而仅仅是想过一种懒惰的生活。当你询问一个明智的中国人，为什么在蒙古每个家庭都有一个人成为虔诚的教徒，他会回答你，因为干活的人太多，吃的用的东西也超出人们的需要，没办法只好出家去当僧侣了。类似这样的看法在欧洲也有，一个很著名的绅士曾经对我说，欧洲各国不得不保有庞大的常规军，维持军队的供应，这样才可以保证普通百姓的就业。也许这种论调正好可以当作反对普遍裁军的理由。从与那些非基督教教徒的中国人的谈话中，我慢慢地细心地体会到了他们的宗教观念

北京的街景

是什么，而我从未发现任何人具有宗教信仰，无论什么宗教都不信。我在一个佛教寺庙中度夏，除了见过不多几次正式的仪式之外，没有任何其他宗教活动。除了少有的几个节日之外，没有去寺庙的一套制度，而节日去寺庙也变成了集市买卖活动，大量的小贩聚集在那里。我所在的寺庙里的和尚们也从不履行什么宗教职责，只是在每天太阳落山时敲敲木鱼。他们从不去访问病患，也无兴趣去了解百姓的事情，他们的生活就是没完没了地吃了睡，睡了吃。我与他们有过长谈，下了一番功夫去发现他们为什么会这样，他们不做哪怕是一丁点儿努力来显示他们为人类提供了怎样的服务，但他们却普遍声称他们所做的与基督教传教士并无二致，而他们对于基督教传教士知之甚少。

北京市内及其周边有不少寺庙，有些寺庙里有很多和尚。大多数寺庙都可以去访问参观，寺庙所在的地方风景都很优美，安

北京雍和宫

全也没有问题，不过有过一次例外，外国人的生命不安全。说到
这里，令人回想起亨利·诺曼（Henry Norman），他就是在雍和
宫里遭强盗抢劫的。那座寺庙里有 300 个豪放不羁的和尚。不过
我去过那座寺庙，没碰到一点问题。那里有一个为俄国人效力的
蒙古人，他的兄弟是一个活佛，通过这个蒙古人，就可以安排参
观团进入寺庙。我们每人付了 3 美元，参观过程中没有人来打搅
我们。我们看到了一尊世界上最大的佛像，为这座佛像不得不盖
起一座大房子，房子很高，房内建有螺旋形的梯子，佛像的头部
在房内三层楼高的位置。这座佛像原本金光闪闪很漂亮，但是已
经有一些破损的痕迹。我们还看了皇上来祭拜时休息的房间，以
及很多精美绝伦的刺绣品和古代家具。和尚们举行了简单的诵经
仪式，没用多长时间，也无须付出多少体力。经文写在纸上，纸

缠绕在滚轮上就成为经轮，和尚只需要转动经轮，就等于诵经了。在有些寺庙中，圣柜上刻着经文，每当转动圣柜，经文就被诵读了。想在北京找一座圣殿去祈祷的礼拜者不能出岔子，因为在北京有各种宗教，各有专用的教堂，有希腊人、拉丁美洲人和新教徒的教堂，有伊斯兰教的清真寺，有佛教寺庙，有理性主义的论坛，有祭拜祖先的祠堂，有国家祭天拜地的场所，还有孔庙和祭拜其他凡人的庙，以及其他许多崇拜偶像的庙。就宗教问题而论，皇上是一个"到处祭拜"的人。他去佛教、道教的寺庙祭拜，也去孔庙，每年还作为国家的大祭司，去天坛宰杀一头牛作为祭品，献给想象中的未知的神灵"上天"。先说这些，关于中国的宗教这个话题下面将有专章来叙述。

你会发现在北京几乎没有什么艺术创作的遗迹。有一个为纪念第六世班禅喇嘛[1]而立的纪念碑，第六世班禅喇嘛于1773年到北京，他的护卫队有1500人之多。乾隆皇帝在甘肃的西宁府附近迎接他，并一路护卫他到北京。他因染上天花，于1780年11月12日离世。为纪念他，立了一块白色的大理石碑，但他的遗体被送回了拉萨。[2]纪念碑的底座上刻着这位高僧生平的主要事迹。在值得纪念的事件中，有这样一种传说，一群恶棍手举长矛攻击这位圣者，当矛头刺向他时，矛的尖头变成了花朵。另一件事是这样描绘的，在他即将圆寂时，一头狮子站在他身旁，不时用爪子将自己脸上的泪珠抹去。

在仪剩的伟大古迹的遗存中，要说到孔庙大殿里的一组石鼓。威廉斯说，公元600年时，在秦朝的古都遗

1　原文为"Teshu Lama"，此系18世纪英印文献对第六世班禅喇嘛的讹音。——译者
2　清朝甘肃西宁府现为青海省西宁市。此处记载有误。据《清史编年·第六卷乾隆朝下》（中国人民大学出版社2000年版，第333—364页）所载：1779年，六世班禅应乾隆皇帝的邀请进京朝觐，祝厘乾隆皇帝70大寿。1780年8月抵达热河，9月29日到北京，11月27日在京圆寂。——译者

迹附近发现了石鼓，1126 年，这批石鼓被运到了北京。他描述这些石鼓说："它们呈不规则的柱状形，高度从 18 英寸到 35 英寸，横宽约 28 英寸。上面刻的文字已经很模糊，但还能看清一些，说石鼓是为纪念找到了周宣王（前 827—前 782）[1] 的狩猎队而在找到的地方制作的。"

把永乐大钟归入古代艺术品遗存中是恰当的。该大钟安放在北京以北 2 英里处的大钟寺内，大钟于明永乐年间的 1406 年铸造。据说这是世界上最大的吊钟，高 14 英尺，钟口边缘周长为 34 英尺。钟唇最厚处达 9 英寸，钟身重达 120,000 磅[2]。大钟无钟摆，只是从钟外用一根很重的棒子来击打发声。钟身内外镌刻有大量的汉字，都是佛经的摘录。参观者都喜欢把铜钱投入大钟上面的孔，这个孔应该是系钟摆的。如果有谁成功地将铜钱投入孔中，那么据说当他投出铜钱时所许的愿，不管许的是什么愿，肯定都能实现。很多的愿望就这样许出去了，因为毕竟我们都是迷信的。当然，据说年轻女子们在这个时候所许的愿，最多的就是希望一位如意郎君来到身边。

圆明园中的夏宫，以其秀丽和藏有无数价值连城的珍宝而成为世界上的奇观之一。然而 1860 年它被英法联军付之一炬。外国人有时私运废墟里的东西。孔庙是北京最有意思的场所之一，该庙只有一大间屋子，84 英尺长，很简朴，无陈设，挺阴暗，屋内未经装饰，只是摆放了 11 个供奉孔子和他的 10 个弟子的牌位。几百年来的尘土覆盖在地板上。屋顶由 40 英尺高的木柱支撑。这个地方看起来不干净，气氛也很沉闷，但是这里有一种气息，就是不朽的知识精英的吸引力。我在别的地方会讲到孔

1　原文为"（B.C.872）"。周宣王在位时间应为公元前 827—前 782 年。——译者
2　磅，英美制质量或重量单位，符号 1b。1 磅等于 16 盎司，合 0.4536 千克。——编者

孔庙拱门

子的哲学。

在中国，头衔只传 4 代，之后就终止了。但是这一规定对于孔圣人却不适用。孔子的 77 代孙现在仍然享受着他的伟大的祖先的荣誉和津贴。在此我要高兴地告诉大家，这位中国民族道德领袖的后代，最近坚决反对给女孩缠足的罪行，并支持"不缠足会"发布一项禁止臭名昭著的缠足陋习的公告。

贡院这个地方所有新来者都会去参观。这里有一大批鸽笼似的小房间，考试时有 11,000 名学生吃住在此。这些鸽笼每个进深 5 英尺 9 英寸，宽 3 英尺 8 英寸。里面无家具，只有一块木板，镶在墙槽里，既当桌子也作床。这些小房间或 57 间一排，或 63 间一排，分列在一条宽阔的主通道的两边，每边的排与排之间是 3 英尺 8 英寸的过道。考生一旦进入这个围栏里，考试不结束是不允许出来的。竞争性考试这个制度是值得细心思考研究的。在中国，这样的考试自公元 600 年开始。历史学家认为这种考试制度已被证明为是保障中国的制度之一。维持中国体制的原始活力有多种原因，而这种考试制度在影响这些原因方面有贡献。与中国同时期的其他东方政府都先后云消雾散便足以说明问题。例如，有论述说这一制度保障了对皇上的忠诚，如何证明此言非虚，那就是据说在太平天国叛乱期间，有 2,000 万人丧命，其中没有一个文人为了活命而犯上作乱。这一制度的基础就是使中举者成为官员的预备队，一旦官位出现空缺，就会任命他们去补缺，在等待期间，他们必须表现优良。

所有的外国人都会去参观中国的观象台。观象台的一部分安置在城墙上。最初，在 300 年前，观象台由建立观象台的耶稣会教士主管，但是后来很多年里实际上没有再使用。观象台里有很多奇怪的仪器，它们的名字和用法没人知道。路易十四曾赠送给观象台一个地平经度仪和一个恒星时钟。很久以前，一个漏壶或说水钟一直在运转，就像现在广州在用的那个钟那样，不过北京

中国的观象台

的这个钟现在已经不运转了。在同文馆里,清政府建有一个观象台,由杰出的天文学家骆三畏（Russell）先生主管,骆三畏先生是现代意义上的天文工作者,他把以往时代的还不完整的天文学引进了中国。在北京还有很多其他饶有趣味的地方,比如天坛,1900年义和团运动之前,外国人是不允许进入天坛的,但在义和团运动期间,一队英国士兵在天坛院内安营扎寨。

还有"煤山",是一座高高的土墩,明朝的末代皇帝就在此山上自缢身亡。还有日坛、地坛和月坛。在常驻北京的初期,我们常常骑马走过皇城里连接两湖的漂亮的大理石桥,但是太后下令封闭了通向此桥的路,后来好多年里一直不对公众开放了。

在北京城里有不少舍利子塔,高高的塔顶上冠有一颗亮亮的铜圆头。城墙之外还有报信号用的塔,过去是用来报告好战的满洲人来侵犯和平的汉人了。沿着长城,间隔不远就有一座烽火台,敌人一来,烽火台顶上就燃起火焰报警。

# 第六章　科举考试

在中国的体制下，官员候选人划分为三个等级：秀才、举人、进士。选拔秀才的考试在县城举行，选拔举人的考试在省会举行，选拔进士的考试在北京举行。

还有第四种考试，是为那些渴望获得进入翰林院这一殊荣的人准备的。

每年在中国大概有 200 万人参加各种考试，录取率为 2%。

成功通过县级考试成为秀才的学生可免于肉刑，并享受所有可能的社会照顾和补贴，且被看作是能人。每隔三年，秀才就要去省会参加选拔举人的考试。考生的名单上会有 1,000 人。

第二年春季，全国的举人都汇聚到北京，这里要举行另一场考试，主考官是由抽签来决定的。如上所说，这场考试是要选拔进士，进士有资格进入翰林院。进士再参加竞争性考试，获胜者将戴上一顶桂冠，他就成为帝国在这个考试季中选拔出的状元。

科举考试对考试申请人没有年龄限制。已有的例子说明参加考试者有 40 岁的、50 岁的、60 岁的、70 岁的，甚至还有 80 岁的。

从一个西方人的角度来看，这个制度是必须反对的，因为这个制度坚持把得到官位作为一个人的毕生目标。在自由国家里，有很多值得称赞的雄心勃勃的目标提供给人们去追求，智慧和精明鼓励人们放弃当官的欲望。中国的这种制度创造了一个特殊的阶级，他们忠实于政府，并屈从于不当的官方势力。这种制度使得庞大的人群成为消费者而不是生产者，他们四体不勤，也没有个人爱好和业余生活。

这谈不上是一个实用的制度。考试的设计并不关注测试应考者是否适合某一类官职。考试在全国各地大部分都千篇一律，考试的科目局限于做有关孔子哲学的专题论文，或默写经典文章的段落、古代王朝的历史，偶尔也做涉及农业、诗歌、战争以及财政方面的论文。

这种考试制度将考试成功者的社会地位固定下来，他成为士大夫中的一员，而士大夫这一类人的排外倾向是众所周知的。

在中国，支持这一考试制度的理由可以概括为三方面：第一，它对于国家来说，相当于一个安全阀，为那些雄心勃勃的人提供了晋升的通道，不然的话，这些人很可能会煽动骚乱；第二，它对于绝对专制的权力起到平衡的作用；第三，它可以使国家控制住受过教育的这批人，确保他们支持现有的制度。

我认为，拿这一制度与英国、美国的文官制度改革来比较，应该承认，可能除了上述第二点之外，英美设计的文官制度改革的目的完全与中国的这一制度相反。

在自由国家里，经常不断地选拔各种人才，使得富有雄心的人不会为自己的前途担忧；在自由国家里，也没有绝对专制的权力需要去反对，更不必有目的地去加强政府的影响力，因为现存的社会制度并无存在不下去的危机。在英国和美国，盛行的是党派精神，不再需要其他的兴奋剂来刺激。这种来自党派精神的热情现在也许热过了头。爱国主义的呼吁多源于选举人的觉悟，而非源于对党派的忠诚。

在西方国家里，招考公务员完全保证公民的独立性。公民可以防止官方迫使个人屈从于领导，或任人唯亲，因为选拔的结果只根据个人的长处和业绩来决定。而在中国，这些竞争性的考试，在以考试成绩为基础的同时，也造就了一个完全屈从于不当的官方权力的阶级。

在我们这方面，实际的操作方法也决定性地优于中国。在中国，上述各阶段的考试，每次常常多至 10,000 人报名，他们来自中国各地，而试题都一样，并且只考一些抽象的知识，不考虑不同的政府部门需要不同的人才，成功通过考试的人可能被分派到政府机构的任意一个部门。

而在我们的制度下，情况则全然不同。每一种考试都注重实践，测试应试者是否适合他想进入的某个政府部门的那个岗位，无论是海关、财政部门、邮政局、专利局，或其他部门。

为什么应该只让大学者们来主政而将普通民众排除在外？就因为后者是平庸的，没有机会接受高等教育吗？这是说得过去的理由吗？

在我们的制度下，接受高等教育有助于成功，但同时这不是成功的唯一前提，而有时又是最重要的前提。1883 年，行政机构下令组织一次考试，测试应试者是否适合。他可能非常适合，可以履行很多职责，但相对来说，他在文字、历史或语言方面弱一些。

中国的制度鼓励教育必须得到重视，从这个意义上说，有这个制度总比没有强。

很明显，中国人他们自己已经认识到学习和考试的科目太偏，最近他们在课程表中加入了科学，虽然不是强制性的，但是确实说明那些爱好科学的人得到了适当的承认。插入这一改革的楔子将可以使中国政府在几百年前打下的好基础上建立起一种完善的制度。

我们的制度一直被指责为复制了中国的做法。但是，即使这样粗略的比较，也显示出我们的文官制度改革，其目的和方法完全不同于中国的竞争性考试。两国不同的执政条件需要不同的对待。我们的目的是保证不出现一党专制；而中国追求的是维持君主专制。我们的目的是把适合履行各自职责的独立的人充实到政府机构中；而中国的愿望是永久地维持一个士大夫阶层，并不在意个人是否适合其岗位。

中国这样的治理方式埋下了出现大麻烦的隐患。每天都在发生荒唐的事情，对于技术科学一无所知的知名学者被派去监督公共工程，文官被派去主持军队工作或船舶建造，不懂法律的人被派去当法官。

在一个健全的文官制度体系下，如英国的和英属印度的文官制度，以及我们的法律体系下，政府机构不管如何扩展，如此荒唐的事情是不可能发生的。

# 第七章　外交官的工作

　　我在中国的时候，中国没有什么宫廷活动。没有皇室舞会、招待会或晚宴什么的要出席。我在中国的最后一年，皇上开始每年一次在中国的新年接见我们。根据礼制，在高官及一般官员与外国人之间不会相互拜访；有外国人在场时，中国女人不得出现，只有两位女人除外，她们是曾侯爵夫人和裕女士[1]。在北京城外的乡间，你可以随意与中国显贵交朋友，但在城市里却忌讳社会交往。在我去恭亲王那里拜访了他之后，他到我那里回访了我。亲王夫人也来看望我夫人，之后还款待过她，还相互交换了礼物。我们确实成为了很好的朋友。我问过亲王，他是皇上的伯伯，是总理衙门的领衔大臣，可是为什么我们在北京相互不能有社会交往呢？他说，太后不准外国人和中国人之间在都城有什么社会交往，但不反对在都城以外的乡间可以有非正式的活动。

　　有一点必须始终牢记在心，在考虑外国人与东方人的关系的时候，要知道在他们的国家里外国人享有治外

1　曾侯爵夫人即曾纪泽夫人。裕女士应指 1895—1898 年清朝驻日公使裕庚的夫人。——译者

法权。这一制度大大减轻了驻这些国家的公使们的责任。根据合众国修正法案，标题 47 之下的第 4083—4130 条，我们如今在中国、朝鲜、马斯喀特 [1]、摩洛哥、波斯（现伊朗）、萨摩亚、暹罗（现泰国）、汤加、土耳其和桑给巴尔都设有领事法庭。在日本我们也设有这样的法庭，但在 1898 年 7 月终止了。在所有的东方国家中，只有日本这个雄心勃勃的帝国挣脱了外国人的司法束缚。在以上列举的所有国家中，外国人不受当地法庭的审判，只接受其本国法庭的审判。当地的法庭，无论是民事庭还是刑事庭，对外国人都无审判权。在领事法庭上，既无大陪审团，也无小陪审团。在审理有些案子时，领事会找来三四个陪审推事协助他，但他们发现的材料并不非拿上法庭不可。授予领事法庭的司法权限于海事法、衡平法、习惯法和成文法。这一制度尤其在下述方面是有缺陷的，即美国的法规并不涵盖所有的犯罪行为，只是针对那些对美国的犯罪，因此绝不包括所有的罪行和不端行为。当领事依照习惯法时，他发现事情不好办，由于事实是根据美国的惯例，并不违反习惯法，但是所有的罪行都必须依法裁定。还有，领事使用习惯法时必须考虑到，有些习惯或习俗的盛行，只是在当地被认为是正当的。因为习惯法毕竟是由法官来决定它是否违法。领事把案子处理得很漂亮，罪犯通常得到他应得的惩罚。机灵鬼总能把他犯的事情与治外法权挂钩，高等法庭对于每一个这样的法律问题都进行了审核，并且一贯支持领事的判决。有一个案例，就是罗斯案，在美国联邦最高法院判例汇编第 140 卷，第 463—465 页（*In re* Ross 140 U. S. 463—465），学生可以参考，从中能得到更多信息。

美国人在中国受审时没有陪审团在场，不管因此损失了什么利益，总

1 阿曼首都。——译者

好过接受中国司法制度下的处罚，他的任何损失也因此得到了充分补偿。中国司法制度的原则是，在审判被告之前，被告必须承认自己有罪。当被告被控有罪，而被告申明自己无罪，那么，法庭会立即对被告用刑。中国法官在审判之前研究过案情，当他的结论是该被告有罪，而通常他们都是这样认为的，于是要求被告认罪，被告如不认罪，就不停地对其用刑，直至被告认罪为止。刑讯的种类五花八门。一种是鞭笞，使用的竹条长有 2 英尺多，厚 1 英寸多。有时候被告赤露的脊背被鞭打几百下。或者用一种小竹板抽打，小竹板有点儿像长筒靴的鞋底，连接着一块可以自由翻动的吊板，这种小竹板专门用来抽打头部和脸。妇女常常被用这种小竹板抽打。又或者被告被迫双膝跪地，用一根很重的木棍架在他的小腿上，木棍的两端各站上一个人，一上一下地压木棍。据说这是一种可怕的酷刑，有时候会导致受刑者当场毙命。其他的刑讯还用被告的辫子把被告吊在柱子上，赤露的双脚刚刚够着地面。对被告使用这些刑讯——他们通常这样做，若

斩首

作用。根据中国方面的记载，农业从刀耕火种的时代以来，没有多少进步，相当一部分仍然停留在原始时期。在中国，农耕是神农氏即炎帝发明的，神农氏之前是伏羲，伏羲是中国的第一个皇，即羲皇，炎帝于公元前 2737 年继位。就是炎帝"把木头制成犁，并教会百姓饲养牲畜"。炎帝还发现了一些草的药用价值，又创建了定期进行物物交换的商业市场。不管这一传说缺少怎样的真实基础，它总归证明了一件事情，就是今天人们仍在实践的这种技艺在有文字记载的历史之前就出现了。在美国，我们可以说出这个那个工具或方法，是什么时候从什么发展而来的。我们知道轧棉机是什么时候发明的，也知道蒸汽机首次运用于犁地是什么时候，以及知道第一次实现收割和脱粒同步完成是什么时候。在中国，就说不出这样的进步。庄稼仍在用镰刀收割，收割后的捆绑运输方法，现在仍如同鲁斯和波阿斯（Ruth and Boaz）[1] 时代那样。当用镰刀收割的活干完后，一群群贫困的妇女和儿童涌到地里捡拾散落的谷粒。农业的状况在中国仍如同几千年前一样，如果没有外国人带着他们稀奇古怪的发明来到中国，那么中国的农业还将继续原地踏步。毫无疑问，在外国人的要求之下，中国的农业状况会发生变化。中国人的肤色是白净的，只有最南部近回归线的地方因日晒的原因，那里的人肤色较深。中国北方正在成为世界上最丰饶的地区之一。中国人一直是农耕民族，他们不好战，士兵位列社会阶层的最底层，农学家和文人学者构成社会的贵族阶层。皇帝，不管是汉人，还是蒙古人或满人，总是鼓励农业生产。承认农业为国家之本，是皇位的最强大保证。

从远古时代起，农业就受到皇帝的重视，有着尊严的地位。在地坛里

1 《圣经》故事中大卫王的曾祖父母。——译者

被告被迫认罪，则立马宣判被告死刑。有人可能在广州见过一块制作陶器的场地，那个场地就是一个"刑场"，太平天国叛乱时期，有 60,000 人在那里被砍了头。我 1886 年去看那个刑场，一个刽子手告诉我，他不久前才洗手不干了，然后又有点儿难过地补了一句，他只砍了 250 个人的头。

凌迟是最残酷的死刑，被告身体上的肉被一片一片地剐下来，直至剩下一具血淋淋的骨架。

有时候也把受害人关在木笼子里放在烈日下暴晒。特别情况下甚至把人放到油锅里油炸致死，或者把人大卸八块。犯罪较轻的罪犯在狱中要戴着枷锁，就是木项圈，这种枷锁套住脖子，另有 2 个孔套住 2 只手，这 2 只手就使不上劲。犯人常常戴着这种枷锁被游街示众。

戴着枷锁的犯人

可以确切地说，只要中国不像日本那样改革刑罚制度，那么治外法权就会在中国一直存在下去。我曾经在总理衙门建议，应该立一法，采用外国的法典，如我们正在施行的民法和刑法。立这样的一部法，对于由条约规定外国人享有治外法权的国家来说，可以弥补很多该国在司法上的缺陷和问题。

在我们的制度下，公使在以上列举的国家里承担了上诉法庭的职能，但其任免权操控在行政首长的手中，犹如美国领地法官的去留那样。很清楚，从前述可以推断，在中国做外交工作与在西方国家里做外交工作是完全不同的。实际上，在中国的外国公使成为了中国政府的不可分割的一个部分。他和他的团队以及领事们，管控着在中国的他们本国国民的行为。他们要见证中国政府遵守条约，不仅从文字上，还要从精神上遵守。他们反对与条约文字和精神相违背的法规。当中国在涉及外国人的法律有什么变动时，总理衙门会先提交给外国公使团，以便在颁布之前预先知道公使们是否同意，这已成为一个惯例。有时候出台的新法规就弃而不用了。外国公使们十分用心地关注可能损害他们国民利益的税则变动。他们向总理衙门宣布，如果变动后的税则与条约相抵触，那么他们将不遵守变动后的税则。当然，在维护他们同胞的利益的事情上，他们是积极主动有作为的。对于所有损害了他们同胞利益的情况，他们都要求做出赔偿，并且毫无顾忌地谴责所有对外国人不负责任的官员。外国公使们还尽力查禁辱骂性的出版物，这种情况在中国是家常便饭；他们建议为贸易和营商采用新设施、新方法；他们坚持清除河道上的障碍物，特别是在上海和广州；他们抨击被授予的专营权，或建议准许将专营权授予其他国家的代理人。在欧洲国家，如果某人有事要办，他就可以拿到他的护照。公使日常的工作平常、琐碎，他的部分责任是

努力帮助那些"说客们"获得资助金、转让经营权或特许权。这些有头有脸之人构成了一个庞大和有影响力的阶层。他们是混社会的人，很清楚请客吃饭和"贪污受贿"的门道，他们尤其擅长花言巧语。他们手举一张英语里叫作"施粥券"（也就是从国务院拿到了一封通用的介绍信。很高兴这种做法现在已经取消）的玩意儿来显示自己神通广大，同时还带着一大堆名人的推荐信，这些说客们以为这样就可以让公使给他们当听差了。就这样，公使绝对会满足他们的要求，因为他们的背后是一大堆报纸媒体，记者们一刻也不消停地挖新闻，想方设法报道一些上层高官的奇闻怪事。

责难一个公使简直是小菜一碟。公使常被说成是小气鬼，或根据他的开销说他是"出手阔绰"的人；要么说他过于贪杯，要么说他一口不喝是装腔作势；或说他太喜欢寻花问柳，或说他是乡巴佬一个；要么说他对同胞冷若冰霜，要么说他对传教士热情有加。如此等等，不一而足。

因此，更好的计划就是让他们把旺盛的精力用于极极促成中国修一条长 1000 英里的铁路，或让中国购买 6 艘战舰，或卖给中国威力巨大的大炮，或成立国家邮政局，或建立银行，或疏浚黄河或其他一些河道，或贷款给中国 5 亿两白银，计划让中国在几年内用利息付清赔款，而贷款本金则留在中国金库。这些正人君子还不时呈上几篇如何改善道德的评论短文。他们哀叹中国政府的贪污腐化，提倡高薪养廉，废除"压榨"，签订诚实的合同。不用多聪明就能明白，这些说客们抨击贪污、压榨，这些恶习不会有什么结果，他们这样做只是想劝诱中国人签订各种合同。不管怎样，有时候有些合同的签订还真是由说客推动的。不过，事后说客们又疑惑为什么他们的建议还不付诸实行。若按照这种逻

辑，在英国要保证合同的履行，那就要抨击国王、上议院和长子继承权了。

我在中国最后的那几年里，在为取得租借地的漫长过程中，我的同胞获得了巨大成功，由参议院毕莱斯（Brice）发起组织的中兴公司（China Development Company）获得了修建粤汉铁路的特许权。这段铁路长 750 英里，它将是莫斯科至香港铁路线中的一段。如我所说，旅客乘火车用 18 天时间从莫斯科到北京后，很快便可以再乘火车从北京到武汉，然后就通过美国修建的粤汉铁路到广州。毫无疑问，这条铁路运输线将是世界上最长的线路。

必须说明，欧洲列强并不把获得特许权这一类事情交给公使们去处理，而是由其政府自己一手策划，提出要求，制定控制该事情的秘而不宣的政策。这样，俄国在很多年里的政策，就是希望修建一条横穿满洲直通大海的铁路。德国长期以来想在中国获得一块领地，最终利用两名德国传教士在山东被暴徒杀害的机会，得以如愿以偿，攫取了该省的一个港口。最近，英国要求并成功地获得了在中国铺设一根电缆的排他性特许权，对于英国的要求，中国内部争议和反对声不断。法国坚持要把中国南方的省份划进法国的排他性的势力范围之中，并且法国正在推进修建一条从东京（Tonquin）[1] 到中国南部边疆西江的铁路。小小的比利时正在中国谋求工业方面的特权，不管哪方面的都行。而一个意大利人已经获得了很有价值的采矿权。

根据以往的事实，一般来说，向美国国务院提出要求到得到答复需要 4 个月的时间。因此，美国公使不得不经常根据自己的判断采取行动，这样做是很冒险的，因为上司可能不批准他的行动。经常会冒出一些奇谈怪论，引起激烈的争

---

1　指今越南北部地区。本书中多次出现这一地名。——译者

论。必须说明，一般来说各种不同的宗教之间相处融洽，当然各派别之间为本派争取更多的皈依者也有竞争。

这种竞争主要发生在新教教徒与天主教教徒之间，他们在中国相互敌视，就像他们在欧洲和美国那样。有一个很可笑的案子发生在山东省。我们的卫理公会派出的传教士，通过传教使一群穷苦百姓皈依了基督教。他们想建一座教堂，于是有一张捐赠单传来传去，有一个人认捐了一大笔钱，于是就买下了一块地，在上面建了一座教堂。庆贺教堂落成之后的相当长一段时间里，教徒们都在教堂里祈祷做礼拜。不久，因发现了上述那位捐赠者的不道德行为，因此把他赶出了教堂。此人立刻改信了天主教，然后他宣称建了教堂的那块地是他的，他要把这块地捐赠给天主教，天主教方面也要求得到这块地。你们可以想象，由此引发的争吵有多可怕。美国公使严肃地保证，基督教在山东的整个未来有赖于保留这块地产。应天主教方面的要求，法国公使馆积极参与这场争夺。教士们来到北京，在总理衙门前展开激烈争论，争得不可开交。美国公使向衙门说明，某人的捐款不可以用来买一块民用土地，无论是为建教堂还是为其他用途，他以此引诱其他人投资于这块土地，然后当这块土地买下后，竟又声称这块土地属于他个人。在这一类案子中，禁止翻供的学说特盛行。衙门显然也持同样的看法，因为他们的司法体系是建立在平衡之上的，但是他们惧怕法国，因而拒绝调停。美国公使于是要求将事情上呈朝廷。上呈朝廷之后，进行了审理，然后又交给了更高一级的法庭。最终，总督派遣两位专差到当地去解决争端，两位专差向总督报告，倾向于付款给在有争议的土地上建起教堂的原来的全体教徒，并捐赠给全体教徒另一块地，让他们另建一座教堂。这一方案被接受了，就这样，这场几乎引发内战的吓人的争端才得以平息。

几年前，在中国南方的汕头，天主教徒与基督教徒之间确实爆发过斗殴，有一人丧命。这件事情也实在是匪夷所思，有关冲突爆发的原因最终也未能确定。双方相互指责对方的信徒怀着敌意来到教堂，蓄意挑起事端，于是就爆发了骚乱，结果造成一个攻击者的死亡。双方都多次发誓说自己所陈述的为实情。以美国传教士为一方，以天主教牧师为另一方，各自积极支持自己一方的信徒。然而过了若干年之后才真相大白，是天主教一方，而不是基督教一方，说出了真相：那就是基督教方面攻击了天主教的教堂。事情清楚后，基督教传教士们因为被欺骗而感到十分懊恼。当时我是驻马尼拉的特派员，我给出了建议，传教士们就依照我的建议行动，他们很快便给予死者家属一大笔钱作为赔偿金。在中国，钱能摆平一切事情。

当新教的教徒之间发生争斗或吵架时，中国当局就十分尴尬。他们不想插手干预，因为他们知道，不管结果怎样，他们都将受到指责。

1896 年在长江边的一个城镇，发生了另一件值得一提的事情。有一个歹徒，因曾经被美国传教士讨厌而心怀不满，想伺机报复。刚好该歹徒住的地方死了一个小孩，于是他买下尸体，并把尸体埋在传教士们住的地方，然后他指称是传教士绑架并杀死了孩子，他领了一帮人来到他埋孩子尸体的地方。人们一见到尸体，立刻爆发了骚乱，传教士们被迫逃命，留下的所有财产被捣毁殆尽。事情平息之后，展开了司法调查，结果确定无疑，是这个歹徒自己把孩子的尸体埋在了传教士住的地方，目的就是要引发反对传教士的骚乱。此人被判死刑并且被执行了，尽管传教士最终曾竭力请求免予其死刑。

在中国，公使一职可以说相当于集行政、立法、司法于一身。

人们期望公使能像司法官那样对其国人提出的任何及所有的规划方案进行辩护。公使必须保证在所有的案子中，他的国人是正确的一方，而中国人是有错的一方。对于那些被说成涉及他的国人的实质性权益的任何问题，如果公使胆敢调查一番对错，那么他毫无疑问地被认为是脑残，或为人不正派。有时候确实会发生这样的事，美国人所声称的并非所有的考虑都是正当的。在这种情况下，如果想要体面与自尊，那么就不要提出这些要求，而他们却提出来了，然后让公使去面对由此引发的政治风暴！公使总是可以利用规则，即所有的要求都将上呈国务院，而国务院比公使处于更独立的地位，因为它更加远离事件发生的现场。有这么一桩案子，因为发生暴乱而造成了损失，报上来的损失的东西，在我看来，不可能有那么多，于是我把问题上呈到国务院，不过我同时给出结论，虽然我向国务院指出对于某些特殊东西的赔偿要求可以不予批准，但我的结论是：提出要求者是诚实的，他们要求的赔偿符合他们所声明的损失。因此，我没有向总理衙门提交那些要求赔偿特殊东西的清单，我只要求总理衙门赔偿他们所提出的总数。衙门大臣提出了一些异议，又问我要特殊赔偿要求的清单，我没有给他们。我说："你们的百姓像追打老鼠一样地追打传教士，传教士所有的财产除了被他们偷走的那部分之外，都被他们烧毁了。我的国人经历千难万险才保住了命。现在来谈所要求的损失总数，真是可笑至极。"我解释说，我们不仅在要求的赔偿款方面，而且在要求的惩罚性补偿款方面都是实事求是的。然后他们说，如果我能给他们开出收到钱款总数的收据，他们就照单全付，我当然同意开收据。当我向传教士们报告他们的钱很快就能兑现时，他们来电报说，他们犯了个大错，他们应该把要求赔偿的钱提高到4000两银子。我立刻回复他们，他们最好就

拿已经同意赔偿的钱，因为国务院已决定他们要求赔偿的某些项目不予批准。这桩案子就这样了结了。赔偿款领取之后，国务院很宽大地没有计较以下两点：一是领取的赔款总数与国务院最终决定的赔款总数不一致；二是没有等待国务院的指示就擅自办理了这件事情。

凡事无论大小，都一股脑儿地推到公使面前。比如说，在北京某个传教士有辆运水车，这辆车由一个苦力使用，为他运水。有一次，苦力提了一桶水送往院子里，车就停在街边，结果车被偷走了。传教士就要求治安部门为他找车，把车归还给他，可是治安部门不给找，于是传教士就到最近的衙门里要求得到8两银子以补偿他的损失。衙门一两银子也不给他，告诉他，中国不负责赔偿被偷的东西。可能从条约意义上来说，这样的说法还说得过去。但是在我看来，利用这件事情加强中国方面的责任意识将有益于公众利益，不然靠什么来阻止偷盗外国人的行为呢？于是我坚持损失必须赔偿。从此之后便再也没有偷盗的事情向我呈报了。

另外一件事情可以说明我在中国时遵循的一般政策，简言之，就是迫使中国人在大小事情上都必须遵守条约精神，因为条约中有规定应保护外国人。

在重庆，一位美国传教士为外出短途旅行而雇了一辆车。坐车走了没多远，有两个士兵拦住了他，叫他下车，把车让给他们，并把他撺下了车。传教士立刻找到领事要求赔偿，提出要100个墨西哥银元补偿他受到的伤害。领事没有认识到中国地方政府在这件事情上是有责任的，因此他倾向于调停，于是赔偿的要求就上交给了我。我认为，公共政策要求地方当局为政府的雇员如士兵的错误行为负责。我指示领事把赔偿要求送到最近的地方衙门。于是赔偿要求就送到衙门去了，衙门没有提出任何异议就付了赔

偿款，这样的结果是有利于社会安定的。

公使要处理的大事小事林林总总，小到上述这些琐细之事，大到像准备新的条约，或协调中日争端，或关注并报告有关列强诸国瓜分中国的企图。公使必须详细考察、全面研究如何处理所有这些事情。有时还有司法案子要审理，公使必须考虑法律的适用性，因为它关系到人命或最重要的国民利益。因此可以说，除了驻英大使之外，我国的驻外公使中，驻华公使一直是最重要的。细查一下曾经出任过驻华专使或公使的名单，其中不乏杰出人物，这就是明证，说明我们的政府认识到驻华使节的重要性这一事实。在上述名单中，位列第一的是顾盛，驻华专使，他签订了第一个条约，即 1842 年条约[1]。我相信，应该承认，至今美国人中还没有一个学者在才智和造诣方面能够超越顾盛的。继顾盛之后作为专使出使中国的有德威士（John W. Davis）、马沙利（Humphrey Marshall）、麦克兰（Robert M. McClane），他们也都是杰出人物。之后蒲安臣（Anson Burlingame）任驻华公使，工作出色。当他卸职之时，中国任命他为中国全权大使出使全欧和美国。不幸的是，他在完成他的伟大使命之前去世了。在长长的名单中，接下来有华若翰（John E. ward）、义华业（Alexander H. Everett）、列卫廉（William B. Reed）、西华（Frederick W. Seward）、安吉立（James B. Angell，现任密歇根大学校长）、加利福尼亚州长洛（Lowe）、杨约翰（John Russell Young），以及我的继任人康格（Hon. Edwin H. Conger）。1900 年义和团运动时，康格在北京。他在卸职时获得了极好的名声。除了在伦敦的使馆之外，没有其他使馆出现过如此一群精明、聪

---

[1] 原文如此。1842 年条约应为中英《南京条约》。中美第一个条约是《五口贸易章程》，即《望厦条约》，由 1843 年来华的美国专使顾盛于 1844 年 7 月 3 日与清政府代表在澳门望厦签订。——译者

慧、勤勉、能干的外交家。另外，卫三畏博士很多次代理过馆务，还有何天爵先生（Mr. Chester Holcombe），他是一个非常能干的人。这些人为我们在东方树立了威望。他们的辛劳使我们收获了一个巨大的和不断成长的商业市场。我们一直与中国保持和平相处。我们过去是、现在也是所有国家中最受中国人热爱的国家，同样，我们也像欧洲任何一个大国一样，受到外国人的尊重。

# 第八章　钱庄与钱庄的运作

　　中国人是出色的银行家和生意人。商界人士和在各商业中心的所有商人都认为，中国商界的领袖人物与那些在伦敦、纽约、巴黎、柏林或任何其他地方的最诚实的商界人物不相上下。现任伦敦汇丰银行行长的嘉谟伦先生（Mr. Cameron），以前曾任汇丰银行上海分行经理，在他离开上海时，为他举办了一个欢送宴。他说，说到其他方面，那么要说的就是，银行为中国人处理了数百万数千万的英镑，从未差错过一个便士。对于这一自我褒扬，我想稍稍给它打点折扣，那就是必须要说，在中国，债务人的亲族，他的整个家族，对于他的债务都负有责任，他们也许为法律所迫而为债务人支付赔偿。也必须说，在经商的整个过程中，中国的大商人勇往直前，坚持不懈，诚实守信。他们说一不二，坚守承诺。他们不会推三阻四、想方设法回避责任。他们的货品就一个价钱，不管市场起落，他们一定履行承诺。他们视信守商业信誉为最高法典。这一国家好名声在外，结果就是中国人被各处的商贸中心雇用。在日本的高级宾馆和银行里总能发现中国人。

天津汇丰银行大楼（遭炮击之后）

中国人是世界上最早的银行家。他们发明了汇票。他们提供给你一张信用状[1]，此信用状在中国任何城镇都可以使用。杰出的工程师柏生士先生（Mr. William Barclay Parsons）勘察从汉口到广州的铁路线时，途经一个外国人从未到过的地方，他告诉我们，他拿出中国钱庄给予他的信用状就可以得到钱，一路上到哪里他需要钱都可以得到。我知道在此讨论金融体系对于一般读者来说是很乏味的，但是中国金融体系的特点至少还是值得一提的。外国人在中国，他的钱可以是银元或银两，存放在几个外国银行中。外国银行主要有汇丰银行、华俄道胜银行、横滨正金银行、东印度澳洲银行等。除此之外，还有大量的中国钱庄，据说在北京就有 400 家。那里有交易所，金属货币的价格是固定的，行情由信鸽从城里各处带来。还有一个票据交换所，操

---

1　这种信用状称为"庄票"或"银票"。——译者

作规程很简单且高效。每个存款人都从钱庄得到一本账簿，账簿分为两栏，一栏中记载他的存款，另一栏记载他支出的每一笔款项。然后他把他的债权人提供给他存钱的钱庄，由该钱庄还钱，到晚上他把账簿送到他存钱的钱庄。第二天早上，各钱庄的伙计聚集到一起，为他们的客户简要说明账簿上的各种数据，或是支出，或是收入。有余款就付给现金，或存在钱庄生息，到年底再取出。据说有困难的时候，钱庄之间会相互帮忙，任何有偿付能力的钱庄如需要延期付款，也是被允许的。

通货的特性为银行提供了一个很好的平台，当各笔款项经过银行这一平台进行贴现时，银行就获得了报酬。把美元兑换成英镑，英镑兑换成银两，再从银两兑换成墨西哥银元，这样复杂曲折的转换除了专家没人能处理。一般情况下，壹银两等值于1.40个墨西哥银元。壹银两眼下等值于多少美元无关紧要，因为明天就会有变化。我在中国的大部分年月里，壹银两等值于77美分，但银价已下跌了，并且还在跌，可能会跌到只值25美分，这将给外贸以极大的打击。

当然，中国这样一个古老的国家使用各种货币并不奇怪。公元前2600年黄帝在位时就铸造过铁钱。我经常在城墙上捡到这种铁钱。现在通用的硬币是铜钱，中国人就叫它钱，外国人叫它小铜钱。小铜钱、银块、墨西哥银元，新近又有来自香港的银元或在中国其他各地铸造的银元，这些钱就构成了中国的金融体系。"两"仅仅只是银的重量。银子铸造成10两重的一块，样子有点像中国人的鞋，中间凹下去，两边和两头高起来。50两一大块的银子几乎就像一只鞋。金块被铸造成条形，样子像印度墨（India ink）那样的糕点。在对外贸易的早期时代，墨西哥银元的中心有一个孔，就像美国西部那些州使用的墨西哥银元一样。

现在，墨西哥银元等值于 1.5 美金，但是自从"1873 年经济危机"以来，跌到只值 33 美分了。买办通常在墨西哥银元上打上印记，这种银元叫作"有戳银元"。因为喜欢用银，因此用银的重量构建金融体系，采取十进位的计算方法，分别是两、钱、分和小铜钱，除了小铜钱是铸造的，其他都不是铸造的。每个小铜钱的重量是计重金衡制 58 谷（1 谷 =64.8 毫克），或 3.78 克，但在很多地方，有更小的小铜钱在流通，兑换率从 500 个到 1800 个小铜钱换一个银元。在北京，5 个小铜钱换一个银分。想想贫苦的百姓，真是有必要最小化地细分硬币。

中国金融的另一个独特之处是使用大量不同的银块。在北京有不下 5 种，各有各的价值。根据重量和成色，最好的一种是海关两，海关税就是以海关两为单位来征收的。每一重要的城镇都有两种或两种以上不同的银两单位在使用，你必须说明是什么银两单位的借款需要偿付，因为不同的银两单位之间也许会有 1% 或 2% 的差别。

在这个时期里，中国没有政府的银行。几个世纪之前，皇帝发行过不能兑现的纸币。马可·波罗评价过这个体系，他说，因为皇帝拥有帝国的所有财产，因此，纸币对他来说一分不值。还有，纸币的发行引发了推翻统治王朝的暴乱。公元前 500 年，政府发行纸币[1]，强迫流通，而这种纸币一文不值。自 1455 年以来，除了 1858 年太平天国叛乱时期之外，再也没有发行过这样的纸币。北京的钱庄发行的银票最小的面值只有 10 分，金融掮客们忙着用小铜钱来兑取这种银票。钱庄的业务是给银票打折扣，协商票据交换，以土地或个人财产作抵押放贷，以及买卖贵金属。政府不限制钱庄的开设，

1　原文如此。据有关记载，中国最早的纸币出现在北宋时期，名为交子，发行于北宋仁宗天圣元年，即公元 1023 年。——译者

钱庄一般给定期存款付利息。外国银行通常年息为 5%，有时候为 4%。

在还款问题上，中国人不像其他国家的人那样，要求到期立刻偿还。一个债务人，有偿付能力的话，会被允许用一段时间去筹款。通常在中国，所有的债务必须偿还，特别是在中国人过年之前偿还；还有是在过端午节、中秋节之前偿还。中国人认为在这些节日之前不能还清债务是件很丢脸的事。

从以上叙述的种种情况看，可以说，没有一个国家现存的金融体系混乱到像中国这个样子。在税收的征收、分配和汇款方面若有一个运作良好的金融体系，那么所有的观察者都会感到满意，而巨大的利益则归政府。

向前迈进要做的第一件事，就是要像小小的日本那样，在踏上令人赞叹的进步旅程之始，就制定出一个统一的、稳定的金融体系。日本聘请美国人乔治·威廉斯将军（General George Williams）来承担这项任务，威廉斯将军以他的能力出色地完成了这项任务，他所设计的金融体系完全达到了预定目标。在中国建立一个与我们美国相同的金融体系，就可以使中国摆脱金融体系的混乱局面。我在各处提到的伟大的外国银行，如今正在做体量很大的金融业务，且获利相当丰厚。在负责中国金融体系改革的名单中，应该有一些伟大的美国人，他们将会发现在这个领域中，值得为之贡献自己的才能与勤奋。

# 第九章　中国海关

　　中国海关是在一次严重威胁大清帝国皇位的国内战争中获得的幸运结果，是从太平天国叛乱这一淤泥深潭中成长出来的一朵百合花，或许是世界历史上独一无二的创举。

　　看到在一个如此排外的国家，居然出现了一个我下面将要描述的由外国人掌控的机构，并在半个世纪中得到精心呵护和培育，确实是匪夷所思。解释这一现象很简单。从根基上说，当时海关刻不容缓地需要存在下去，而它的存在，在同样的税源和同样的条件下，却能立刻比以往任何时候回报给政府更多的税款。尽管外国人是傲慢的和带有偏见的，但不可感情用事，毕竟他们带来了财富。从那时起到现在，海关一直受到明智的保护。

　　1853 年，上海陷落于太平军之手，然后太平军一路劫掠向北京进发。政府丢失了上海，当地的海关也就不复存在了，接着而来的便是一片混乱。对进口船只不征收关税，出口的船只不办理结关，上海实际上成了自由港，货物从船上卸下或装上船，据说都没有征收一分税款，当然，这是完全违背现有条约的条款

的。英、法、美三个条约国的领事设法解决这一困境，他们试图直接向商人征收税款，要求商人出具全额税款的单证，由各领事保管，到时候再转交给当地官员。这一做法不了了之。1854年2月，当地海关重新建立，但于当年4月又停止了办公。

这个时候，省级当局采用了阿礼国先生（Mr. Rutherford Alcock）的建议，成立一个外籍税务监督机构，该机构由3位外籍人士组成，他们分别由三国领事提名。阿礼国先生那时是英国驻上海的领事，他是中国外交史上这一时期里大名鼎鼎的英国人之一。他后来获得爵士封号，担任驻华公使。他在回忆录中谈到外国人监管海关这一问题时说："在现存条约之下，想摆脱困扰整个事情的难题，唯一的办法就是把一种诚实而警觉的外国因素注入中国当局。"他提到首要的困难就是当地官员本质上的懒散、马虎，因此很容易让好钻空子的商人通过贿赂得到政府豁免税款的好处，以此来击败竞争对手，这样一来便完全扰乱了贸易秩序。阿礼国的话确实点明了由外国人监管海关政策的关键所在。

3位外籍税务监督上任了，不久就合三为一，任命一位总税务司监管各地海关机构，当时中国南方各省当局都特别愿意将本省港口的海关置于总税务司监管之下。第一任总税务司是李泰国先生（Mr. H. N. Lay）。李泰国后来在与从英格兰购买的李泰国–阿思本舰队的军舰相关的事务上，就该舰队的性质和他的权限问题与中国政府发生了激烈争执。1863年，一位英国领事馆的翻译赫德先生取代李泰国出任总税务司。

从那时起直到现在，赫德爵士一直是一位仁慈的独裁者，他掌控海关，使之立即成为大清帝国文职机构中最有权势的机构，并且在多次危机时刻成为岌岌可危的朝廷的最强有力的靠山。在赫德的引领下，海关从一个"领事怀中的婴儿"一举成长为今天

强大的政府机构。赫德彬彬有礼而又老练圆滑、技巧老到、游刃有余，他扩展海关机构的管理范围，使海关从当初出于权宜之计，为方便征收几个港口的关税而草草成立的机构，发展到如今已将业务扩展到中国的每一个港口，从长江上游到沿海各地，从中俄边境到中缅边境。海关在中国沿海设置灯塔并进行巡查，征收关税，为中国驻外使领馆培养翻译，还主管中国邮政。海关就是这样一个承担了政府多种职能的机构。赫德以其显而易见的能力回应他的大清帝国雇主的每一次召唤。赫德特别注意在海关中雇用各国人士，他参照各国对华贸易量决定在海关中雇用该国的人数。因此，海关中最多的是英国人，次之为美国人，再次之为法国人，但是几乎在海关的每一部门中，凡与中国有贸易的国家或多或少都有代表。虽然这个机构的服务是国际性的，但说话却主要是英国腔。英语是海关的通用语言，如同远东地区外国人相互之间用英语交流一样，英国元素占绝对优势。

我不知道当前海关各分支机构中一共雇用了多少外国人。但是我知道肯定大大超过 1000 人，另外还有几千中国人。每一个外国人可以说都是由总税务司挑选的，总税务司是凌驾于他们之上的说一不二的上司。赫德通过总理衙门只对他的雇主即政府负责，而总理衙门从不过问海关的内部行政事务。

# 第十章　农业

　　中国有着广袤的国土，有着 4 亿人这样庞大数量的人口，并且有着从远古以来从未中断过的文明历史，所有这一切不能不引人关注这个国家的一门技艺，也即人类赖以生存的技艺——农业。夏季的几个月里，我们住在距离北京 12 英里之外的西山，这使我们有机会熟悉了当地的农民，了解了他们的习俗和农耕过程。

　　中国有如此巨大数量的人口，但仍有大片未开垦的土地，分布在满洲、蒙古、伊犁、西藏和黄河两岸的附近地区。为什么有这么多未开垦的土地？原因无疑就是缺少交通运输条件。现在正在建设几条铁路以弥补这一缺陷，铁路建成之后，土地上产出的农产品就可以运往市场。那时将会有成千上万的人从拥挤不堪的城市迁移出去，贫苦饥饿的百姓将见到繁荣富足生活的曙光。在我们自己的国家，我们可以追溯农业从锄头到蒸汽打谷机的发展轨迹，我们知道农业的起源和它的进步，直至制造出各种适用于耕种的农业机械，科学在这方面起了关键的

面有 4 个祭坛，分别祭天、祭地、祭木星和祭被认为是农业发明者的神农氏。[1]在春分这一天，皇帝会亲手扶犁在地里犁出一条垄沟。皇帝犁的地，其他任何人都不能触碰。地方上的行政长官也在当地仿照皇帝的做法。皇帝然后向众神献上祭品并诵读祈祷文，最后把祭品和祷文投入炉灶中焚烧。在中国，百姓们的父皇就这样来献祭农业。

有关农业这一主题出版了很多书籍。公元 1600 年，徐光启撰写了《农政全书》。但是必须指出，农人根本得不到什么生产指导，或科学知识，或机械知识。他们耕作过的田园修剪得如同花园一般，首要的因素就是他们的勤劳。的确，凭高望远，环绕北京的乡村如同棋盘一样。与其说中国人是农夫，不如说中国人是园艺师。他们看护他们的庄稼最上心，从不间断。他们用双手收获庄稼，散落地上的谷粒捡拾完毕之后，地里就没有一根稻草，或稻草根、稻草叶。我经常看他们晾晒稻谷，晒场是室外一块碾压得很硬实、很光滑的土地，他们用连枷拍打或用驴拉碌子碾压来脱粒。脱粒后就是扬场，有微风时，把谷粒抛起来，谷粒垂直落下时，谷壳和尘土就被风吹到一旁去了。在使用粪便和灌溉方面，中国人也是很在行的。各种各样的粪便都被收集起来。城市里各条街、各条胡同、各家各户的马桶都有人收集，往人粪尿里掺和上泥土，在太阳下晒干，然后出售给农民。在乡村的道路上，那里有马、骡、骆驼等动物走过，很多男人、男孩和女孩就把动物粪便捡拾起来撒到地里。运河或其他河道里的淤泥，还有街上积攒的土都用车推走当作肥料。威廉斯说："他们也勤奋地收集其他

1　北京天坛是祭祀天神的场所。地坛是祭地之坛，主要由方泽坛、皇祇室等组成。方泽坛是祭地的场所，皇祇室内供奉皇地祇神牌位和五岳、五镇等山神神位。木星又被称为"岁星"，北京先农坛中有太岁殿，专祀太岁神，或说木星。祭祀神农氏也主要在先农坛。——译者

东西，如从理发店里收集头发，从街上扫起爆炸后的鞭炮屑，从厨房和老房子里收集脱落的墙皮和灰泥，也收集烟灰、骨头和动物尸体。"几千万的中国人就依靠这些活计来维持生活。在灌溉方面中国人想出了很多办法。如果附近有流水，他们就通过引导渠使水流过自家的田地再汇入大的河道中。他们用土垒成坝，把大水流分成几个小支流，使水流向各个地块。如果没有河水，他们就挖井，从井中打水，把水倒进大渠道，大渠道两边有出水口，水就流向小沟渠。有时候他们也挖水坑用来收集雨水。

灌溉稻田

我住在西山时发现了一些奇特现象。平常经常看到沟壑干涸得形同骨柴。而每到七八月间，当大雨倾盆而下，在主沟壑口——这里是几条沟壑的汇合处，却水势汹涌，马都可以在此游水。我还时常看到水沟里湍急的水流把几百磅重的大石头冲出去好长一段距离。有一次，我看到奔腾的河水冲向一座桥，竟然把埋在桥旁的一块巨石冲出去 6 码 [1] 远。这样的磅礴大雨之后，青蛙便开始呱呱鸣叫，男孩子们就去河水冲过后留下的水坑里抓鱼。我看到这样能

1 码，英美制长度单位，符号 yd。1 码等于 3 英尺，合 0.9144 米。——编者

抓到许多条鱼。村民们在几条水渠上垒起土坝，这些水渠其实原本是土路，路上的土被挖走了就成了渠。用这样的方法能抓到挺大的鱼。让自然学家告诉我们这些鱼转瞬之间是从哪里来的吧，我只是叙述一下我亲眼所见的事实。

中国人使用的农具是很原始的那种。这些农具有锄头、耙、耙子，还有石磙子。用的犁就是一块大刀片绑紧在一根粗糙的木棒上，由人扶着把握方向，前面拉犁的是各种牲畜或由人和牲畜一起来拉。我见过混合组成的一队队拉犁的，有马、骡、驴、男人和男孩，很少见有妇女拉犁的。有时候 4 个男人一起拉犁，有时候一头驴和两个男人，或用 1 头小公牛和 1 头驴，或用两匹马来拉犁。这样犁出来的垄沟深不超过 6 英寸，常常只有二三英寸深。中国农民用手指丈量垄沟的深度，他们常说垄沟深二三指。锄头是最有效的工具，当秧苗长出来后，田间的主要劳作是用锄头促进庄稼的生长。

我常驻北京时曾收到很多（美国）农具制造商的来信，他们想介绍他们的产品。我负责任地劝告他们，中国人太穷了，买不起外国的农具。中国没有那么大的店铺愿意卖外国农具。当然，把美国的犁介绍到中国，可以极大地改进中国的犁，但是买中国的犁只要两个或三个墨西哥银元，更小的农具相应地会更便宜。他们的农具是手工制作的，夏季里常见铁匠们三三两两地游走在乡间，他们制作或修理农具。每一个村庄里都有铁匠。

在美国，交通工具制造业始终受到关注，因为这一行业关系到商业的长远发展前景。很遗憾，如果非要说说中国的车辆、道路的话，那就是在中国，除了在一些外国租界之外，没有一辆轻便马车，也没有一条像样的路，能让你在上面安安稳稳地走一小时。中国人对修路技艺几乎一窍不通。骆驼、驴、马和骡，各种牲口组成的商队只需要土路就可以了。两轮或四轮的马车多数在中国北方使用，但这些车是根据道路情况来制造的，不过也就是只在乎轮子的间距和重量。在中国南方，那里既无路也无车。

中国北方的主要作物，除了有水果和蔬菜之外，其他农作物，几乎在西方国家都随处可见。这些农作物有小麦、大麦、荞麦、各种黍子、豆子、玉米、芝麻、大麻、水稻、棉花、高粱，还有一些烟草和罂粟。小麦在北方每年可以分两季播种，即秋播小麦和春播小麦。中国的 1 亩地，折算起来，就是 1 英亩等于 6.61 亩。好年头大概 10 年里有 1 年吧，好年头的产量大概是每亩 240 磅，或说每英亩 1700 磅。稻秧小心地插在垄沟里，垄沟间距为 18 英寸，留出空间好锄地。种子的用量大概是 1 英亩 120 磅。小麦的价格在北京就像在其他国家一样随行就市，价格每天都有变化。价格由官方监督下的掮客确定，掮客安排出售和给谷物称重，收取一点佣金。大麦在春分时节播种，夏至时收割。大麦可用来代替大米食用，也可掺入一些北方种植的豆类如豌豆，用来发酵酿酒。去皮大麦每吨价格大约是 2.7 两银子。我在中国的时候每两银子等于 1.40 墨西哥银元，或 77 美分，但现在银价已跌至原来的 1/4 了。

荞麦在中国也叫三角稻，一般在夏至后一个月内播种，10 月初收割。每亩地的产量约为 1.5 吨，每吨的价格约为 1.5 两银子。

黍子大量地作为粮食食用，普通百姓是吃不起大米的，日常主要靠吃黍子。黍子有不同种类，有一种的谷粒是红色的，有一种是白色的。红色的用来喂牲口，白色的磨成粉供人食用。

玉米播种在垄沟里，通常把玉米磨成玉米碴当作粮食。他们还种各种豆类，有黄色、白色、绿色和黑色的。豆用来榨油，制作粉丝、酱油、酱豆、豆馅，酿酒，或用来喂马和骆驼。芝麻就是用来榨油，芝麻油用于做菜，有时用来使菜看起来明亮。中国境内几乎各地都种植水稻。稻种首先要浸泡，在刚出芽时，把稻种密密地撒在一小块上了粪肥的水田里，当秧苗长到 6 英寸高时，再移栽到稻田里，6 个男人一天可插秧 2 英亩。

中国北方大量种植高粱。高粱没有穗，只在顶端有一束种子，这种高粱混合了稻草用作饲料。高粱秆有 20 英尺长，常用来铺屋顶，或当柴火烧。

中国的中部和南部地区大量种植棉花，我在北京附近也见过棉田。如果对棉纺厂和棉纺产品征收的税不是太高，那么中国将成为一个巨大的制造国。中国的货币那么不值钱，劳动力和原料又那么便宜。在上海已有 6 家棉纺厂了。因为普通中国人都穿棉布衣服，通常是粗布制作的，靠本地的厂子满足中国人穿衣的需求还将需要很长的时间。大量的棉花进口到中国，其中约 1/13

手工织布

进入满洲。南卡罗莱纳和阿拉巴马的工厂生产的棉布是粗布，是住在寒冷地区的人们所需要的那种。英国生产的细布进口到中国南方，几乎垄断了那里的市场。很多年来，中国政府一直抵制外国人在中国设厂制造，只是在中日甲午战争后，外国人才可以在中国自由设厂。我在中国常驻时，就这个问题与总理衙门争辩了多年。条约中是否给予了外国人在华设厂的权利这个问题是有疑问的，我们主要依据中法条约[1]，该条约允许"设厂制造"。不管怎样，在军队的帮助下这个棘手的问题已经烟消云散，现在，在华从事生产制造的权利已得到承认。

烟草于公元 1550 年由吕宋（今菲律宾）引进中国，当时中国皇帝下谕旨严厉谴责吸烟，就像当初吸烟行为在英国受到的谴责那样。中国人几乎人人都抽烟，或用烟杆抽，或用纸卷起来抽。官员在饭桌上时，背后总有一个仆人侍候官员抽烟，一会儿往烟袋锅里装烟丝，一会儿磕掉烟袋锅里的烟灰，而烟灰就磕在地板上。对烟草是不征税的，从马尼拉进口的雪茄可以满足市场的绝大部分需求。自从美国控制菲律宾之后，烟草价格已经上涨，此前人们可以用 6 个银分，相当于 3 美分买到上好的雪茄。若对烟草质量进行排序的话，首推古巴，然后依次是美国、菲律宾，中国殿后。几乎所有亚洲和美洲的热带国家都种植烟草。缅甸生产一种黑色的乏味的雪茄，很像波多黎各生产的那种。中国生产的烟草口味比其他各种烟草都要温和些。

茶树种植在位于纬度 23 度到 35 度的两条平行线之间，最好是松散的、浅色的、渗水性好的和含有一定比例的沙子的土壤，且土壤表层含有丰富的腐殖质。气候必须是温暖而湿润的。

1  19 世纪清政府与法国签订的条约中并无容许外国在华"设厂制造"的内容。清政府容许外国在华"设厂制造"是在 1895 年的中日《马关条约》中规定的。——译者

茶树最早种植的历史可以追溯到公元350年。茶树高不超过3英尺，茶园通常分布在斜坡上或容易排水和湿度较大的山脚下。茶花很小，单朵，白色。种子是三颗小小的硬籽，中间分别有裂片，包裹在三角形的壳里，成熟时壳就裂开了。10月份，把茶籽埋进潮湿的沙土中，来年3月份播种在苗圃里，1年后茶树苗木就可以移栽了，苗木移栽成行，间距为4英尺。当树龄达到3年时，就可以采摘茶叶了，可以连续采摘8年。采摘的头茬茶叶都是嫩叶，叫白毫。又衍生出其他很多名称，有熙春，是雨前茶。也有一种罗曼蒂克的说法，说熙春之名来自一个少妇之名，这个少妇改进了炒茶的法子。还有小种红茶，是一种极品茶。另有功夫茶，是制作精良的茶。还有武夷茶、乌龙茶。武夷是福建的一座山名，乌龙就是黑色的龙。

茶叶的第二次采摘从5月15日开始至6月。这时候的茶树长满了树叶。妇女和儿童都去采摘，一天能挣6—8个银分。茶叶制作要经过用炉火烘干、炒制等几道不同的工序。绿茶和红茶的原料是一样的，不同之处在于红茶是经过发酵的茶，绿茶不经过发酵。如今在台湾、武汉，也许还有其他地方，已经使用机器炒制茶叶了。

俄国人用驼队从通州运走大量的茶。走海路对茶叶的质量有损害，而走陆路则对茶叶质量的影响不大。中国人用一个大茶缸子泡茶，一大撮茶叶扔进茶缸，注入开水，盖上盖子。茶还可以制成有香味的花茶，在炒制时分别加入各种花瓣，可加玫瑰花、晚香玉、香橙花、茉莉花和其他的花。我曾经见过几种名贵的茶，每磅值40个墨西哥银元。

台湾出产大量的茶，大部分出口到美国，确切的数字是每年1700万磅。中国茶遇到了来自印度和锡兰（今斯里兰卡）的茶的激烈竞争。中国已经在茶文化和茶叶炒制方面有所改进，但是效果不明显。因为茶叶出口税太重，出口商不断要求政府取消茶叶出口税，但政府不同意。除非中国采取一些措施提高茶叶质量，降低茶叶出口税，否则最终将使茶叶贸易损失殆尽。

茶叶制成砖的形状，称为"砖茶"。砖茶在蒙古地区广泛使用，用量极大，甚至还可以当货币流通。所有的茶叶碎末被压制成状似巧克力块的茶饼。这种茶饼很轻，便于携带，又容易掰碎，方便使用或转手流通。

关于茶文化已经讲得比较多了，现在来说说蚕丝。我必须对蚕丝做一些评述。关于蚕丝文化的描述可以追溯到公元前 2600 年。在北京有一座庙专门供奉蚕丝的发明者元妃（嫘祖）。因为皇帝重视农业，所以皇后每年都给元妃上供品。中国每个省都养蚕、缫丝。养蚕和缫丝的工作要求小心细致，中国人手脚灵活，很适合做这项工作。

中国人的土地以亩为单位，6.61 亩等于 1 英亩。但在不同的省，亩的面积大小有所不同。在华北山区，盛行一种奇特的土地计量方式：以这块地用一头公牛来犁需要用多少天来计算。一头公牛 1 天的犁地量相当于 2/3 英亩；3 天犁的地则形成一个小地块；而有些山区农户拥有需要犁 70 或 80 天的地。这样计算土地的方式基于的实际情况是，山区的可耕地分布在山坡窄窄的一条条平台上形成梯田，需要很多条地才能凑够 1 英亩。所以这些地到底有多少亩很难估算出来。谷物的计量方法与我们的计量方法相似，中国人用的单位是升，基本相当于英国的 1 夸脱[1]。

1 夸脱，英语 quart 的音译。英、美计量液体或干量体积的单位。用作液量单位时等于（1/4）加仑或 2 品脱，即 1 英脱 =（1/4）英加仑 ≈ 1.137 升；1 美夸脱 =（1/4）美加仑 ≈ 0.946 升。用作干量单位时等于（1/32）蒲式耳，英制约等于 1.137 升，美制约等于 1.101 升。——编者

拿中国人种地的产量与美国农场的产量来比较是很有趣的，如果能做精确的比较的话。耕种方式的不同使得很难进行这种比较，因为在美国是用机器播种，撒播或条播；而在中国，所有的作物都精心地种在垄沟里，株距很大。中国也不像美国那样公布每英亩的平均产量，因此很难拿中美两国的产量来比较。但是在用种子的量和所得的回报这一方面是可以比较一下的，如在华北地区，与美国同样的投入，产出要高于美国。这或许是因为精耕细作、收获、打谷，不浪费一粒粮食的结果。

与从事其他劳作的人相比，农民的状况还算是好的。但中国各地农民的状况是不一样的，看起来北方比南方要富裕，农户拥有的土地也多些，南方更贫困，拥有的地也少。据估计，比如在满洲，六七口之家至少需要 3 英亩地才能维持生活，有 5 英亩地就能生活得舒适，而这里的农户普遍拥有 10 到 30 英亩地。值得注意的是，南方省份的亩产量高，农户拥有的地少，平均舒适度较低。在广东，就像说话挺风趣的中国人说的那样，有不到 1/6 英亩的地就够过一个月了，有两英亩好地的农户，一家 5 口人，靠地里的产出就可以过日子了。在南方，有 7 英亩地就是富裕人家，很少有人家拥有的地超过 100 英亩的。在广东，一个壮劳力能耕种 1 英亩地，或 3 个壮劳力耕种 5 英亩地，当然是在土地的位置、条件很好的情况下。与此形成巨大对比的是，在满洲，拥有 500 英亩土地的农场挺普遍。在其他省份，农户拥有的土地介于这两极之间。例如在山东，每户平均拥有不到 2 英亩土地，拥有 100 英亩是个别例外。在山西，平均拥有土地在 3—4 英亩，拥有 15 或 20 英亩的就是大地主了。在位于中国西北部的甘肃，平均拥有的土地从 50 到 60 英亩不等。在直隶（今河北），北京就在这个区域内，这里的舒适度比较高，因为土地产量高，作物种类多。

平均拥有的土地多，而人口相对稀少，这与南方省份形成巨大反差，在南方，常常是几千人聚居在他们祖传的土地上。

在中国，无论在什么情况下，种地的获利都是不多的。有的人家拥有大量土地，这一般是祖传的，经过很多代传下来，整个家族都有份儿。通常一个大家族有几百人，同一个家族共同拥有一大片土地。中国人与其他东方人一样，反感族人共同瓜分祖上土地的习俗；也反感他们的宗教习俗，即由长子代表家族向祖宗敬献祭品。这些习俗使得土地共同享有很普遍。

中国人的继承法是，所有的儿子都有权继承相等的家产。土地的分配则是经大家一致同意，长子得双份，因为长子要代表家族向祖宗敬献祭品，并且要照看好家族墓地。在分家的事情上，弟弟们不许违背兄长的意愿而各持己见。成文法加上中国人的家族情感，以及耕种大片的土地比耕种小块土地容易得多，这些因素阻止了大片地产被划分为小块。这种划分土地的特性，使得上述拥有大量土地的人的数据出现某种情况的失真。例如有一份关于满洲的报告，发表在《皇家亚洲学会中国分会杂志》（*Journal of the China Branch of the Royal Asiatic Society*）上，该报告提到，有几个家族各自都拥有几百英亩土地，但是这些家族中有的家族有 200 多人，住在一大栋房子里，进出只有一个门，共用一个厨房。这样的家族从总的财产来说富裕程度不低，但从个人所占有的份额来说却谈不上富裕。在江苏省有一个陈姓家族，据说耕种了 66,000 英亩土地，但是没有说这个陈姓家族一共有多少人共同拥有这么巨大数量的土地。

总体来说，案例中绝大部分地主依靠土地收入，已足以支付他们的开支，使他们可以过上挺舒适或比较舒适的生活，并且付得起维持他们土地经营的费用。事实上，在中国不像在美国那样有很多的投资机会。很多人的合作经营也不存在，不像西方人那样每天要处理股票和契约之类的事情。

　　薪酬在各地的差异很大。在满洲，每年是15—20个墨西哥银元，按规矩包吃包住；在直隶和山东是10—20个墨西哥银元；在甘肃是19—25个墨西哥银元；在浙江是40个墨西哥银元。看起来薪酬真是太少了，但是必须注意到，中国人需要花钱买的东西也是非常少的。他们的衣服，包括鞋帽在内，也不管什么时候需要什么样的穿戴，都是用家织布缝制的，或是由家里的妇女用草编织的。夏季里，一个干农活的劳力通常只穿一条棉布裤子。一年的好几个月里，孩子们都光着身子玩耍。冬天的时候，北方的穷苦人家穿棉衣或羊皮袄，羊毛的一面朝里。在南方不需要厚衣服。所以，很少的薪酬足以维持生活，但是即便是这样的生活，很多人也可望而不可即。每年死于饥饿的人很多很多。乡村的繁荣经常被设想是基于工具之上的，有了工具，人就可以自给自足。当然在中国构成自给自足的条件，在其他地方仍然被认为属于赤贫。钱在流通领域中的购买力，生活必需品的价格，以及通常的生活方式，这些要素在做可能的比较时必须考虑进去。我认为，把中国这个地方与其他国家做这样的比较是有意义的。麦高恩博士（Dr. Macgowan）提供了一组统计数字，他说，在浙江温州附近，60%的稻田不是地主自己耕种的，而是租给他人耕种，租户将收获的稻子的50%交给地主。1英亩地的产量是19石（一石＝133 1/3磅），地主和租户各得大概21个墨西哥银元。地主要为每英亩地缴税1.8个墨西哥银元，而租户在租种的地里可以自由套种其他作物，套种作物的收获权归租户，估计套种所得为15个墨西哥银元。这样租户租种土地的收获可以达到每英亩36个墨西哥银元，而地主所得约为租户的 50%[1]。

一个年轻能干的劳力每年的平均薪酬为 12 个墨西哥银元，包吃住、草鞋和免费剃头。在中国，剃头是一件重要的事情，一个月要剃 3—4 次。他的衣服每年大约需花 4 个墨西哥银元。10 年里，他可能买下 1/3 英亩地（每英亩 150 个墨西哥银元）和必要的农具。再过 10 年，他的地产就可能翻一番，并且与他人共同拥有一头水牛。再过 6 年，他就能娶上一个媳妇，并且靠他的家产过上舒适的生活。这样经过 26 年，他获得了颇丰的收入，足以过上富裕的日子。

在涉及土地所有权的问题上，中国人历来信奉的是，土地是国家的财产，个人必须向政府缴税才能从政府获得土地。这一观念早在古代经典中就已用两句话表达清楚了，就是"普天之下，莫非王土；率土之滨，莫非王臣"。然而，除了这一说法之外，在中国，拥有土地与拥有任何其他财产一样是有条件的，就是土地拥有者必须交付土地税。土地税在中国各个地区各有固定的数额，政府交由各地行政长官来收取，行政长官向他管辖范围内的地主收取土地税。土地税的多少是根据土地质量和所收获的作物的价值来确定的。为此，土地被分为上等、中等和下等。例如在满洲，上等地每英亩每年的土地税是 30 银分（以墨西哥银元计算），中等和下等地的土地税是一样的，只是按法律推定，2 英亩中等地或 3 英亩下等地都算作 1 英亩。在山东和直隶，土地税在每英亩 10—40 银分不等。在山西只有 1.8 银分。在有些省份，土地税可以用谷物或用现金来支付，在有些地区，土地税是所有农作物的 1/7。土地税的总数由户部确定，各地区应上缴的土地税是固定的。可

1　此句原文为："…while the landlord's share is about five per cent."即地主所得约为租户的 5%。似应为"fifty per cent"，即 50%。——译者

以相信，行政长官肯定会超额征收土地税，多余的部分就归其自己使用了。如遇水旱灾害，土地税就豁免了。中国的土地税总数估计在 3000 万—3500 万银两。

中国和世界上其他国家一样，都面临由土地所有制引发的问题。在中国历史上，我们发现曾出现过很多与此相关的社会动乱，同样的问题在西方是新出现的，而在中国，早在几个世纪前就出现了，对于这些问题，曾经多次设法通过制定法律来解决，但经过实施都失败了。比如，如何阻止大地主兼并土地而伤害中农、小农这个问题，中国人在 2000 多年前就考虑到了。公元前 6 年,（西汉）哀帝（刘欣）在臣子的建议下，颁布御旨限定任何个人拥有的土地不得超过 50 英亩；给予拥有超过 50 英亩土地的地主 3 年时间，在此期间把多出的土地分出去，过了 3 年期限，多余的土地转归国家，分给任何其他个人。这样一来，土地价格便会降下来了。但结果却是各地行政长官为了自身的利益置皇帝御旨于不顾，阻止土地垄断的努力也就付之东流了。随后又有王莽试图改革，因其他原因也失败了。王莽下令：每人拥有的土地不得超过 17 英亩，超过部分必须无偿地分给他的族人或亲戚，3 年之后未按令照办者处以死刑。然后，3 年过去后，未按令照办者实在太多，以至于无法按令实施，此令只得废除作罢。15 世纪时，另一个剥夺富裕者的法令出台：每对夫妇可以分得 7 英亩土地，分得土地后的第三年年底，7 英亩土地可以成为这对夫妇的绝对财产，条件是他们要种植一定数量的树木。但是不久之后，这一法令也就不了了之了。

最值得注意的是 11 世纪时的一个插曲，那时曾出台一项有益于农民且能普遍改善农业生产的措施，就是国家出钱贷款给农民，利息为 2%。然而结果却是灾难性的，国库被掏空了，绝大多数的资金在到达想要资助的农民手里之前，就被截留贪污了，于是谩骂声不绝于耳，苦恼忧伤挥之不去。中国的乾隆皇帝被尊称为公正的皇帝，在他临朝时期（1736—1796）[1]，见到一份奏折，请求限定每人只能拥有土地 150 英亩。乾隆帝驳回了这一请求并指出，即使下达了这样的法令，也很容易被规避，提出这种请求有害无益，对谁都没有好处。

中国是一个林木稀少的国家，进口的木材来自美国、菲律宾群岛、朝鲜，也从海南岛、台湾等地运来大陆。要是没有数不胜数的墓地的话，树木将更为罕见。不过近来中国人开始用心关注林业，在河道两旁已栽种了不少树木。总督李鸿章极为关注植树造林，并向民众颁发了有关条例。

总之，可以说中国的农民阶级一贫如洗、生活艰难。他们被剥夺了生活的任何乐趣和享受，只有仅仅维持生命的那点物质；然而，他们却活得那么平静，那么心满意足，恰恰是他们构成了中国的基础。正是这种满足感，使得帝国的统治无须庞大的常规军就可以维持下去了。

---

1　此年份（1736—1796）为乾隆年号正式行用时间；其实际于 1735 登基，1796 年禅位后仍以太上皇身份训政至 1799 年驾崩。——编者

# 第十一章　艺术与语言

　　全世界都在关注中国人的艺术品：青铜器、景泰蓝、银器、金饰品和象牙制品。这些艺术品在广州特别多，广州是中国最有情趣的城市，也许在世界上也是。在广州的 6 英尺宽的街道两边有各种各样的店铺，店铺朝街的一面完全打开，没有门，没有窗户，晚上闭店时安上门板。你在窄窄的街道两边的店铺里可以看到无价的真丝和绸缎、精美的绣品、镶珠宝的金银首饰、缠绕的象牙球、漂亮的扇子、裘皮、玉器、珍稀花瓶、令人叹为观止的古老的靛蓝色瓷器或者价格昂贵的宝石红陶瓷器皿。看起来没有人做与他人同样的生意，每家店铺都在设法迎合富裕买主的喜好。市场上喧哗声震耳欲聋。街道很窄，两顶轿子将将能擦肩而过，遇到个好唠叨的，两边的轿夫就打起了嘴仗。这里活像个疯人院，一片混乱。但是当你的轿夫挤过去之后，把你带到一些店铺跟前，那里有宽敞明亮的店堂，摆放着雪松木柜了，里面全是妙不可言的时髦艺术品。100 多年前，广东人就与外国人有了联系，因为外国船只来这里全力开辟贸易市场，使广州成为中国第一个对外口岸。

北京雍和宫中的焚香铜炉

在这片国土上曾经发生过战争，有鸦片战争、亚罗战争（即第二次鸦片战争），也有反对外国人的暴力抗争。但是最终，毕竟欧洲的钱还是值得去赚的，因此尽管偶尔有暴力抗争，商业贸易还是占了主导地位。在广州，现在外国人已占有了一个可以说是远东最令人心旷神怡的地点，这就是沙面岛。沙面岛呈椭圆形，长半英里，宽约 400 码。英国人和法国人把这里划为租界，瓜分了该岛。这里有宽阔的街道，绿草如茵，还有带宽敞阳台的别墅、教堂、银行和其他商铺楼面。这里的气氛热情友好，待人殷勤周到，到访广州的川流不息的游客在这里宾至如归、流连忘返。英法在沙面的租界各有一座桥与外部陆地相连，桥上总有中国士兵尽职把守，中国人没有通行证不得过桥。这里地处热带地区，天气炎热，但是外国人已经学会如何穿戴和生活以适应这里的气候，沙面被认为是一个人间天堂。

中国人的习俗正好与我们截然不同，当他们遇见熟人时，自己两手相握作揖，从来不与对方握手。这难道不是一个好习惯吗？总统为什么不采用？作揖可以免除许多不便，如若如此，麦金莱总统在布法罗（美国城市）也不至于失去性命。中国人把左边而不是右边视为尊贵的位置。商店的招牌垂直悬挂而不是水平悬挂。在写字方面，中国人从右往左写，而不是像我们那样从左往右写。中国人办丧事时穿白色衣服，丧事办完就换上黑色衣服。男人穿长衫，女人穿裤子；男人当招待员，女人去摇船，而且是出色的船工；中国人吃饭时最后喝汤，不像我们那样吃饭前先喝汤。晚上，巡夜人一边巡逻一边敲锣，或敲两根木棍子。他们并不想抓住窃贼，只是吓唬他们，让他们赶紧走开。他们只对自己的雇主负责，而不管别人家是否被盗。有一次一个巡夜人在巡逻时发现附近屋顶上有个盗贼，就喊他走开。这个盗贼说他不偷他雇主家，而是偷隔壁那一家的。于是巡夜人就说："好，去吧。"

我在中国常驻的最后时期，也就是1898年，中国设立了邮政总局，并参加了万国邮联。邮政总局的总管是赫德爵士。这样，在信封上贴上中国邮票，就可以把信寄往任何国家；同样地，世界各国寄往中国的信件只要在信封上贴上已付邮资的本国邮票就可以寄到中国。这就是加入万国邮联的主要好处。在此之前，中国有民信局，负责收取和投递国内信件；外国租界的信件收取和投递则由海关负责。

中国建立起一套邮政体系这件事，让一些（租界、租借地的）

外国社区感到十分不满。这些不大的地方早就知道卖邮票的收入相当可观，世界上的集邮家们会大量买入邮票。例如在烟台，公共税收主要来自出售邮票。沿长江的几个租界，仅靠出售邮票就可以维持街道整洁有序、支付警察薪金，以及建立学校和为学校提供经费。有些人要求总理衙门大臣赶紧废除这种新玩意儿，但因中国政府赞成邮政新体系，他们也就无计可施了。不过中国做了一些让步，同意凡是使馆的邮件，无论是寄往港口或从港口送达使馆，都用单独邮袋，这种邮袋是上锁并盖印的。

有目共睹的是，中国有各种行会组织。有教育的、慈善机构的、工会的、相互保险公司的，和其他林林总总的行会组织。各行各业都有行会，违反行规就要受惩罚。一个相关的案例是，一个业者雇用的学徒工多于允许他雇用的人数，于是他遭到同行业 125 个人的拳打脚踢，结果他死于破坏行规。北京有各主要省份设立的会馆，招待来京的同乡，若同乡死在北京，会馆会将其遗体送回家乡。这种同乡之间的联谊组织使人感到温暖，也使人乐于施善。李鸿章每年都去安徽会馆与同乡吃饭，吃饭的场面十分宏大。

中国政治的基本准则是崇拜祖先，这是一种简单的祭拜仪式。每一家都设有祭坛，在新月和满月（初一、十五）时在祭坛前祭拜家族祖先。春天里坟头上摆放了很多鲜花。这种祭拜对于年轻人有好影响。他们相信祖宗赞成一切善的、合乎礼仪的、适当的事情，反对一切卑鄙的、不合礼仪的行为。对父母已过世的后人来说，这种祭拜是对心灵的安慰。这种祭拜也增强了父母的权威，这种权威如此之强，在全世界可以说中国是独此一家。这种祭拜也谆谆教导中国人要忠君，君是民之父。很不幸，它成为了基督教传教的障碍，令传教士们困惑不解。无论是天主教还是基督教的传教士都不允许其教徒共同祭拜他们的祖先。皈依者必须背弃

祭祀祖先[1]

这种祭拜祖先的习俗。教规要求把星期日当作圣日，以及否定皈依者祭拜祖先的权利，就是中国基督教化的两大障碍。

如果能想办法完整无缺地去除中国人的祖先崇拜和尊崇死者这种持久情感中的宗教因素，那么传教士在华的传教道路走起来就会顺畅和容易许多。

我们白种人以为只有我们乐善好施，其实在中国有很多慈善机构，如有救济老人、孤儿和寡妇的救济院，有互助会。皇帝在冬季里给每一个在京的乞丐一件外套，粥棚向穷苦人施舍小米粥。很多中国人捐出大笔钱来做慈善，这样的事情很普遍。教育虽然没有普及，但是受到大力提倡。到处都有官学，还有不少书院。单是广州就有 30 家书院，国家在北京办有同文馆。我认为中国的男孩子与其他任何种族的男孩子 样聪明伶俐，这一点绝不能否认。在美国接受教育的 30 名中国学生的成绩就证明

1 从画面内容看，没有直接呈现祭祖的仪式场景。图中展示的是一排身着长袍的塑像，可能是寺庙或纪念场所内展示的佛像、高僧或先贤塑像，用于供奉或纪念。——译者

了这一事实。这些留学生中的佼佼者之一如今正令人尊敬地代表其国家驻节华盛顿。

中国的语言几乎是不可逾越的障碍，使外国人无法透彻了解中国人。至今只有很少的外国人学会使用中国语言。可以肯定地说，在中国做生意的商人从来不想学汉语，因为那简直是给自己找麻烦。在南方有一种难懂的混合语，就是洋泾浜英语（Pidgin-English），这种洋泾浜英语在那里是盎格鲁 - 撒克逊英语的替代语。一些有关这种奇怪的外国话的记载还是很有趣的。

洋泾浜英语与我们国内说的鸽子（pigeon）无关，它是对"生意"（business）一词的讹用。所以洋泾浜英语可以说是对来自世界各地的语言中的词和短语的讹用。英语自然占有绝对的统治地位。这种混合语起源于广州，那里至今还在普遍使用。当地的生意人学英语比外国人学汉语要快得多，中国人用汉字拼出英文词的音，于是就创造出一个新词汇。在一定程度上，这种难懂的混合语成为了生意人之间的沟通媒介。当其他国家的人来到中国后，如葡萄牙人、马来人、东印度人，中国人也借用他们语言中的一些用词来造词，就这样出现了一些奇怪的适用词汇。一个适当的典型的例子就是，解释传教士是什么人，他们说传教士就是"西洋神仙"（a joss pidgin man），主教就是"西洋神仙中的老大"（a number one top-side joss pidgin man）。请记住，"joss"（神像）是葡萄牙语中"deos"（神）的讹用。应该承认，这样的解释真是惊人地确切。其他派生的词语很难找出如此贴切的，比如用"chop-chop"来表达赶快的意思，用"bobbery"来表达生气的意思。尽管如此，当一个中国仆人说他要"chop-chop"做什么事，或你使他很"bobbery"的时候，还是很能表达出"赶快"或"生气"的意思的。还有"chow-chow"来自炒菜的"炒"，意思是"食物"；

"chin-chin"来自"请，请"，意思是"你好"：这些听起来像是很好的英语表达。来自葡萄牙语的有"maskee"，意思是"不必介意"；来自法语的"savvy"意思是"知道"；还有来自日语的"kumsha"，意思是"一件礼物"。"godown"的意思是"货栈、仓库"，这个词来自印度，在中国被普遍使用。印度采用这种说法，因为货物是存放在地下室的。"Chit"是一种短简，是又一个广泛使用的词；还有"tiffin"，意思是"午餐"：这两个词都来自印度斯坦。在洋泾浜英语中，old（老）被写成"olo"，冷（cold）就写成"colo"。常常把一种老习惯（old custom）说成一种"olo custom"。这里有一种奇怪的倾向，就是在词尾加上元音字母。这样一来，"much"变成了"muchee"，"catch"变成了"catchee"。下面这段文字是洋泾浜英语的一个很好的例子，摘自卫三畏的《中国总论》。一个店主写信给一个客户请求帮忙，他的信是这样写的："My chin-chin you，one good fleen（friend）take care for my（patronize me）；spose you wanchee any first chop ting，my can catchee for you. I secure sell'em plum cash（prime cost）alla same cumsha；can do？"（这段洋泾浜英语的大概意思是：向你问好，我的好朋友，帮帮我忙好吗。如果你有什么紧要的货，我帮你看着，保证给你卖出比现在的价格高得多的好价钱，行吗？）外国人的回答是："Just now my no wanchee any ting；any teem（time）spose you got vely number one good ting p'shaps I come your shop look see."（现在我没有什么货。什么时候你有了好货，我去你店里看看。）

外国人听到中国人这样说，就模仿他们，在一定程度上，整个生意就是在这种莫名其妙的语言中进行的。外国商人用这种语言与他的买办说话，女士用这种语言使唤她的女仆。结果当然不好。外国商人满足于这种容易学会的混合语，就总也不学汉语，由于双方并不能完全懂得对方的意思，因此麻烦不断。在洋泾浜英语中，该用"I"（我）的时候，总是用"my"（我的），但是，"you"（你）和"he"（他）用得都对。该用动词"to be"的时候，总是用"belong"。例如，一位主席说："inside belong too much hot."（屋子里边太热了。）当你拜访人家时，你问看门的仆人："Mississee have got？"（意思是"女主人在家吗？"）仆人回答"have got"或说"no have got，"意思是"她在家"，或"她不在家"。在洋泾浜英语里，"dignified"（使高贵，授……以荣誉）变成了"plenty face"（太有面子了），反过来"undignified"就变成了"no got face"（不给面子）。一个地方的名字后面总是跟着"side"（边）表示方位，如"home side"（家那边），或"Japan side"（日本那边），"Top side"意思是楼上。"Walkee"意思是运动场所。一个中国人如果问："那艘船什么时候走？"他就说："What time that ship walkee？""Can do"意思是"行""好""可以"，这个短语也常用在疑问句中。黄包车夫、摇船的或划舢板的船工常问客人："can do？"就是："走不？"一只野鸭叫作"a fly away duck"（一只飞走的鸭子），而家养的鸭子叫作"walkee，walkee duck"（走地鸭）。

在华外国人之间也用"chit"（信、短简），他们有一种通讯录叫"chit book"（短简簿）。每个外国人都预备这样的短简簿，里边记录他发出去的信件的收件人姓名、地址，收信人的回执则贴在他的姓名的对面。收到钱的回执和收到的请客吃饭邀请信也都收录在这个簿子里，因此这种簿子便成为每天所做事情的记录簿。大量收集这样的簿子也许就可以写出一部历史。一个送信人干这份工作每月的薪水为6个墨西哥银元，强过做电话接线员。但是很可能，电话这种新装置要取代它的老祖宗了。

这种洋泾浜英语只是在中国的南部和中部地区通行，北方的中国人学习标准英语，就像在加利福尼亚的华人那样。还有一种"洋泾浜法语"，主要在远东法国租界里使用。这种怪怪的语言叫作"petit négre"。它的词汇量没有洋泾浜英语多，它只是讹用了一些法语词汇。它没有助词，没有词性，不定式用于所有的语气和时态。例如，大家已熟悉的表达"can do"或"cannot do"在"洋泾浜法语"中变成了"y-a-moyen"或"y-a-pas moyen"，"you savvy"变成了"toi connaître"，"my wantchee"变成了"moi vouloir"，"boy"变成了"boi-ee"。黄包车叫作"pousse-pousse"，一把大刀叫作"coupe-coupe"。无疑，这种语言迟早也会获得一些重要地位，如同它的英语姐姐享受的那样。

大清帝国海关的职员、公使馆里派去从事领事服务的外国学生、官方的翻译，还有传教士，只有这些人能说中文。也没有外国人承担写中文文稿的职责，这项任务留给中国的师爷来做。每个使馆、商行都有一个师爷。师爷的职责就是把翻译所说的话记录下来，并以适当的格式书写。那些将来工作需要使用中文并且愿意学习中文的人，一到中国，就会给他们配备一位老师。一般来说，这位老师一直会与他们待在一起，只要他们在中国，这位老师不仅是他们的老师，也充当他们的秘书。根据美国的法律，使馆的二秘必须学习中文，由国务院为其提供一位老师。传教士一般来说都是很不错的中国学者。他们的工作要求他们很好地掌握中文，但是，他们也常常因为语调的不对而造成滑稽可笑的错误。大家都知道中文没有字母表，汉字是由一些符号构成的，这些符号最初就是所说的物体的象形图像，但后来在很多情况下创造的汉字不是这样的，也完全没有所要表达物体的外貌形象。没有人

驻日公使杨枢[1]

知道汉字到底有多少个，有几种说法，一说是 24,235 个，一说是 54,409 个，还有甚至说是 260,899 个。卫三畏认为全部真正在使用的中文字应为 25,000 个，他应该是知道的，因为他是伟大的汉学家。其实大概学会 10,000 个汉字就能较好地掌握汉语了。显然学习汉语要下大功夫，而学习汉语也很伤眼睛。不管怎样，学习汉语是令人厌烦的，必须多给予刺激和奖励。

蒙文和满文都是有字母表的。当年顾盛作为专使来中国时，他认识到学习汉语的必要性，但觉得学习汉语太难了，于是决心学满文，可是他根本没有时间去学。

由于外国人无法与中国人直接交谈，完全依赖"仆人"为他翻译，所以说外国人对于中国人真正的性格了解得少之又少，这样说是有道理的。不管怎样，外国人通常来到中国，强迫中国改革，但是这些改革从不涉及外国人对待中国人的行为。

1 原文是"Yang Yu, Minister to Japan"。清代驻日公使中没有叫 Yang Yu 的，应是 Yang Shu，即杨枢。——译者

# 第十二章　中国妇女

判断一个国家的文明程度，据说看看这个国家的妇女状况就一目了然了，那么就文明程度来说，中国的排名肯定是靠后的。

这里仍然实行一夫多妻制，富人可以有几个妻妾。在广州，有一次我去浩官[1]家里，浩官向我介绍他的夫人：这位是大夫人，这位是二夫人，这位是三夫人。确实就是用这种排序的方式来称呼的。在北京，社交场合我只见过两位妇女，一位是曾（纪泽）侯爵夫人，这位夫人的丈夫曾是驻伦敦的中国公使，在英国待了9年。夫人想要继续保持喝下午茶的习惯，但是太后不准她这样做。另一位是裕夫人，她的丈夫（裕庚）是驻日公使，她是中美混血儿，母亲是中国人，父亲是美国牧师。她是个非常独立的人，想见谁就见谁。外交使团的人从未见过慈禧太后，直到1901年[2]她从陕西回到北京之后才第一次见到。普鲁士亨利亲王通过施压

---

1　此处的浩官指清末广州著名商人伍秉鉴，"浩官"为其商名。他是怡和行的掌门人，是广州十三行的总商。商名"浩官"由其父伍国莹创立，伍秉鉴继承后继续使用。——译者

2　《辛丑条约》签订后，慈禧太后于1902年1月7日回到北京。——译者

要求太后见他和要求皇上答复他，当时在京的中外人士都不赞成他的做法。

在所有的东方国家中，妇女的地位都很低。他们认为女孩不必像男孩那样接受教育，因为她们不可能担任公职，她们不具备男孩那种勃勃雄心。不过在中国各地还是有女子小学堂和女子高等学堂的。传教士在女子教育方面做了不少工作。

在中国人举办的家庭招待会中，除了极难得的场合，很少能见到这家的夫人或夫人们，询问这家的任何一个女性成员的情况是很不礼貌的。

如果问一个中国人，他有几个孩子，他会一一说出他的几个儿子，但女儿是不说的。我的孙子出生了，李鸿章和其他头面人物都到公使馆来向我道贺这件大事。当李鸿章道贺之后，我对他说："李大人，我当爷爷已经好几年了，我的女儿早就有孩子了。"李鸿章说："是的，我知道你女儿有孩子，但是一个男人只有当他的儿子有了儿子，那才是当上了爷爷，因为孙子随爷爷的姓。"

女人是不准进入祠堂的，但是如她被选中进宫，那么她就能享受很高的荣誉。

尽管妇女地位低，没有什么优势，但是还是出了几位著名的女作家，文人学士们给予她们相当高的评价。《姓谱》（*The Sing-Pu*）[1] 是一部歌颂才女的著作，有 120 卷，这是一部传记。中国妇女化妆时满脸涂抹白粉，面颊抹上胭脂红，不这样化妆就不见人。外国人很不喜欢这种化妆方式。妇女这样化妆后，如果她脸红了，没有人能发现。这种情况引起我的注意，为了对妇女公正起见，因此我想找到几种可以解释她们这种化妆怪癖的说得过去的理由。我询问一位专家，是位外国女士，

1 中文书名系音译，未能查实。——译者

中国女孩

为什么中国女人这样涂抹白粉和胭脂，这显然是在损毁她们漂亮的脸蛋。我得到的解释是，她说：因为在中国，女人不习惯蒙面纱，年轻女性因为羞怯，不得不采取一些保护的办法以抵挡男人盯着她们看。如果不加掩饰让人看到自己的脸，她们会慌乱而不知所措，她们遮盖了自己的脸就避免让人看到脸红。这样的解释似乎有道理。我希望这种把美变丑的习惯性做法的理由能够被接受。这个事情也教育我们，遇事不要急着得出结论，特别在涉及女性的问题上。然而在有关妇女的事情上，对她们最登峰造极的邪恶之事就是给女孩裹脚。如此对待无辜的小女孩真是令人愤恨至极，无论如何都不能原谅这种残暴行为。据说这种恶习起源于公元前 1000 年或更早时期。[1] 顺治皇帝在 17 世纪曾颁布圣旨禁止缠足，但没能禁止。现在有一个声势浩大的"不缠足会"，由外国人和中国妇女组成，希望由此根除折磨女性的恶习。我曾代表"不缠足会"向总理衙门急切呼吁，务必请颁旨禁止缠足。可是总理衙门回复说，缠足是民间的自愿行为，皇上没有下过缠足令，他们也没有什么办法去禁止。

一般在女孩 3—5 岁时给她缠足。脚趾被往下压到紧贴脚掌，再用布条紧紧地缠起来，脚掌的这一部分会溃烂，脚趾会长到脚掌里，女孩的脚就长得像山羊的脚了。女孩的小腿都萎缩了，膝盖以下没有肉，只剩下皮和骨头。缠足的头两三年里，女孩遭受了无法言语的痛苦。

蒙古人和满族人不给女孩缠足。但是汉人甚至坚持天主教孤儿院里的女孩都要缠足，孤儿院经管人被迫默许缠足。在新教徒中没有缠足的事，所以有人调侃说，缠足的本意是禁止妇女到处游逛，现在可禁不了了。

另有一种关于为什么缠足的解释，说是一个皇后的脚是畸形的，于是畸形脚就成了时髦，以此来赞美皇后。但是最有可能的理由是，男人喜欢小脚女人，于是就采取缠足的办法，不让女人的脚长大。

不只是富裕人家的女孩缠足，社会上各阶层的女人都缠足，不过也常见到一些必须干活挣钱养家的妇女，她们不缠足。

中国妇女没有什么地位，除非她生了一个男孩。有了儿子，她就有了地位，一生都将受到尊敬。孩子们围绕在她身边，她对这个家庭具有相当的影响，如同在外国家庭里那样，但是恐怕她所享受的比不上美

1 关于缠足的起源，中国学者一般都认为是在公元后，但有源于隋代、五代时期、宋代等不同说法。——译者

国家庭女主人所能享受到的。

　　拿日本妇女和中国妇女来比较，鉴赏家们更偏爱中国妇女。在身材高大、体魄伟岸的满族妇女身边，日本妇女小巧得像玩偶。要说漂亮不漂亮，蒙古女人真说不上漂亮，她们类似我们美洲的印第安女人。

　　泥土占卜术[1]在中国叫作风水。从中国最早期的历史时期开始，风水就极大地影响了中国人的科学、宗教和习俗。祭司、江湖骗子之类根据风水的解释来决定建房、建墓的地点，以及决定婚姻大事。在中国这么大的一个国家，不知道求爱为何物。在我们国家里，年轻人恋爱之时是他们最愉悦最享受的时期，而中国的年轻人是不允许谈恋爱的。家中如有男孩和女孩，那么男孩甚至要避开他的姐妹们。人们以为男孩不认识女子，那么他就不会期待与谁结婚了。中国的规矩是父亲为儿子选择妻子，在新娘跨进新郎家的门槛、婚礼结束之后，新郎才能第一次见到新娘的模样。中国时兴早婚，认为早婚早有儿孙，死后就有人祭拜了。男女订婚是通过媒婆来牵线搭桥的。父亲觉得儿子到了该结婚的年龄了，就为他儿子在认识的人家中寻找一位觉得合适的女子，然后请一位媒婆。媒婆的职责就是去打听有关这位女子的所有情况。媒婆和准新郎的兄弟一起去见那位女子的父亲和兄弟，打听清楚女子的姓名和出生时辰，这一阶段常会遇到障碍而使婚配的事告吹。在中国，每一天都对应某种动物，是这种动物的纪念日。说某人出生于狮日，或虎日，或鹅日，或其他什么动物的日子。比如发生了这样的情况，那位女子出生在鹅日，而男子出生在狐日，那么命中注定他们不能结婚。他们结婚的话肯定不会幸福，因为自古以来，狐狸就是要吃鹅的。那么只好另外寻

1　抓一把泥土撒在地上，根据所成图形判断吉凶的占卜术。——译者

找一位星相与其儿子不相克的女子。然而，即使这一最初的障碍不存在，也还要经过占星来看这对男女的结合是否会幸福。关于占星术要说的话太占篇幅了，就简单说一下吧。有几个代表自然物质的星盘，通过运用星盘上的 8 个点，就可以进行神秘的占卜，预知某人将来的人生。占卜结果如果 8 个字的寓意为幸福，那么婚姻协商将继续下去。如果女方父母接受协商的结果，那么彩礼就送到女方家。然后在皇历上为结婚找个好日子。最后，新郎派他的好朋友们把新娘带到他家里。在中国，女子从订婚到结婚这一段时间，作为某人的未婚妻，必须过尼姑一般的生活，不能坐车外出，不能参加正式的社交活动。而在我们国家，准新娘在结婚前的几个星期的时间里，要度过无数个喜庆的日子，接连不断地一天又一天地来人庆贺，使人不胜其烦。相较之下，似乎中国的习俗更可取。

然而在中国人的圈子里也悄然流传着这样的事情：有时候，订婚的男女双方事先是见过面的，一般就是男子在街里邂逅一位年轻姑娘，被姑娘的美貌深深吸引，但是婚后却发现所娶的妻子不是他见过的姑娘，他见过的姑娘是那家的二女儿，但新娘却换成了三女儿。

在结婚的当天，亲戚们聚集在新郎家中。花轿、轿夫、吹鼓手都已准备妥当。迎亲仪式从新娘家开始。仪仗队离开新娘家时，先有人抬着一头烤好的猪或一大块猪肉开路，这是为了引诱魔鬼亡灵来吃，好让新娘顺顺当当地离开家。新娘穿着她的最好的衣服，坐进红色的镀金花轿，前往新郎家。为了加倍保险起见，新娘头上蒙着一块大大的盖头，还要戴上一顶几乎让人喘不过气来的大帽子，然后把花轿的门锁起来，钥匙由最可靠的人拿着。举行一番仪式后，迎亲队伍出发了，花轿的后面，有人抬着大大的红色箱子和托盘，里面装满了嫁妆，有衣服、厨房用品、家用物品，还有各式各样的礼物，这方面与我们国家是一样的。这一切表达了对美好婚姻的祝福。当新娘接近新郎家时，震耳欲聋的鼓乐声、鞭炮声不绝于耳。新郎协助新娘走出花轿，两杯酒递到一对新人跟前，他们一饮而尽，然后新郎引着新娘进到婚房，摘掉新娘戴的帽子，掀掉盖头，新郎这才第一次见到了他的妻子。之后亲戚们纷纷过来看新娘子，细细地察看并评头论足一番。他们肆无忌惮地察看和评说，如果新娘能够忍受这番审视，那么这就是婚姻幸福的好兆头，如果新娘因此生气了，那么她注定没有好运。

　　不可思议的是，中国人家中的大太太往往赞成丈夫多娶妾，因为二姨太实际上是大太太的女仆。大太太认为丈夫多娶几个妾，就可以减轻她在管理家事上方方面面的负担，并可提高其地位。大太太是月亮，其他姨太太是星星，而丈夫则是太阳。

穿着节日盛装的中国姑娘

# 第十三章　宗教信仰与迷信观念

　　说到中国的宗教信仰，否定它比肯定它更容易。在他们相信什么和不相信什么的问题上，你可以对后者而不是对前者做出更为确切详细的说明。他们宗教信仰中的某些消极特征，与其他民族宗教信仰体系所体现的理论形成了强烈对比。在中国，任何时候都不允许用活人献祭，而其他一些民族则允许为献祭而骇人听闻地残害人命，如阿兹台克人、埃及人、印度人、迦太基人和其他古代民族，甚至包括犹太人、希腊人和意大利人。

　　另一个巨大的差异在神话体系方面，中国的神话中没有好色、淫荡的神。他们的宗教从不鼓励或听任无法无天的恶习，如纵酒作乐、放肆淫荡等。他们的女神中，没有阿佛洛狄忒（Aphrodite）[1] 的位置，中国也从来没有为米利塔（Mylitta）[2] 修建过寺庙。中国有关遗迹的故事中不存在底比斯

1　希腊神话中爱与美的女神。——译者
2　米利塔，古希腊历史学家希罗多德在《历史》中记录的亚述－巴比伦女神名，一般认为其本体是司掌爱情、生育与战争的至高女神伊什塔尔（Ishtar）。——译者

（Thebes）[1]或庞贝（Pompeii）[2]的猥亵言语和行为，她的众神也没有卷入令人厌恶的不正当的男女关系之中；像在其他一些宗教体系中那样，在这里卖淫是隐蔽的，而不是公然显露的。中国人也许是偶像崇拜者，但是必须承认，他们所崇拜的偶像是纯正的、贞洁的和有道德的。他们以"幸运女神"替代维纳斯（Venus）[3]。其信仰的基本理念与基督教的理念是截然相反的。他们相信人的本性生来是善的，而基督教的信条则是所有的人自一出生就带有原罪。为了使人断绝恶念，他们让人从小就铭记"人之初，性本善"，并告诫人们永远向善，规避腐败。他们不遗余力地教育人们崇拜祖先、服从父母，在众人面前树立起一个又一个道德楷模。

中国人不知道有什么教派之争。中国的三大主要宗教，儒教、佛教和道教是可以混合在一个人身上的。一个人虽说是位儒家学者，但他可能在佛教或道教的祭坛前祭拜。儒教是国教，但从根本上说，儒教的祭礼只是一种道德上和礼仪上的体系。孔子礼貌地忽视了众神，他承认他对众神并没有太多的了解，他认为，作为人应更多地为其亲人、族人以及社会尽心尽责，而不应为祭拜一无所知的神灵花那么多工夫。他说："不知生，焉知死？"孔子出生于公元前551年，但他将"黄金法则"给予了这个世界。他的哲学的首要特点就是，下服从上，与人为善。他谆谆教导人们要看重荣誉、职责，以及儿女要服从父母，他把这些法则贯穿到所有的人际关系之中。当然，国教有祭奠的仪式，祭品分别供奉给天、地、祖先，也供奉给日、月、孔子和其他众神，不过其中的神学含意少之又少，以至于不可知论者可以不放弃他的原则而成为一个儒家信徒。

在宗教信仰方面，中国人与我们恰恰相反。他们否认《圣经》中有关人类起源的说法，对此，他们有着自

1　希腊古城。　　译者
2　意大利古城。——译者
3　罗马神话中爱与美的女神。——译者

己的丰富想象。一种说法是，两朵金雀花从天上飘落下来，一朵变成了男人，另一朵变成了女人，于是人类就从他们开始繁衍下来。另一种说法，将人类的出现归于自然的创造。还有的说法认为人类本来就是自我存在于世的。

至于世界的统治权问题，中国人的观念是模糊不清的。他们相信天，但并不把天作为至高无上的神。普通人很少把时间花在各种各样对神的祭拜上，倒是在作为子女的孝敬方面花了很多时间。大臣们肩负祭拜众神的职责，但是，由他们举行的祭拜仪式不过纯粹是走走形式而已。

代人受过以替人赎罪的做法在中国是不存在的。在这方面中国人相信，只有本人行善方能抵过。

中国也没有什么相信圣灵之说，保佑一个人一生平安幸福的力量有赖于个人的意志。

中国和尚在念经

佛教和道教相信有来世。在很多佛教的寺庙中，可以看到所展示的阴间地府的场景，里面有各种各样惩罚人的场面。历尽各种惩罚后，受罚者重新投胎为男人或女人，或投胎为虫子、鸟，或为牲畜。真正的好人升到"西天"，在那里他们可能变成神或佛，也或者经过无数年之后，在适当的条件下重返人间。他们相信每一个人有 3 个灵魂，人死后，第一个灵魂去到祖先的牌位那里，第二个灵魂留在坟墓里，第三个灵魂去了阴间。他们否定躯体可以复活，在他们古代的信仰中就没有这一说法。

在中国绝大多数人信佛教。佛教一词来自印度语中的"Budh"，意思是真理。这一宗教信仰于公元 67 年由东汉明帝派往印度的使者引入中国，明帝因梦见了一个外国的神，所以派使者前往寻找。佛教的发展十分迅速，它之所以深深地吸引了中国人，是因为它对于未来的状况给出了某些明确的说法，而这些内容在儒教中是没有的；并且，它给幻想中的众神一一确定并塑造出了雕像。人类天生渴望了解来世的一些事情，也希望过上永恒的幸福生活，而孔子学说中没有这些内容，其仅以祖先崇拜为信仰来支撑，于是就由佛教填补了这个真空。佛祖释迦牟尼出生于公元前 623 年，他是一个王子。他给他的信徒提供了一个行善和自我否定的体系，这个体系要求信徒通过自己的努力和调解来拯救自己。卫三畏说："在这一神学中，依靠信念来拯救自己变得不可能，通过赎回的办法为罪孽献祭也没用。"但是不管怎样，极乐世界——颐养天年的地方，赢得了这个民族的普遍认可，毕竟这个民族从古至今的劳作苦不堪言。应当说这一献祭是高尚和纯正的：妇女受到尊重，用活人做祭品不被允许，世界各地人类所共有的美德得到赞同和鼓励，格言和礼仪在人间树立了公正的法律，使一切正义行为都出于崇高的动机，并且使他们相信善行必有善报。

对于经常重复问到的问题，即是否值得派遣外国教师来以基督教替代中国古老的宗教呢？作者我的回答是，佛教无疑已对中国人的生活产生了有益的影响，而现在基督教的介入，将给佛教徒以指导，使他们感觉更好更振奋。在中国宣传基督教是对中国人进行一种全新的教育，使他们在精神上、在内心里获得重生。他们抛弃了无意义的和古老的迷信，他们的推理能力就可以被唤醒，他们就能学会思考。在文明的传播方面，世界迄今为止还没有找到什么可以与基督教传播相媲美的办法。

在世界各国政府中，中国是最为奉行神权政治的国家。中国人认为天统治世界万物。历史上有皇帝被废黜，是因为皇帝违背了天意。我可以举出一个很能说明问题的例子。有一天我坐在距离北京城12英里外的一所房子的门廊旁，忽然看见北京城里火

北京天坛的蓝色穹顶

光冲天，我绞尽脑汁想搞清究竟是哪里着火了，但猜不出来，其他看见火光的人也猜不出来。后来得知是天坛里的大祭坛被烧了，是雷电击中了大殿。天坛里所有的守卫都受到了惩罚，有些人被降级，有些人被罚款。我询问一位有学识的中国人，火灾显然是上帝所为，那么依据什么司法体系来惩罚这些守卫呢？我得到的答复是，肯定是有人犯了错，否则上天是不会雷劈大殿的。有人犯了错，就要得到报应，除了惩罚天坛的守卫还能惩罚谁呢？同样的道理，中国人惩罚精神病人也十分严厉。如果一个精神病人杀死了他的父亲，这种事情有时候是会发生的，那么这个精神病人将被凌迟处死，就是一块一块地分剐其肉体，直至其最终毙命。这样处死他的理由就是我在上面已说过的。他们说，除非这个人或他的祖上有人犯过大错，罪孽深重，否则上天是不会让他变成精神病人的，所以他必须得到报应。

在冬至这一天，皇帝作为其族群的大祭司，要去天坛献祭，皇帝为献祭做准备，要先斋戒，然后由王公贵族陪伴前往。他献祭的做法是焚烧一头血统纯正、没有瑕疵的小公牛，小公牛是放在一只大瓷缸中焚烧的。这一次祭拜的神是上天。皇帝站的大理石祭坛洁白无瑕、十分朴素。整个过程给人印象深刻，在天刚蒙蒙亮的拂晓，悬窗里透进一缕灰白的光亮，四周的人群鸦雀无声，代表四亿人的大祭司，由亲王、大臣、士兵、乐师和仆人们陪伴着，一年一度祭拜他的皇室先祖、祭拜上天的一切权威，场面十分隆重、庄严肃穆。

冬至的前一天，皇帝以同样的方式在地坛献祭。可以说中国人在宗教礼仪方面是挺富有诗意的。天坛设在皇城的南边，因为南边被设想为是更明亮、更洁净的地方；以相反的理由把地坛设在皇城的北边；日坛在皇城的东边，月坛在皇城的西边。

北京月坛

你自然会问，上天是谁？以如此简朴而令人印象深刻的仪式来祭拜的这位大神究竟是谁？其实，上天从来没有具体的形象，上天不像《圣经》中的耶和华或古代罗马神话中的主神朱庇特。上天从未降临地面，基督教学者会问怎么知道他们祭拜的神就是上天，与基督教的上帝有关吗？我们必须承认这一祭拜历史久远，对天如此敬畏，仪式如此庄严，这样的祭拜提升了人的心灵，使人对天更崇拜、更敬畏。我们承认他们完全没有偶像崇拜。在佛教或道教的寺庙中你找不到残忍的或俗气的神像。他们祭拜的是完美的神。然而，基督教学者会告诉你，在中国人的所有神话中，从来不说是上帝创造了一切，上帝只是上天的一部分，而对天的祭拜构成了中国人的主要宗教，并使他们成为泛神论者，而非一神论的崇拜者。

值得注意的情况是，中国人是十分迷信的，他们用迷信来解释暴力抗争运动的发生和对外国人的排斥。更值得注意的是，之所以这样，因为他们在宗教方面是自由思想者或者说是不可知论者，他们不太重视宗教，可以容忍各种信仰。但是无论何时，触犯了迷信的规矩，严重的麻烦问题就会随之而来。中国发生过不少骚乱，原因就是传教士修建的房屋比较高，可以俯视邻居的院落，这被说成破坏了邻居家的风水，由此引发骚乱。在一个城市里，一个美国传教士在自家的旗杆上安置了一个风向标，也被说成破坏了风水，于是不得不把风向标移走，以避免一场骚乱。迄今为止发生的最严重的一次骚乱，起因就是指责传教士用小孩的眼睛做药，当外交使团与总理衙门交涉这件事的时候，惊讶地听到总理衙门的两位官员说，他们一直相信这种指责没有错。对于开矿的普遍反对，来自这样的说法，说山下睡着一条龙，如果打搅了这条龙，龙便会毁了地。即使有学识的中国人并不相信这种普遍的幻觉，但他们也不会与大众对抗。因此，李鸿章曾经祭拜过一条小蛇，这条可怜的小蛇是从白河里抓到的，一群人把小蛇送到了水神庙。当问李鸿章他是否真的相信这条蛇就是水神时，他说："他相不相信没有关系，百姓们相信，那最好尊重他们。"西伯利亚大铁路偏离了原本设计的路线几英里，就是为了不破坏坟地的风水。在北京，相邻的两座房屋不会建在同一条线上，或是一座在另一座的后面一些，或是在前面一些。理由据说是鬼魂不会转弯，所以当鬼魂降落到房子里后，必须退出去到空地上，不然会迷路。房屋的屋脊上都安置有小小的黏土塑成的狗，小狗站在屋脊上，张着嘴，随时准备抓住飞来飞去的鬼魂。说到这些，必须记住，每个人或多或少都有点迷信。最近在印第安纳州的一个镇上，有一家酒厂破产了，据说是因为政府给了它一个不幸的数字"13"，它开工是在某个月的13号，它在破产前的那个月生产了13桶威士忌。还有，餐桌上的盐瓶倒了，我们会把一些盐撒在左肩上以消除坏兆头；我们不喜欢看到新月在我们的左肩之上；不喜欢看到一只黑猫横穿过我们的小路，或越过正在举行葬礼的墓地；不喜欢在牌号是 13 的餐桌上用餐；在婚礼派对上，我们会扔一些大米和旧的鞋子；我们外出打猎时口袋里必须装上一些银币。

要注意的是，我们的迷信不会影响到我们生活中的重大事情，不像在中国，官方认可这种影响，并且将之印在皇历上。凡是最重大的事情，都是根据风水的说法来决定的。1900 年的暴力运动就给出了一个明确证明，说明最高层的官员是巫术师的奴隶。义和团成员装神弄鬼，声称刀枪不入，他们在皇上和慈禧太后面前如此表演一番，朝廷竟然相信他们的巫术，而不及时压制他们的谋杀计划。

令人不可思议的事情之一是中国政府过去一直鄙视贸易。总理衙门总也理解不了为什么外国公使那么关注商业问题。1892年，我苦口婆心劝中国参加芝加哥商品博览会。我告诉他们，他们的茶叶、丝绸、刺绣品、古老的盔甲，还有其他的东西若送到芝加哥参展的话，可以起到意想不到的广告效应。在那个特定时期，斯里兰卡产的茶叶已在世界市场取代了中国茶，中国正需要加快步伐，一面改善茶树的栽培，一面广而告之，让世界知道中国茶。我把这一切情况详细地说明之后，我得到的唯一答复是，政府和做生意没有什么关系，那是商人关心的事情。送去博览会参展的商品出口时免缴出口税，中国其实只要做好免税这件事就行了。不过后来随着事情的进展，中国下决心参展，在圣路易斯博览会上展示了不少好产品。

在中国社会的各个阶层中，文人受到最普遍的尊重。文人是政府和社会的英雄人物。科举考试的夺冠者被授予最高荣誉。士兵、水手和商人属于比较低的阶层。在这个帝国中，成为翰林院中的一员即是获得了最高荣誉。翰林院的建筑再普通不过了，就像中国一般的房屋那样，一个接着一个的庭院，周围有低矮的劣质的房子，这些房子大部分已破损，到处是垃圾、尘土和断垣残壁。然而，中国学者会注意到在墙上有表明这是一个重要场所的题词。1774年，乾隆皇帝重新翻修了翰林院的房子，并赠送给翰林院一套《四库全书》和他自己的一卷诗集。很不幸，这些房子现在已坍塌或破损。这里过去是帝国文人学士工作的地方，他们在这里准备国家文书、创作诗歌或撰写史书。翰林院的重要性一如既往，但工作已不在原来的房子里进行。翰林们在各个不同的部门，根据各部尚书和侍郎的指示开展工作。必须指出，那些公务部门的办公用房，是些最简陋、最不像样子的房子。北京的六部，相当于我们在华盛顿的国务院、国防部和其他部门，而那里的环境比穷乡僻壤的牛马场也好不到哪儿去。哪怕稍有讲究，政府也不支持。所有的艺术均是政府艺术的附属品。翰林院在北京存在600年了，在此之前的很多年里，它随着各朝各代分别设在南京（洪武年间）、杭州、汴梁。同文馆总教习丁韪良发表过一系列文章，汇集成册，标题是《翰林文集》（*Hanlin Papers*），读者从中可以找到关于翰林院的详细叙述。

在翰林院里，翰林的职责限定在编写史书、制作图表、著书立说、起草诏书，以及一般性的文字工作。天资聪颖、精通中国的各门学问，是成为翰林的必要条件。丁韪良博士说："新进翰林者并非由翰林集体投票选举，也不由翰林院掌院者凭一己之愿点招。这座奥林匹斯山上的座位由公开竞争来获得，就像在印度神话中，有天赋、有上进心的人，尽管没名气、没影响，而且有反对者，而他也许会赢得这一竞争，流芳百世。"

在某些方面，法兰西学院可能有点像翰林院。翰林院与欧洲学术机构的主要区别在于，翰林院全然漠视科学。中国学者完全不懂古代历史或近现代历史，不知道中国以外的世界，不知道地理学、天文学、动物学或物理学。他们精通自己国家的朝代变迁史，能写出漂亮的诗句，这就是他们唯一的成就。不过，有迹象表明，他们将被要求学习现代语言和科学。

# 第十四章　奴隶

在一本古书《烽火亭》（*Fong-fou-ting*）[1] 中记录了中国奴隶制的起源，要义如下：古时候没有奴隶，没有男性奴隶，也没有女性奴隶。第一批奴隶是重罪犯，他们因犯有重罪而失去自由，但说他们是奴隶，意思仅指他们干活属于为公众服务。囚犯和战俘构成第二种类型的奴隶。最后，在麻烦和不幸的第三朝代 [2] 时，无法养家糊口的穷人们把自己和全家给予了愿意养活他们的富裕的大户人家。这后两种形式的奴隶的产生，与其说是耻辱，不如说是不幸。

刊印于 1777 年的由早期天主教传教士所做的备忘录中，有多篇论述奴隶制的论文。奴隶结婚是受到鼓励的，原因是为了获得更多的奴隶。

通常奴隶受到善待，当年老时，由主人养活他们。解放奴隶的事也挺普遍，而奴隶拒绝获得自由的例子也有记录。传教士们渐渐变得赞成奴隶

1　中文书名系音译，未能查实。——译者
2　指周朝（约公元前 11 世纪—公元前 256 年）。——译者

制，为捍卫奴隶制而发声，他们认为这一制度正在发展"一种思想和情感的模式，这是《忒勒马科斯传》（*Telemachus*）和《人类的朋友》（*Friend of Man*）的作者们所期望的"。他们说，中国传统的一家之长的观念，缓和并软化了主与奴的关系，使得主人和奴隶成为了一个大家庭。

中国从来没有大量的奴隶，并且在后来的年代里，数量不断减少。有一个作者说，全中国都知道皇上下了谕旨，指令当班的鞑靼人让奴隶作为仆人为其做家务，但是这一谕旨几乎无人奉行。

所有的现代作者都认为奴隶制仍然存在。当地每家可能都购买奴隶，这样的奴隶是世袭的。人的自由因犯罪或以身抵债而丧失。在北京，女孩的卖价高于男孩，18 岁以内，年龄不同，卖价不同，从 30 至 300 银两不等。需要钱的父母卖他们的孩子，遇上灾年，婴孩才卖几两现银。

卫三畏认为，中国奴隶不多，是因为有竞争性的科举考试制度的存在。随着每年有 200 万人准备参加考试而来的，必然是受教育的人数大大增加，由此拯救了中国。他还认为，在中国封建社会，随着社会等级制度的形成和服苦役的人数的快速增长，结果出现了农奴的身份。若要否定竞争性考试具有（遏制奴隶增加的）有益倾向，那就违背了教育是善行这一人类实践的经验。的确，教育是有益的，西方国家通过公立学校获得了更为有益的结果，这些公立学校是比其他事物更为杰出的、更值得赞美的现代事物。

很可能中国政府的家长制模式，中国人如同犹太人一样秉持的原始观念，即所有的人共同组成一个大家庭，再加上崇拜祖先的教义，这些观念比竞争性的科举考试更加起到了遏制奴隶人数扩大的作用。

中国的法律是默认奴隶身份的，这一点明显地体现在法令中，尽管这些法令好像已废弃不用，但它们依然存在，我可以举出一些这样的法令。

在《大清律例·户律·婚姻》（第 115 条 "良贱为婚姻"）中规定：一位主人为其奴隶向一位自由民的女儿求婚，并成功使该女子嫁给其奴隶，那么，这位主人被判鞭笞 80 下。同谋者同罪。一个奴隶向一位自由民的女儿求婚并成功与其结婚，同样判鞭笞 80 下；如果他把该女子接进自己家中，那么则判鞭笞 100 下。

有人使奴隶冒充为自由民，由此使得这个奴隶谋得一个自由民男子为丈夫，那么此人被判鞭笞 90 下。这样的婚姻被判无效而被取消。

在《大清律例·刑律·斗殴上》（第 313 条 "良贱相殴"）中规定，一个奴隶攻击了一个自由民，那么参照自由民攻击自由民的罚则，罪加一等处罚。

由于遭此攻击而造成完全失能，则攻击者被判绞死；如果被攻击者因此死亡，这个奴隶被判斩首。自由民殴打奴隶，参照普通案子的罚则罪降一等处罚，如果奴隶被殴打致死，自由民被判绞死。

奴隶攻击或杀死另一个奴隶，那么参照同等身份的人的罚则判处。

在《大清律例·刑律·斗殴下》（第 314 条 "奴婢殴家长"）中，惩罚极为严厉。奴隶殴打其主人，判斩首；杀死主人，判凌迟处死；意外致死，判绞死；意外伤害，判鞭笞 100 下和流放。如把同样的伤害加之于主人的亲人们，则罪降一等处罚。

如果主人殴打奴隶致死，那是犯罪，判打 100 大板。

在北京西部的煤矿实行一种苦役制度，服苦役的是欠了赌债的人。他们用命和干苦活来抵债，他们就此沦为奴隶。这些人处在十分恐怖的状况之中，有些地区做了不少工作来结束这种状况。山东在遭灾的时候，好多女孩被卖作奴隶。一次有人告诉我，济南府的一个中国教徒把自己的小女儿卖了 16 银元，这个女孩去一个富裕人家做了女仆。男孩是不卖的。还有人告诉我，另一个教徒把他的妻子卖了 2.5 银元，刚好还上 2.5 银元的债。这些事情是一个有声誉的人告诉我的，我不保证这类故事还有比我听说的更为严重的。他也告诉我说，在中国的某些地区有服苦役的农民，就像以前的俄国那样。

# 第十五章　丧葬

　　几乎不必说,很多在美国很新鲜的事,在中国却早已司空见惯,这其中就有实行火葬。跟随中国人喜好用数字分类的思路,他们把人死后的葬法按 5 种元素来区分,这 5 种元素就是金、木、水、火、土,它们是儒家哲学全部构架的基础。

　　水葬流行于中国南方,具体葬法就如该名称所示,那里的居民把死者的躯体放入河流或海洋,就是托付于水。木葬就是把死者放入木制棺材,这是中国人普遍的习惯。金葬据说是安葬皇帝的葬法,不过事实上皇帝死后也是安放在木制棺材中的。土葬是伊斯兰教徒的葬法,伊斯兰教徒们将死者放入棺材送到墓地,然后把死者的遗体留在没有围墙或栅栏圈起来的墓地里。最后一种葬法,中国人叫作火葬,就是火化,这种葬法比较起来是最值得关注的。

　　看起来似乎有些矛盾,因为中国人的本性是敬畏祖宗的,而他们却把祖宗火化了。在有关葬礼和在祖宗坟前祭拜的仪式方面,孔子的教诲显而易见是相当反对火化这一习俗的。然而,尽管有圣人之训，火葬在今天的中国还是有的，中世纪时更盛行。

在外国人论述中国的书籍中，通常把火化的葬法归于和尚、喇嘛死后的葬法，以及麻风病患者死后必须火葬。华北地区见多识广的中国人否认在宗教界之外存在火葬的习俗。不过看起来，火葬也许从来不是普遍的葬法，但在很多地区确实有这样的葬法。一部中国的史书上说，火葬是从天竺国，即现在叫印度的这个国家传入中国的，是在汉朝时期（相当于公元开始前后）传入的。火葬作为佛教的一个特色传入中国，大约最初只限于和尚死后火葬。

众所周知，日本的火葬是随着佛教的传入而被引入日本的，此前日本根本不知有火葬。公元700年，格里菲斯（Griffis）火葬了一个和尚[1]，这是第一次火葬。如今在那里火葬是某些佛教教派的常规葬法。

在一本叫作《高僧传》的书里，说中国皇帝汉武帝（前92年）在挖一个湖时，发现了一些骨灰，就问他的礼仪官董方舒那是什么，董回答他，是从西域，或许是从西藏来的佛教和尚的骨灰，并解释，和尚死后被火化，这种习俗因此叫作"集灰"（chieh hui）。这位大臣又说，狄人和羌人也是用这种方式安葬死者的。卫三畏说，在他的词典里，狄人和羌人是"商代时的部落，他们居住在甘肃渭水上游的一个地区"。说的是否就是这一地区，很难说，但是卫三畏的叙述说明，那个地方的火葬甚至早于佛教就存在。

另一部中国著作《日知录》中谈到了宋朝时的"火葬"。书中说，高宗绍兴元年（1131）[2]，江南（江西、江苏和安徽）地区流行火葬。迈尔斯（Mayers）更进一步说到宋朝的一位

1　见《日本天皇的帝国》（Mikado's Empire）第175页的注。——原注
2　原文为"Shao Hsing（1131）"。1131年为高宗绍兴元年。——译者

最著名的政治家韩琦（1008—1075），"请求富人"为穷人买地做公共墓地之用,以此来废除火葬,他因此而很有"名望"。马可·波罗提到过这件事，看起来13世纪时火葬仍然比较普遍。马可·波罗这位伟大的旅行家在中国旅行时，对中国的偶像崇拜，使用纸币，以及火葬留下了深刻印象。不过那个时候，一部分官员和受过教育的人士对于火葬极为反感，他们反对这一习俗。

1262年在苏州附近，一场正在进行的火葬仪式毁于闪电。和尚们的寺庙被闪电击中了，他们因此提出重建寺庙的请求。一个地方官员向他的上司请愿，拒绝和尚的请求，并写了长长的折子反对火葬习俗。他建议，为了废除火葬习俗，以5家为一单位，提供一块公共墓地。这样的例子并不少见，说明那个时候火葬是相当盛行的。

出殡队伍

125

要是火葬与中国人处理死者的观念不是那么相悖的话，火葬其实是可以解决不少难题的。首先，火葬可以大大减少墓地的用地面积，墓地正在不断地侵占可耕地；第二，火葬的花费不是太多，这也是很主要的可取之处，按照现在的葬法，这笔费用对于穷人来说真是灾难。现在的葬法所需要花的钱，在很多情况下，是死者家庭几年的积蓄，常常足以维持这个家庭几年的生活。没少听说过这样的事情，几个儿子为了给父母办体面的葬礼，把自己卖身为奴。也常有这样的事情，父或母去世时，家中没有足够的钱，因此把死者安放在厚厚的棺材中，停棺家中三四年，甚至更多年头，等到筹足了钱再安葬。

然而，当朝有法令禁止火葬，因此火葬很少见了，只是偶尔有和尚或穷人死后被火葬。

# 第十六章 民法

　　民事诉讼没有成文法典可依据，也没有任何系列的民事案件的报告。法律的执行取决于政府的特性。政府就是父亲，它是专制的，但它是建立在民众认可的基础之上的，并且对它是有全面监督的。这种监督的存在，使政府多少有那么点儿民主的成分。

　　法庭看起来并不受任何法律条规的束缚。最近发生的一桩诉讼案中，原告被判体罚，因为他提起这一诉讼；被告同样被罚，尽管原告被裁定为有过错方。

　　村庄、族群、邻里社区，以及行会都可以进行司法裁定。"绅士"是十分重要的因素，他们是长者和有影响的人，他们有时也可以成为官员。在中国，法律的执行绝大部分掌握在地方行政长官手中，他们被叫作"百姓的父母官"。地方行政长官的职责决不单单是断案，他还要执行刑法和民法，为其辖区的秩序负责。此外，他还要负责收税，手下还有士兵可调遣，并监督科举考试。每月有固定的几天用来审理案件。中国没有专业的律师，但是有那么一种人，他们专门为他人准备法律文书。社会上认为这种人伶牙俐齿，不可十分信赖。文书首先提交给地保，地保是中国最底层的官员，一个城市中有好几个地保，地保对其辖区内的百姓实行直接的人身控制。他的职务行为犹如警察，他抓捕违法分子并将其交给地方行政长官。地保在文书上盖印，这份文书要经过几道手，每经一道手都要收费，数目看起来倒不是太大。然后就传唤被告。被告准备他的辩护词，过程与原告的一样。有时候被告贿赂地保，请求不要逮捕他，但是最终原被告双方都出现在行政长官面前。上诉的诉状可逐级上递，从县衙到府衙，从府衙到省按察使衙门，再递至巡抚和总督面前，最后上呈至京都。这样的上诉并不多见，如果发生这样的上诉，刑部将判罚下级法官，因其未能明察秋毫而上呈错误的判决。与其他国家不同，中国的司法看来没有任何独立性可言。至于诉讼的花费，如上面已提到的，主要针对原告，如原告提出错误的诉讼，则要被判罚，为的是让中国人避免诉讼。

中国制度最主要的特点是设有御史台，每个省都有几个御史，一共有 56 个御史，分布在 15 个巡回区，覆盖 18 个行省，首都圈除外。这些御史的职责是向皇上报告与百姓利益相关的一切事情，以及政府的行为。御史可以随意上奏皇上，甚至可以挑皇上的错。这样让政府注意到所有的弊病，这一制度取代了其他国家里报纸的地位。但是为所欲为是不允许的。我见过几个案子，其中裁定御史上呈的指控是些琐碎之事，且未经证实，御史因此被传唤至刑部并被判罚。

中国的民法和商法的基础看起来与习惯法一样都是基于习俗。至于商法，看来更多的是由各种行会的条规构成的。有一些盛行的普遍的法律原则。在中国，检验了样品就被认为是走完了最后的步骤，卖家必须保证给出的货物与样品一致。原则就是货物出门，概不退换。

合同不被认为有什么约束力，即使是书面合同也一样，除非已付定金。依照中国的习俗，货物是委托给中间商来出售的，中间商负有赔偿货物价值的责任。中间商把货物出售给他人，而他人不付钱，那么，中间商负有主要的赔偿货物价值的责任。

一个仆人任何时候都可以被解雇，工资发到解雇之时。口头保证是有约束力的。关于合伙关系的法律与其他国家的看来一样。所有参与经营的合伙人共同为公司的债务担责，隐名合伙人或有限合伙人则不担责。

为什么民法至今未能像刑法那样得到认可，理由可能有几种，其中有：实际上几乎所有的生意都是通过中间商来做的，出现争端由行会来解决；文人藐视商业，看不起商人，故而中国人缺乏把抽象原理运用于实践的能力。这可以由以下的事实得以说明：他们曾有过不少引以为荣的各种发明，如印刷术、火药和罗盘，但在实际运用上却成果寥寥。

各种名目的法律如下：

### 血统

除了某些头衔和荣誉可以世袭继承之外，长子继承制是不存在的。家庭中的全部儿子都有权继承家庭财产，不管其为嫡出还是庶出。财产划分依据世系血统，孙辈的份额包含在父辈中。女儿无继承权。如果女儿已出嫁，他们就什么也得不到；如果还未出嫁，就会为其提供一份嫁妆。未出嫁的女儿与其长兄一起生活，因此长兄所分得的家产有时会多于弟弟们。如果家中没有儿子，也没有领养的男性继承人，那么由女儿们继承家产。如果没有直系继承人，就由旁系继承。只要有任何有血缘关系的后代存在，财产就不会收归政府所有。旁系继承之后，就要承担祭拜祖先和照看该家墓地的责任。

**遗嘱**

通过遗嘱进行遗赠的制度一般来说不存在。有时候有钱人会留下遗嘱，以此避免诉讼，这种遗嘱也会被其子嗣所默认。但是法律规定了如何进行死者财产的处置。

遗嘱没有一定的形式，口头遗嘱或书面遗嘱都有效。立遗嘱者的愿望可以用言语或用文字向全家表达。

如果遗嘱是在外国做出的，这个遗嘱在中国也会得到很好的执行，至于在外国的财产那就归外国人了。

**遗嘱认证法院**

中国不存在遗嘱认证法院。划分财产的文件保留在合法的后人手中。

**土地权**

理论上，全部土地属于皇上所有；实际上，土地的拥有者具有转让土地、抵押土地的一切权利，这一情况各地都一样。

有这样的案例，政府收走百姓的财产而不给予任何补偿，但如果为公共使用的目的而收走土地，一般都给予一定金额的补偿。

土地税是最重要的税种。如果土地税能正常缴纳，那么就能保证纳税人拥有其土地。

**土地转让**

一份土地卖出，那么原有的地契就转移到买者手中。买者持旧地契去换成新地契，这份新地契由地方行政长官认可并盖印，同时将这桩土地买卖记录在案。

租约必须是书面的。

**婚约**

中国不发给结婚证书。《大清律例》第 101 条中规定了关于婚姻缔结的详细规则。丈夫的原配夫人通常由丈夫的父母或亲戚中的长者为他选择。原配夫人在家中被认为与其丈夫具有平等地位，她享有亚洲国家所认可的属于妻子的所有权利和特权。但是她不能拥有不受丈夫控制的单独财产。

丈夫只要愿意，可以另纳一房或几房姜室，无须办什么婚礼，也不讲什么门第。后面所纳姜室从属于原配夫人，但彼此之间的地位则没有高低之分。她们被称为"偏房"或"姜室"，而非"情妇"。她们所生的孩子是合法的。丈夫娶多少偏房没有限制。

### 孩子成年独立

实际上，父母终其一生，都可以随意控制其子女。

### 国籍

关于这个问题中国没有法律，但在实际上，外国人可以把他们自己置于中国法律的保护之下。

### 法院

最基层的法院是地方行政长官衙门，即县衙；再上一级是府衙；第三级是道台衙门；第四级是省里的按察使衙门。

上诉是允许的。从低级衙门上诉到高级衙门；从地方上诉到有关部门；有时允许上诉至巡抚和总督，直至北京。

大清帝国的最高法院是刑部。皇上很少否决刑部做出的裁定。

旗人、宗室、皇室，各有单独的法庭审理。另外还有都察院，全面负责监督法律的执行。

再强调一下，根据与中国签订的条约，外国人在领事法庭上，由领事依据他们自己的法律来审理。被告的国籍决定领事的管辖权。一个外国人被控告，那么由其领事根据他们本国的法律来裁判。

以上我所写下的，仅涉及与中国相关的法律情况。

# 第十七章　在华基督教传教士的工作

一般来说，旅游者到中国来旅游几天或几个礼拜后，或对传教士嗤之以鼻，或给予他们不痛不痒的赞美。奇怪得很，他们中的一些人，在贬低新教传教士的同时，却在赞美天主教传教士。我想我应采取同样的态度来对待这两派的代表。这两派的工作同样是有价值的，不能说一派好，另一派不好。天主教传教士和新教传教士完全是一样的，两者的目的都在于争取皈依者，两者都利用办医院、药房、学校、学院，以及孤儿院等来追求同样的目的。天主教一方很少采取医学或说外科技术的手段，而新教一方极为依赖医学技术，将之作为主要手段来行善，使中国的患者接受基督教的影响。这两派在其他方法方面的不同，只是礼拜仪式和集会的管理机构的不同，两个教派各有各的特点。总体来说，我认为新教一派倾向于更多地促进现世教育和独立思考。内地传教站点的工作是这样开展的：把民众集中起来，对他们进行训导，将一种新的自我管理的原则灌输到中国人的生活中去。新教通过教堂聚会，来决定所有涉及聚会群体在人世间的和精神上的利益的问题，这是新教的创建，这一制度在天主教教堂中未曾发现，天主教的教会条例更具宗教性和广泛性。在天主教系统中，一个中国人如果在皈依前是个热心人，那么皈依后仍然是个热心人。他的精神力量并没有增长，他的思维习惯也没有改变。那么外国人通过中国人的皈依得到了什么？得到的是天主教皈依者不再敌视外国人，他们变得很友好，这是非常重要也非常值得去完成的事情。

在新教系统中，皈依者学会了推理、争辩、思考。他研究手上的《圣经》。他有机会在公众场合演讲，他出席宗教会议，他通过与其他善于思考和推理的人的接触而扩大了自己的心胸。他有很多机会学习英语，而掌握了英语就使他成为了一个新的人。我提到这些不同，决不是要轻视伟大的天主教全体教士的工作，他们在中国从事传教工作已有400多年了。我承认他们为西方学术和文明所做的工作的价值，我在这几页书中为传教写下的任何美好词句，包括对天主教，也包括对新教，两者都值得大大地、突出地加以赞美。我作为驻华公使和驻菲律宾专使，使我有机会经常接触在华和在菲律宾的美国传教士，他们在那里为传播基督教文明而献身。我理解他们从事这项工作，拯救人的灵魂是他们工作的至高目标。给人以爱、谆谆教诲、治病救人，这些工作都从属于这一主要目标。尽管他们面临来自中国的和来自美国的批评，但是无论如何，中国的任何行政机构都不会同意让美国传教士远离中国的，也不要梦想任何条约国会迈出这一步，因为这将造成非常有害的结果，整个问题的解决取决于在中国和在其他国家的基督教徒。人们将会看到，世界的情感在当下，如在此前一样，是站在一种理性的和审慎的宗教扩张政策一边的。

我在下面将要写到有关传教的事情，我会考虑到这件事情与民间和商业的关系。政治家、外交家、商界人士看到了传教工作对于商业、贸易和人类整体利益的影响。在我看来，若不公正地看待在非基督教国家的传教工作，将会使人怀疑传教工作的影响不仅对中国人，而且对西方人均是有益的。当一个未开化的或半开化的民族完全变成了一个文明的民族，就会产生新的要求，那么商业就可以满足这种要求。我认为那些旅行者或作者对待传教士的态度是不公平的。这个世界喜好危言耸听，对于已建立起来的令世人敬畏的制度和思想情感进行攻击，肯定会引起极大的关注，而对于同样的制度和思想观念进行平静的、理性的辩护，自然得不到那么大的关注。举个例子来说，假如我也参与辱骂、攻击传教士，这样做现在可是挺盛行的，那么，我将受到更多的来自公众的关注，远远超出本书将受到的关注。

然而，从未去过传教场所的旅行者已经出版了著作，其中充满了对于传教工作的批评。我回想起两件挺出名的事情，其中之一是关于一位著名的美国人的，他在我的使馆里住了 3 个星期，我特别邀请他访问北京的传教场所，但是他拒绝了。他完全不了解传教工作，但是在他的书里却嘲笑传教的整个工作体系。另一位绅士是位著名的英国人，身居女王政府中的最高官位。有一天，他在与我聊天时，激烈抨击传教士。我问他是否访问过或视察过传教场所，他说他从未去过。然后我问他，没有亲自考察过传教工作，怎么能肯定得出的观点是正确的呢？他的一位朋友自告奋勇地承诺一定带他去北京的每一个传教场所，但是他一个场所也没去。他的书出版了，书中充斥着对传教士的批评。

几年前攻击梅威良（W. S. Ament）博士的事件是一个很好的例子，说明人们是多么轻率，多么鲁莽，他们特别想抓住把柄，嘲笑讽刺一番。梅威良博士发电报说，他已向实施谋害的中国人群体征集到一笔款子，用以补偿他的皈依者受到的损失，另外还增收了 1/3 的款项用于暂时维持他们的生计。结果发出的电文却把"1/3"错写成了"13"，结果读出来就成了 13 倍的实际损失，于是，抨击、指责梅威良博士的声浪如同开闸下泄的洪水般冲向梅威良博士。实际上，梅威良博士所做的事情是得到美国驻华代表和中国政府的批准的。中国政府完全愿意让梅威良博士来做赔偿损失这件事，以卸下自己肩上的担子。最终，美国政府因为这个和其他的原因，要求中国政府所做的赔偿减少了相当大的数额。

梅威良博士的行为是符合中国人的习惯做法的，是出于紧急需要的结果。他手下有 700 名基督教皈依者，他们缺吃少穿，情况十分紧急。争吵还在继续，而这些人都快饿死了。他们的家产都被损毁了，他们的亲戚也遭到杀害。

如今，那里一切平静，真是尽善尽美。我与传教士们的接触，使我由衷地要给予他们大大的赞扬。1886 年，我自己几乎访遍了中国沿海的每一个传教场所，也访问了内地的几个传教站。我认为我能够作为一个公正的亲眼目睹者代表他们来证实。我给出的结论是，传教士的生活是纯洁的，他们忠实于他们的工作，争取了很多的皈依者，皈依者们在道德、思想、精神各方面因他们的教导而得益匪浅。

读者从卫三畏的《中国总论》一书中可以看到，作者以谨慎的、全面的态度来对待基督教在中国传教的历史，这就是这位名著的杰出作者所具有的特色。他是这样评价天主教传教士的："他们取得了多方面的成功，他们在选择方式方面的谨慎和在传教工作中的谨慎，使他们赢得了最高的荣誉。"从约翰·孟高维诺（John of Montecorvino）[1] 于 1288 年第一次尝试在中国建立一个常驻的传教团之后，

1 又译若望·孟高维诺，意大利传教士，第一位来华传教的天主教司铎。1299 年在大都（北京）建立首座天主教教堂。——译者

135

到 1807 年第一个新教传教士马礼逊（Robert Morrison）来到广州，又经过几十年，传教士们已经为中国人做了很多有益的工作。传教士是当地人的导师，为他们编写了启蒙教材，把外国的书翻译成中文，建立了学校、学院、医院，将外国的艺术和科学引进中国。没有传教士们的工作，中国内地的百姓也许至今还不知道有西方世界。

在《耶稣会士中国书简集》（*Lettres Edifiantes*）和《宗教传播编年史》（*Annales de la Foi*）中，还有在赫克（Huc）和马歇尔（Marshall）的详尽论述的著作中，我们读到了有关中国的最翔实的历史，在后来的岁月里，我们自己的作者们又提供了大量的补充。对于一个普通的外国人来说，无论他是旅行者还是常住者，当地人都把他看成外人。但是，传教士在当地人眼中则是同伴和朋友，是给予他们爱的人。传教士还是开拓商业的先驱，在神圣热情的驱动下，他们深入外国人从未踏足的内地，他们在那里建起小小的教堂、诊疗所、教学课堂和谈天说地的议事室。他们在中国内地建立了立足点，利用旅行推销商品的人随之接踵而至，于是对外贸易就出现了。从传教士居住的地方放射出了现代文明之光。我赞同这样的说法：中国海关、外交使领馆机构人员、商人和海员，在打开中国大门方面做了大量的或应说分量更大的工作，但是，不事声张、兢兢业业的传教士们做了属于他们的全部工作。总而言之，商人并不关心普遍的人的思想和道德的改善和提升，更不关心人的宗教信仰。

向中国政府提出给予传教士何种特权，中国政府从不拒绝。在 1858 年的中法《天津条约》的文本中有一条款规定，天主教传教士可以进入任意一省，购买土地，建造房屋，永久居住。在

1865 年的《柏德美协定》（*Berthemy Convention*）[1]中，对这一权利进行了修改并进一步加以肯定。在 1895 年的《施阿兰协定》（*Gérard Convention*）[2]中又规定，传教士意欲在内地买地，无须与地方官协商，可直接向地主购买。1891 年，当今皇上光绪发布一道措辞强烈的谕旨，令善待传教士。谕旨中说："西方宗教为了他们的目的而谆谆教导与人为善，我们的人变成了教徒，但他们仍然是大清臣民。没有理由在百姓和外国宗教信徒之间不能和谐相处。"

在商业扩张这一重大问题上，传教士在世界各地的工作一直受到明智的统治者的赞扬，因而他们不断地得到资助和保护。最近德国皇帝为实施这项政策提供了最有名的例子。不管对于德皇有时候所展现的性格特点有什么说法，他的对外政策是明确的、坚定不移的，也是英明的，这一点必须肯定，即使有时候太具侵略性。他意识到在世界发展和扩大德国的影响方面，重要的事情之一是建立和维护在外国的布道团。法国早在 19 世纪之前就已明白了这一点，从路易十四时代起，法国就是在东方和远东的天主教教会的保护人。尽管法国在国内排斥和嘲笑天主教，却在很早以前就把它的主神宙斯传播到东方，东方以最虔诚的信仰来回报它和它的关切。在中国，自从最早的天主教教会建立以来，法国公使就独家负责那些教会的所有成员提出的要求，不管这些要求是哪个国籍的教徒提出来的。因此比利时、英国、意大利、德国、西班牙，事实上，各国的天主教徒在发生麻烦事情的时候，都把法国视为唯一的调停者，应当说，

1 即 1865 年中法《法国教堂入内地买地照会》。见王铁崖编《中外旧约章汇编》第 1 册，第 227 页，生活、读书、新知三联书店 1957 年 9 月第 1 版。——译者

2 即 1895 年中法《法国教堂入内地买地来往照会》。见《中外旧约章汇编》第 1 册，第 612 页。——译者

法国在这方面做得很好。法国始终很警觉地捍卫着权利和特权，其他国家只是通过条约中的"最惠国"条款为本国谋利。也许很奇怪，被认为是这个世界上最无宗教信仰的中国，在东方和远东的国家中，对天主教是最宽容的，并且保护着每个国家的天主教徒。是的，在这个帝国之中，专制与共和并存，这种立场、态度一直延续至今。1870年，德皇看到，法国的政策正在使他失去微妙的、深远的影响，无论在国内还是在国外。他决定抵制法国的政策。俄法战争后，德皇下令德国天主教与德国新教一样，都必须接受唯一的排他性的德国司法权的管辖。所以现在，在土耳其和远东，法国已无权管辖有关德国天主教的事务了。没有什么好怀疑的，这一政策是明智的。据我所知，在华的美国传教士中没有天主教徒，如果有的话，美国公使毫无疑问也会宣布对天主教徒的司法管辖权。

在中国，看起来一般的印象是，传教士们把他们所有的时间都献给了纯粹的宗教工作。他们受到攻击，理由是他们一心试着把一种新的宗教强加给中国人。地球上没有一个民族像中国人那般不关心宗教之事。总体来说，中国人没有宗教信仰。儒教只是一种哲学。如果说中国人有什么信仰的话，就只是对一切道神的崇拜，由于崇拜的道神太多、太笼统，各种信条、教义五花八门，因此这种崇拜变得如同空气一样难以触及。普通的中国人什么也不信，但是崇拜祖先。他想要个儿子，在他死后好有人照看他的坟头，为他烧香祭奠。其他的民族没有一个有如此的信仰自由，或说如此不在乎宗教信仰的。

其他民族也许应该学习中国人的宽容。他们对景教、犹太教、伊斯兰教都很宽容。现在，如我在前面已谈到的，他们的政府已撤除障碍，允许传教士到他所想去的任何地方。拿这一点与俄国的做法相比较，我在北京时，两次为美国传教士向俄国使馆申请签证，以便他们可以走陆路从北京去俄国，但是两次都被拒绝了。其他人可以自由进出，但教士、牧师不能穿越西伯利亚。

传教士遭到暴民攻击，不是因为他信仰的宗教，而是因为他的种族。暴民聚集起来攻击他，因为他是外国人，不是因为他是基督徒。1900 年的运动充分说明了这一事实。我在别处讨论过对抗外国人的原因问题，此处不再赘述。

我知道对于宗教传播，世界上总体来说做法是不尽相同的，无论在国内还是在国外。如基督教青年会（the Young Men's Christian Association）就取得了非凡业绩，这类宗教团体，已经看到在宗教工作中，有必要唤起注重世俗手段的采用。所以这个值得赞扬的宗教团体已经成为我们思想、道德和躯体进步的活动中心。它的新成员有坐过大牢或混迹于藏垢纳污场所的人，它把这些人拽到教堂，为青年人开辟新的生活，让他们参与到读书、有益的游戏、演讲和乐器演奏等活动中。基督教青年会的工作范围是世界性的，即使是一个不信仰宗教的人也不会质疑它所做的有什么问题，而认为它所做的就是好的。在北京、天津、上海、香港、菲律宾，事实上遍布整个世界，青年会都建立了它的站点。青年会随着我们的军队进入马尼拉。这对美国士兵来说是福气，同样对当地人也是福气。青年会是没有宗派的。它公开宣称其目的就是向世界宣讲福音。青年会与传教士之间合作共事，有时候也不与任何教派有关联。另外有大中华内地会（China Inland Mission），其成员来自新教各派别，内地会宣讲的原则来自所有的教义。

传教士常常会受到攻击，是因为他们力求建立一种新宗教，但是他们从没有因为工作完成得好而受到嘉奖。事实上，传教士把他们的大部分时间用于教学，倾听病人的诉说，做慈善，以及做文字工作。让我们来列举在上述这些方面大名鼎鼎的人物吧。

京师大学堂

这份名单上的第一位是丁韪良博士，他作为一名传教士来到中国。他成为了同文馆的总教习，因此留在中国 20 年。他目前是新设立的京师大学堂的校长[1]。他编写过数学的和科学方面的书籍，也是这些学科的教师。他把《佩里的基督徒证词》（"Paley's Evidences of Christianity"）翻译成中文。他撰写了《翰林文集》，以及关于中国问题的许多论文和著作。艾约瑟博士是又一位老资格的传教士，他用汉语编写了一系列的入门书，以至于皇上也开始学习英语。阿特伯里博士（Doctor Atterbury）用自己的方法建造了一所医院，存贮了不少药物，为人们解除鸦片烟瘾。倪维思博士（Doctor Nevius）从一个传教士变成了一个农

[1] 1898 年成立的京师大学堂，其"校长"在不同时期有管学大臣、总监督等称呼。丁韪良没有担任过京师大学堂的"校长"，而是被聘为西学总教习。——译者

业方面的教师和专家，在烟台传授农业知识，烟台周围的乡村种满了新的作物，鲜花盛开，瓜果飘香。还有狄考文（C. W. Mateer）、谢卫楼（D. Z. Sheffield）、林乐知（Y. J. Allen）、哈巴安德（A. P. Happer），传教士们在中国各地办起了大学，受过教育的青年每年都出去向他们的同胞传授知识。李安德（L. W. Pilcher）、刘海澜（H. H. Lowry）、霍巴特（Hobart）、被围攻期间的英雄贾腓力（F. D. Gamewell）、文惠廉（W. J. Boone）、波特斯（Potts），他们也在中国各地创办大学。每年，我们从北京的同文馆送出 13 名医学博士。我说"我们"，因为我是这所学校的副校长之一。赫德也是这所学校的副校长，我提到赫德这位在华最杰出的外国人的名字，我不是想在他的尊贵身份之下再为他补充关于教育这项工作。

女传教士在伟大的教育工作中承担了她们的那部分职责。她们呵护关心那些贫穷的、被忽视的、被看不起的女孩，把她们转

北京卫理公会教堂

变成有知识有教养的妇女。即便传教士在中国其他什么都没做，仅妇女状况的改善一项就足以尽享荣耀了。女医生们也深入到中国姐妹当中，成为照看她们的天使。

在北京，有一个值得嘉许的女士，她实际上出钱请中国妇女去她的学校，教她们学习现代艺术和基督教教义。每到礼拜天，我看到宏伟的北京卫理公会教堂（唉，可惜，这个教堂在遭围攻时被毁了）被用作孩子们的学校。有 1500—2000 名男孩和女孩聚集在这里，如同美国的孩子那样，学习周日的学校课程。看到这样的场面，有谁能不感动、不认可和不赞赏她们的工作呢？反正我是十分感动、十分赞赏的。

这些工作以及其他类似性质的工作，就是传教士们所从事的事业。难道旅行者和那些作家是因为传教士做了这些事情而谴责他们吗？有谁想否定这样的教学和慈爱是有利于中国人的吗？如果说是不利于中国人的，那么让我们烧掉这些学校、大学和医院好了。如果说这些服务是有益于中国人的，那么可以肯定，他们会积极地回报西方人。当然，不管他们回报还是不回报，我们为什么要抱怨他们，抱怨占世界人口 1/5 的中国人呢？

在中国旅行途中我碰到过许多人，他们声称最近发生的骚乱证明了传教工作的失败！在一些地方，对传教工作的赞助因此而大大地减少了。相反，我看到动乱时期人们讨论这个问题时，最强的声音是支持、赞成传教士们继续工作。这一结论的记录以及有关建议，由这个领域里的积极工作者送达我这里，他们最近获得了极大的成功。

如果一个民族对另一个民族曾经展现出虔诚、感恩和自我牺牲精神，那么基督教皈依者在 1900 年就将这些品质发挥到了极致。3000 名基督教皈依者聚集起来，支持和保护 800 名被围困在英国公使馆的外国人。他们的存在使得防卫成为可能。他们扯下厅堂里的锦缎窗帘，闺房中的绣花被面，拿来桌布、床单，他们用这些材料做成大袋子，然后装土做成沙袋，筑起防卫墙，抵挡了义和团的冲击。他们宰杀了98匹马和骡，把肉煮熟，就是依靠这些肉食，卫兵得以坚持下来。在此我们回忆一下一段可憎的笑话，没有肉时，就说马肉还没有处理好呢。这些皈依者也参加战斗，他们与外国朋友一起在墙头上、在护城河边、在防御墙后站岗放哨。他们中有很多人为保护他们的宗教老师而倒下。在北堂——这是一座宏伟的天主教堂，其围墙长达2500英尺——1900年6月初，这里只有70位白人男女，他们是拉撒路[1]修会（the order of Lazarus）的神父和来自圣文森（St. Vincent）的修女。当时有3200名男女皈依者和孩子们来到教堂支持他们。不久，30名法国的和10名意大利的海军士兵奉派来到北堂。到1900年8月16日，这支力量薄弱的卫队顽强地抵御了义和团的无数次进攻，直至援军到来。围攻初期，不计其数的义和团成员成群地沿着通向北堂围墙大门的街道涌来，在离围墙大门还有一段距离时他们停下来，念诵他们的咒语，然后出发向大门扑来。当他们到达距离北堂200码时，40位北堂卫队士兵举起枪，子弹齐发，击毙了37名义和团成员，打伤的更多。于是，义和团成员全都落荒而逃。另一队义和团成员带着一门加农炮又来了，炮弹摧毁了围墙大门，但是卫队士兵和中国朋友冲出去把大炮抢了过来。院内的房屋也被毁了，屋顶中了火雷。一天之中，有700发炮弹连续射入院内，每发炮弹重25磅。有一个地雷爆炸，防卫队员死了25个，伤了28个。还有，义和团不断向院内射箭，箭上绑着信纸，信上保证只要皈依者抛弃白人就免死罪，但是没有一个皈

---

1 拉撒路是《圣经·约翰福音》中记载的人物。——译者

依者背叛自己的职责。粮食越来越少，被围困的人们每天只能得到 2 盎司[1] 米饭，他们只能吃狗肉和树皮。

北堂

在历史上，没有什么战事有比英国公使馆和北堂这两个地方的防卫战更杰出的了。让我们把发生在一个省和一个城市的所有这些英雄事迹牢记心间吧。直隶省共有 6200 名皈依者，他们不顾危险、艰难和逼近的死亡，坚守信仰不动摇。据说在骚乱期间有 15,000 名皈依者被杀，叛教者则不到 2%。我认为，面对这样的事实，过去的断言说什么中国皈依者背信弃义、被利所诱、不忠诚等都可休矣。让我们不要再叫他们"米饭基督徒"了。也许应向参议院提出建议，对于中国的皈依者不要再有什么限制。

另一个反对传教工作的理由是，我们在把一种新的文明强行输入中国，而中国已经是一个文明国家，他们的人民有权维持他们古老的制度。如果有什么强行输入的话，那

1　盎司，英美制质量或重量单位，符号 oz。1 盎司等于 1/16 磅，合 28.3495 克。——编者

当然是错误的，但是如果通过温和的劝说，我们能够将西方的模式和方法介绍到中国，我们有什么不对吗？我们所做的仅仅是为了中国，或者说为了地球上的每一个民族。

在前面的章节中，我赞扬了中国在文明发展方面的成绩。在此只需要说，即使没有另外的迹象说明中国需要真正的文明，1900 年的运动就足以证明中国需要真正的文明这一事实。一个民族，拥有数量如此巨大的民众，他们相信进入发疯癫狂的状态便可以刀枪不入，并自诩以这种暴力抗争的方式可以杀尽所有的外国人，还能自夸其文明吗？一个政府赞同和支持这样的暴力抗争，实在是不适合再继续存在下去了。

可以肯定地说，帮助中国获得真正的文明的最好手段之一就是通过传教工作，通过基督教青年会、同族会（cognate societies）的工作。

近一个世纪以来，基督教的男女传教士们努力工作，把我们的威信、我们的语言、我们的商业传入中国，他们历尽艰辛，从他们的名单上可以列出许多的烈士。而今，"花旗"已被中国人所熟知并敬重。作为我们的同胞公民，特别是作为怀着自我牺牲精神为博爱献身的践行者，传教士们值得我们予以帮助和支持。如果我们弃他们于不顾，我们民族的光彩将黯淡无光。毫无疑问，没有了传教士，我们的商业将大大受损，我们的外交将失去主要的支持。

传教士们的辛勤付出，如已多次说过的，属于对中国所做补偿的一部分，因为外国联盟对中国做过错事，所以要给予补偿。有人曾经问过赫德爵士："有什么办法可以使中国人不再排外？"赫德说："要么把中国瓜分了，要么使中国基督教化。"可以推测，所有的美国人将会选择后者。

# 第十八章　慈禧太后

关于这个大名鼎鼎的女人的家庭背景有多种说法。有的说她本是一个小客栈的帮厨丫头，出生于一个贫穷的家庭。有的人否定这一传说，说她出生在一个贵族家庭，虽然不是最高等级的贵族，但也是很体面的家庭。最近她的一个兄弟死了，这个兄弟被封为公爵。她的妹妹嫁给了醇亲王，人们称呼醇亲王为七爷，他是咸丰的七弟。现在的皇帝光绪，就是这对夫妇的儿子。她在北京有很多人脉且很有影响。她出生的时候她的父亲在安徽做官。李鸿章也出生在安徽，据说这就是为什么李鸿章一生都忠于这位太后的原因。她是满人，是个大脚女人，她不是汉人。满人从不给孩子裹脚。她是在咸丰为自己选妃时与一大群女孩一起进京的。她接受过教育，有才艺，长相漂亮，所以立即赢得了皇上的喜欢，她成了皇上的一个妃子，并为皇上生了个儿子。这个儿子后来继承皇位，年号同治。母以子为贵，她晋升为太后，并获赏赐居住在西边的一所宫殿，而咸丰的原配夫人居住在东边的一所宫殿。1860 年，当英法联军进入北京时，咸丰逃离北京去了热河（今承德），热河距离北京大约有 100 英里。

咸丰死后，北京城中曾有人策划一个阴谋，企图控制同治，同治当时尚未成年。两宫皇太后慈安和慈禧急忙离开热河前往北京，途中她们联合恭亲王，即咸丰的六弟，组成了摄政团。背叛者立即被捕，其中两位主要的阴谋家——怡亲王载垣和郑亲王端华被赐死，另一强有力的且很聪明的阴谋家户部尚书肃顺被斩首于菜市口。这之后直到同治亲政之时，一直由摄政团统治中国。

1872 年 10 月 16 日，同治与一位满族姑娘结婚。按照中国人的算法，同治结婚时是 17 岁。在他统治中国的 12 年里，当然只是名义上的，因为慈禧太后一手强有力地控制着政府，这期间中国的状况有了极大改善。可怕的太平天国叛乱被镇压下去了，外国的入侵止步于 1858 年条约的批准，中国很快成为了各国大家庭中的平等成员。在同治的一生中，慈禧太后被认为是中国的实际统治者。年轻的同治从来没有承诺要成为一个强大的或名副其实的统治者。1875 年 1 月 12 日，同治死于天花。他没有留下遗诏由谁来继承皇位，按现行体制，他是有权这样做的。那么选择皇位继承者的事就由皇族来进行了，他们的选择必须确保"龙椅"要由大行皇帝的下一辈人入座。因为新的皇帝必须祭拜先帝，因此他必须是皇族下一辈或更下一辈的子孙。提出了很多候选人，但是都遭到绝对反对，因为这些候选人的辈分都比同治高。机敏能干、才华杰出的恭亲王机智地处理中国外交事务很多年，他有儿子，本可以选择他的儿子继承皇位，但是这样一来，恭亲王必须退出国家事务，从公众面前消失，原因是一个父亲无论如何不能向儿子下跪。下一个符合条件的候选人就是载湉，他是醇亲王和慈禧太后的妹妹的儿子，出生于 1871 年 8 月 15 日，那时也就 3 岁多。慈禧太后去了道光皇帝第七个儿子醇亲王的府邸，把载湉抱在怀里，带他来到一大群皇族跟前，宣布："这就是你们的皇帝。"于是载湉就被选为帝位继承人，年号光绪，他是大清皇朝的第九位皇帝。载湉继位后，他的父亲就退出公共事务了，我们在北京很少见到他了。

两宫皇太后和恭亲王共同摄政，他们重又掌控朝政，这种掌控在同治朝始终存在。1881 年，慈安太后归天，留下慈禧太后和恭亲王摄政。慈禧太后立即以皇上的名义下达一道谕旨，革除恭亲王的所有官职和荣誉，隔了一两天，又恢复了他的荣誉地位，不过议政王大臣一职不予恢复。从此以后，实际上直到现在，慈禧太后就成为了这个辽阔的国度里独一无二的统治者。我 1885 年到达中国的时候，她以绝对的权力摄政，直到 1889 年 3 月 4 日光绪亲政为止 [1]。那天，光绪结婚，他有了一个皇后和两个妃子。为光绪选择这几个女人显示了慈禧太后的机敏。皇后是镶黄旗副都统桂祥的女儿，也就是太后的侄女。

慈禧太后的宝座 [2]

1　据有关资料，光绪十三年正月十五日（1887 年 2 月 7 日），清廷举行了光绪帝亲政大典。不过又颁懿旨："以朕典学有成，宜亲大政，复允再训政数年。"光绪十五年正月二十七日（1889 年 2 月 26 日），光绪帝大婚礼成。二月初三日（3 月 4 日），慈禧太后归政，光绪帝亲政礼成。（见《清史编年·第十一卷光绪朝上》第 452、513、515 页。）——译者

2　此图应为乾清宫中的宝座，不是慈禧太后的宝座。慈禧太后垂帘听政前期涵盖同治、光绪两朝皇帝年幼之时（咸丰十一年至光绪十五年，即 1861 年至 1889 年），听政是在养心殿东暖阁。1897 年戊戌政变后，慈禧太后再次临朝训政（1898—1908），是在颐和园仁寿殿。——译者

两个妃子是姐妹俩，她们的父亲是长叙。长叙已故，生前曾被太后指派为户部右侍郎。这样，太后就完全可以控制皇室，不会有来自小集团反对的危险。光绪被依照中国的做法小心地加以培养教育，但是他的体质较弱，能力方面也没有得到任何发展。他的主要导师是翁同龢，翁后来对朝政有相当的影响。在载湉继承皇位之时，大家都相信，后来的事实也证明确实是这样，即慈禧太后将仍然是中国独一无二的统治者。光绪既是她的外甥，又是她的侄子，始终对她忠实有加。慈禧太后那时和现在一直是中国伟大的中心人物。她受到外国人的普遍敬重，也为本国人所敬畏，并被认为是历史上最伟大的人物之一，可与塞米勒米斯（Semiramis）[1] 和凯瑟琳（Catherine）[2] 比肩。但是必须指出，对她来说，纯洁、高贵、无敌的人物——维多利亚女王永远望尘莫及。在慈禧太后统治中国的前 25 年里，中国有了巨大的进步。

批准了 1858 年的条约之后，1861 年起中国政治家所面对的、要去搏击的是史无前例的新问题，对于这些新问题的和平解决，慈禧太后做出了巨大贡献。

1861—1889 年间发生了一些重大事件。主要事件之一是征服了甘肃西部、准噶尔、固尔扎（今伊宁市）和喀什噶尔。1862 年，在这些地区发生了回民暴动，俄国害怕其边境也会发生骚动，因此在 1871 年越过边境占领了固尔扎。1867 年，一个来自浩罕汗国的幸运士兵，名叫阿古柏（Yakob Bey），在喀什噶尔自立为王。1876 年，中国经过一场血战，战胜阿古柏，重新控制喀什噶尔。俄国最终撤离了伊犁，并于 1881 年通过《圣彼得堡条约》[3] 将其所占的伊犁归还中国，而中国付给其 150 万英镑。

1 古代传说中的亚述女王。——译者
2 希腊神话中的塞浦路斯女王。——译者
3 即中俄《伊犁条约》。——译者

1884 年，中法两国最初的摩擦发生在中国西南边境与法国占领的东京（今越南北部地区）和安南（今越南）。双方断断续续地交火，这期间，法国击沉了位于福州的福建水师并炸毁了马尾造船厂。1885 年，清军在谅山击溃法军，并在台湾淡水击退法国舰队。于是双方停战，中国拒绝任何赔款，但是承认法国保护安南，并占有东京。

这期间最为人关注的并影响到英国的事件是英国官员马嘉理（Margary）被杀害一事。1875 年，马嘉理奉派去云南迎接由印度政府派往缅甸的一支探险队，在云南边境被边民所杀。1876 年，中国政府同意支付马嘉理家族一笔赔款，并迫使他们的地方官员保护持有护照的外国人。中国还同意推进办理英国使团进入拉萨之事。英国方面同意有关鸦片的协定，该协定中最终决定将鸦片厘金与鸦片进口税合并，税厘并征每箱 80 海关两。

1885 年英国占领上缅甸。但在 1886 年，英国同意缅甸当局每届 10 年以当地土特产为礼品向中国进贡——后来其实从未进贡过。同时，英国也迫使中国实施《烟台条约》中有关英国派遣使团前往拉萨的条款。1887 年，英俄达成协议，俄国不占有任何朝鲜港口，以此为前提，英国放弃了朝鲜的一个岛屿——汉密尔顿港[1]。

在这一时期，中美关系平静而令人满意。

1886 年，为 1858 年的中美条约增添了附加条款，1880 年，中美签订了有关移民和商业的条约，这是排华政策的开始，这一政策成为美国的固定政策。中国方面没有忠实履行中美条约中的有关条款，保护在华美国人的生命和财产，不过中国倒总是给受到暴民攻击的美国人以赔偿。清朝政府严厉谴责这种暴力行为，同时声称，本政府知道这种暴力行为是错误的，但是这种暴力行为在民间突然爆发，无法预知，也无

法预防。中国只好事后用钱弥补，以

<hr>

1 即朝鲜巨文港。——译者

及有时也经常惩处首恶或玩忽职守的官员。我在中国的时候，没有一个美国人受到过人身伤害。有一个年轻的美国妇女抱怨说，在 1895 年的福建古田暴力运动中，一支长矛擦伤了她的耳朵，因此中国政府立即付给她 2000 个墨西哥银元。

在此或许应强调一点，慈禧太后是满人中领悟到中国与外部世界关系问题的第一人，并利用这种关系巩固其王朝和促进物质的进步。

中国海关从成立之初起，就为外国所要求的赔偿提供了保障，目前在赫德的控制之下，已经成为清政府国库岁入的重要机构。海关以全面负责的态度办理中国沿海的照明工程，从而促进了海运，带来了税收的大幅增长。在慈禧太后的掌控之下，一支很好的水师建立起来了，步兵也有所改进。电报线在陆地上架设起来。兵工厂、水师船坞在福州、上海、广州、大沽和旅顺港建立起来了。西法采矿被介绍到中国，两条铁路线建设好了，轮船定期来往于所有主要的江河上。数学研究已恢复，物理学已引入科举考试。宗教信仰已获得绝对容忍，传教士可以在中国任何地方落脚居住。几乎很快就要成立一个专职的外交部了，有一道折子上奏皇上，建议设立一所学校培养官方译员，结果在 1862 年成立了同文馆。这个学校直到现在一直由丁韪良以及一群外籍教授和中国学者们掌管。1872 年，中国派出一大批男孩到美国去接受教育。1881 年，这批男孩被召回，因为据报告，他们变得过于亲美而不再怀念中国。很高兴看到有关记录说这些男孩中的一位现在正代表中国驻节华盛顿。我禁不住要说说这位阁下大人，他是一位英国从男爵，即镇东爵士，其本名为梁诚[1]。梁诚履行职责不折不扣，具备所有值得赞颂的品质。他毕业于美国安多佛（Andover），能说一口流利的英语。他有教养、诚实、

[1] 梁诚未曾获得过英国从男爵的爵位，也不称镇东爵士，但他号镇东，1903—1908 年期间，担任清政府驻美公使。——译者

151

有礼貌；有极为丰富的外交经验，是世界上最好的社交伙伴。这位绅士接替伍廷芳成为中国驻华盛顿公使。伍廷芳先生因经常发表演说而为美国人所熟知。伍廷芳是一位专业律师，曾在伦敦的坦普尔（Temple）专修法学。他是一位造诣很深的学者，学识渊博，是全方位的绅士。他回到国内，准备修订中国法典，使中国法典现代化。我敢预言他肯定将填补中国政治形态的巨大空白。他是汉人，忠实于他的国家，他在外交方面的丰富经验将使他可以改进中国的法学，他的努力将有利于他的祖国和其他国家。

中国派遣能说英语的人士驻节盎格鲁－撒克逊国家是明智之举，如她已向圣詹姆斯法院和华盛顿所派的那样，这次中国明智地选择一位懂得美国、热爱美国的绅士为驻美公使。他的驻伦敦的同事又是一个人尽其才、知人善任的样板。罗丰禄[1]也是一位卓越的学者，一位十足的绅士，一位经验丰富的外交家。他曾在李鸿章手下任秘书和译员很多年。

在慈禧太后统治的这段时间里，我们本国的同胞在中国各地建立了许多学校、学院，他们是这个国家教育事业的先驱。

任何人都不可否认，以上所概述的发生在中国的改进和进步，主要归功于慈禧太后摄政的意志和权力。到她一生中的这一阶段，她对本国百姓可以说是和善仁慈的，对于外国人是公正的。

在义和团运动期间，慈禧太后为何昏招连连，她何以抛弃了她信任外国人的诺言，并以其所作所为玷污了其光彩夺目的名声，这些将在下卷中详细叙说。

1　罗丰禄，1877 年清政府派出的第一批留欧学生之一，入英国皇家理工学院学习。1880 年回国。1896—1901 年担任清政府驻英兼意、比三国公使。——译者

# 第二卷

光绪皇帝

# 第一章　政府行政

　　我想我不必详细叙述大清政府的行政管理，任何人若要了解这方面的情况可以阅读卫三畏的《中国总论》，该书全面介绍了中国的政府行政。我坦率地承认，省一级政府体系的设计可圈可点，正是用来统治对外界一无所知的百姓的，省政府的统治是家族式的统治，省政府的首脑是上天的代言人。经过对政府模式的总体观察，我需要努力推进的是什么呢？就是中国急需一个强有力的政府。外国人，如果他们够聪明的话，为了他们自身的利益，应该直接与他们自 1897 年以来所推行的路线背道而驰。不要再掠夺中国领土，不要再操纵光绪皇帝，中国应该建立起一个强有力的中央政府。也许可以推测，这正是强大的欧洲各国所不愿做的，因为他们正满心盼望看到中国被他们瓜分的那一天的到来。每一次的骚乱或（外国人）被谋杀，都朝着推进建立强有力的中央政府这一建议的最终实现。政府越软弱，骚乱就越多。不过，我现在正在写的这些首先是为了美国的利益，其次才是为了中国的利益，之后我会再谈到这一议题。

整个世界都知道，中国今天的状况不是今天才这样，几千年前她就是这个样子，这是现存的神权政治国家的唯一完美样板。皇上是他的臣民的高级牧师。他祭拜上天，他宣布上天的意愿。他的国是"天朝上国"，他是一个专制君主，不过是一个父权式的或父母式的专制君主。臣民是他的孩子，家庭关系是他的权力基础。正如孩子要绝对服从他们的父亲那样，臣民也同样要绝对服从皇上。从理论上来说，皇上的统治也许是暴虐的，而实际上他极少亲自理政。他被各种形式的礼仪缠身。他的每一行动都被记录在案。他是先例的奴隶。一次，一个史官准备记录皇上临时起意要做的事，皇上令他不得记录，史官便说那么他必须记下皇上禁止他做记录，于是皇上只得放弃他临时起意要做的事。中国首个行政层级是县，县由地方行政长官——县令来治理；再往上为省，共 18 个省；还有满洲、蒙古和其他一些边疆地区。我们听说现在汉人不关心满洲，因为那里是皇上的封地。至于这些省份与帝国政府有关的主要职责，就是按比例向朝廷解款，负担政府的开支。这些省由巡抚治理，但是在有些情况下，重要的省份或是单独由制台治理，或是由制台与其他官员共同治理，外国人把中国人叫的制台叫作总督。所以说李鸿章担任了 20 多年的直隶总督，张之洞是湖广总督。

这些总督和巡抚可以说拥有一切权力，至于总督，甚至具有生杀予夺之权。总督手下有亲兵，士兵都来自他的同乡，有些总督还有铸币厂。皇上只任命所有重要的官员，这就使得总督和巡抚可以绝对控制所在的省。省里也没有任何的法律团队，总督们的布告就构成了地方上的法律。因此，省里发生的骚乱常常是直接反对省当局的，而完全不是反对皇上。中国的情况，在实际的政府治理方面，也许与我们美国在采用《1787 年宪法》以前的情况类同。我们的具有远见的先人为我们所做的，现在我们也必须为中国人去做。我们的先人以一个强大的统一的联邦政府取代了一个软弱的、分散的、不作为的联盟。中国现在正需要一个团结一致的政府，一支帝国的陆海军，一座政府的铸币厂，一个帝

已故两江总督刘坤一

国的金融银行系统并将由其发行国家货币，整合帝国范围内的总督和巡抚的权力，在中央专设一个部门控制矿山和铁路。现在中国的政府是一盘散沙，对总督没有监督监察，有的也许只是御史的上奏弹劾。

皇上只是披着独裁专权的外衣，他实际上极少行使权力。他只是统治，而并非治理。在中日战争时期和 1900 年义和团运动时期，巡抚和总督唯恐避之不及。华中和华南地区甚至不知道有任何骚乱事件的存在。1900 年，中国曾向世界宣战，但是华中、华南的总督和巡抚们明智地抵制谕旨，什么都不做，只是镇压地方动乱。当太后废黜皇上之时，全国几乎没有丝毫反应。显然，这样的状况必须改变，必须设计一些整治方案，使得中央具有至高无上的权力，这绝不只是概念上的，而是必须在实际行政上体现出来。

当一个强有力的中央政府建立起来之后，就要进行改革，不仅要进行财政体制的改革，还要改革官员的不道德、不光彩行为。中国给予其雇员的工资少得可怜，以至于从最高级到最低级的官员，每一级官员都设法从百姓身上"榨取"自己的津贴，而不用直接掠夺。整个民族已道德沦丧到可以容忍这样的"榨取"，个人的正直和诚实，除了中国商人和金融家之外，已不复存在。盗用、侵吞已成社会风气，谁也无法避免。外国人曾经试图整治这种令人烦恼的恶习，但是发现根本不可能，也只得入乡随俗，正如我们在美国必须服从普遍地付小费的惯例一样。

尽管中国是如同俄国那样的独裁专制国家，但其政治体制中也包含有许多民主的原则。中国的皇帝是专制君主，但他是一个家长式的专制君主。每一个村庄由头面人物治理，这种治理是父母式的，是非常仁慈、和善的，没有代价高且手续麻烦的法庭程式，也没有律师和陪审员，公正、公道是审判遵循的原则。这里可以举一个例子。有一件案子，原告获胜并获得了赔偿，但是发现原告的行为有可谴责之处，因此令原告从已获得的赔偿金中拿出一部分捐给慈善机构。反对地方官和他们的决定而举行暴动在中国相当普遍。民众有时把官员从官座上拉下来，有时侮辱官员至极，把官员脚上的官靴拽下来。另一方面，地方官如得民心，那么他就会收到很多民众送的靴子。如果一个地方官员向皇上抱怨民众的行为，他就会被告知，他如不能与民众相处好，那么他最好辞官。结果这个官员就辞官了。甚至神仙也会招致民众的不满。发生旱灾时，人们把神仙像放到太阳底下暴晒，让他们感受天有多热；而当雨下个不停时，人们用抽打来惩罚神仙像，以使他们保证不发生洪水。

据说中国的藏书比任何国家都多。我不好评说此话的对错，但是可以肯定中国确实有大量的藏书。在北京的汉人聚居区，有好几个街区都有书店。翰林院里的藏书有成千上万卷，其中的一部书就有 23,633 卷。义和团相信焚烧这些无价的藏书会产生大量的烟雾，可以把外国人从英使馆中赶出来。于是义和团就点火烧了翰林院,结果风向改变了,被围困的外国人没有受到任何伤害。

# 第二章　中国商业

　　在目前 20 世纪刚开始这个时候的中国贸易，从性质上来讲，与19世纪初牢牢吸引我们先人注意力的中国贸易是不一样的。那时，不仅中国还没有开放，而且西方商业领域里也还没有后来那么多的意想不到的发展。现在，不仅东方改变了它的贸易方式，而且西方也在改变。贸易货物的品种极大增加，交通运输条件更便利，金融手段有了极大改进。旧贸易渠道已经放弃，旧贸易方式已经弃之不用，中国与西方在商业贸易的操作方面已经大大地趋于一致,这种一致性取代了曾经区别与世界其他地区不同的"中国贸易"的标志——五花八门的习俗与方式。总而言之，贸易中介变化了，外国商人可以居住在中国的商业中心地区，就像在世界其他国家里一样。

　　在中国还没有与西方国家建立起条约关系之前，有两条贸易路线可以进入中国市场，一条是走陆路经过中亚，另一条是走海路绕过好望角或通过波斯湾。好望角这条海路现已几乎完全放弃了。苏伊士运河的开通，使得欧洲和美国东部各州的轮船能够更快和更省钱地抵达东方；陆路贸易在徒步的商队时代，除了对俄茶叶贸易之外，从来不是那么重要。今天对华的大量贸易来自海路，欧洲经苏伊士运河，以及美国西部直接由海路抵达中国。他们的唯一竞争对手来自穿越西伯利亚和满洲的铁路，在铁路运输量得到又便宜又快捷地极大增长之前，海路仍将是世界上的西方国家到达东方口岸的途径。不久之后，我们将会有巴拿马运河，这条运河注定会给世界贸易带来革命性变革，将海上霸权自欧洲转移至美国，没有人可以预见这一改变的最终结果。

尽管商路已经改变，但是中国贸易的商品在当前这个世纪里仍无多大变化，特别是对外贸易方面。是茶叶和蚕丝吸引中世纪的商人来到天国，这些物产仍然是今天中国出口的主要商品。外国与中国的关系最初从广州开始，并扩展到沿海地区，因此我们在学生时代关于中国的概念只局限于南方，我们把中国与各种扇子、精致的盒子、纸伞、人参和茶叶联系在一起。当1858—

驼队进入北京

1860年的英法联军长驱直入中国北方，占领天津之后，增加了一批新的口岸；羊毛和皮革、大豆和豆饼，以及草编制品，从天津、烟台和牛庄出口运往西方市场。

输入中国的商品，种类和数量不断地增长。中国有着巨大的市场容纳美国和英国的棉花。其国内老式的手工织布机不可能与我们的工厂竞争，来自海外的越来越多的光滑平整、质量上乘的洋布已经取代虽粗糙但也还结实耐用的家织布了。如今，中国进口贸易中最大的一项是来自曼彻斯特和新英格兰的产品，以及美国南方各州蒸蒸日上的工厂的产品。

外国人早就关注在中国开设棉织厂的可能性。他们本能地认为，如果洋布能够进口并卖得好，竞争得过手工布匹，那么在全中国推广棉花种植，利用其廉价的劳动力，就可以有巨大的利润等待来竞争设厂的投资人了。然而，这些努力却如竹篮打水——一场空。中国人想方设法地操纵棉花价格和劳动力的价格与效率，以至于上海、汉口和其他地方的很好的纺织厂，不仅挣不到钱还赔钱，都不得不停产。然而，可以相信，这种状况不会持续太久，棉纺织业经过最终的改革和组建，将会证明这一行业是利润最为丰厚的行业。

钢铁方面，以钢铁为原料制作的各种器具，是中国进口贸易中数量巨大并还在不断增长的项目。中国制铁业已有几个世纪的历史了，但是从来没有在数量和质量方面满足过国内的需要。山西的铁匠在中国历史上早就很有名了，直到今天，这个省手工制作的铁锅还几乎独霸市场。我们发现在山西，煤矿和铁矿往往离得很近，而那里铁匠的手艺却达不到前人的水平。但是外国人到来之后，中国工匠很快就发现了外国货的优点，铁的进口呈现很大比例的上升。特别是回火好的马蹄铁很早就被中国铁匠注意到了，废旧的马蹄铁成吨地进口中国。行走在内地，可以看到巡回揽活的铁匠携带着工具、风箱、铁砧，他们在顾客家门前用废弃的马蹄铁打制刀具和其他器具，这些马蹄铁曾经是西方城市里用来保护马蹄的。有些马蹄铁的规格特别大，完全不适合任何中国马的马蹄，乡村人看到了很惊讶，以为这些大个儿马蹄铁是"番鬼"的什么新发明，用于一些恶魔制造的马，看来已经有了这种马。对于中国来说，一个好兆头是进口货物中数量巨大的一项是铁路材料：铁轨、桥梁用品、火车头。这些货物几乎全部都来自美国和英国，虽然现在法国和比利时的供应商在他们国家的投资保护政策下，也在中国找到了一个市场。至于英国与美国的竞争并不明显，只是看哪一方能更为便宜。通常情况下，各种装备和材料在美国滞销时，美国生产商就会报最低价；相反，如果美国的工厂很忙，英国的报价就会低于我们。这是美国制造品在对外贸易中最令人不满意的特征之一；我们不维护海外市场的价格，总是偏向国内市场。

山海关防御工事中的大炮

军火贸易在中国的进口贸易中也是一个大项。中国从欧洲和美国购买了价值几百万美元的来复枪、大炮、刺刀、手枪和弹药，这些军火都是用来镇压国内地方上的暴动以维持秩序的，或用来对抗与外国人的多次战争，但是毫无作用。中国现在的军火工厂只是各个时期各式各样武器的博物馆，很显然，这些武器在中国军队手中都是起不了作用的。1900年当联军占领天津后，美国军队在那里的军火工厂中发现了多种款式和型号的步枪，包括温彻斯特杠杆步枪、毛瑟枪、李 - 恩菲尔德步枪、曼利彻尔步枪和其他来复枪，还有不计其数的子弹。巨大的军火库里堆满了刺刀、手枪、炮弹和其他军用器具和物资。中国人在义和团疯狂作乱时期，发射了几百万发子弹，发放给暴民的来复枪数量巨大，数不胜数。他们以为只要有枪，就可以无限地增强暴民的力量，而他们手中有用不完的枪支弹药可以供给。

在北京，当外国谈判代表提出在议和条款中加入一段有关暂停中国军火进口的内容时，在场（有法定资格的）的观察者认为，这一添加实为多此一举，因为中国境内有足够的战争物资，可以提供给任何一支上战场的部队。1900年中国军队的溃败，不是缺少大炮，而是大炮后面的人缺少了一些什么。

假如今天中国能够听从其最无私的朋友的劝告，她应放弃武装和维持一支强大的军事力量的欲望，甚至更进一步说，她应放弃拥有一支强大的海军的抱负。中国海军几乎是完全靠从国外购买舰船和相应装备而建立起来的。好几百万美元花在购买克虏伯和阿姆斯特朗的军舰、大炮和其他装备上。然而，当需要这些舰队保卫国家时，它们完全不可依赖，在两次著名的海战中，清政府的两支水师被迫向法军、日军投降。中国在其境内部署了大量军队，如果其政府得到民众的拥护，将是很难被征服的一个国家。

英国海军上将西摩（Admiral Seymour）率队向北京进发时，发现他在遭遇战中，面对野蛮和毫无组织的抵抗，真是寸步难行。如果一支敌对武装进入中国内地，遭到了有组织的对抗，就会遇到极大的障碍，无望最终获胜。然而，中国防御的薄弱点，就是中国人的不忠诚，使其倒戈不难，可以雇用他们为远征军服务，反对他们自己的政府。实际上，中国不能被认为是与西方的民族国家同一意义上的民族国家。大清帝国内部不同地区的民众相互之间极不相容，甚至发现义和团运动时期，在京津地区的广东人遭到本地人的敌视，好像广东人就是外国人，甚至比外国人更令其感到害怕。

棉织品、铁、钢及其制品——军用品或其他用品，并不是中国进口单子上的全部。宾夕法尼亚和俄亥俄的煤油点亮了几百万个中国家庭。毫不夸张地说，我们采伐光了太平洋沿岸山上的树木，为东亚国家提供建筑木材。我们的罐头食品——华盛顿州和阿拉斯加的鲑鱼、加利福尼亚的水果、芝加哥和堪萨斯市的肉类，都为美国贸易总量的增加做出了贡献。

各国都有特色商品出口到中国，日本和澳大利亚在火柴供应方面名列前茅；比利时是玻璃制品；法国是酒类和古玩、小摆设；德国的物品种类繁多，包括数量很大的化学染料、电器材料、钟表、肥皂和香水。

最近一个在广泛讨论的议题是，中国人对于商业入侵他们国家的态度问题。消息不灵通的人士宣称：对于1900年的敌意，外国政府的行为或传教士的活动要负责任，而商业在某种程度上也要负同样责任。看来这是一个错误的观点。民众总体来说是为贸易做出了贡献的。外国商人，作为一个商人，在中国各地是受欢迎的，中国各地的商店里都出售洋货。中国人在赞赏商业利益方面绝不迟疑，他们也赞赏交通方式的改进，因为这使得到达遥远的地方不再是难事。完全可以说，只有当外国人伤及中国人的宗教信仰情感时，或追求什么政治目的时，才会遭到怀疑和敌视。

铁路在联系帝国的各个地区方面起了很大作用，还将为统一和巩固大清帝国起更大的作用。现在，关于交通运输的方法，全中国大致可从南方和北方来说。南方几乎所有的交通运输都依靠河道和苦力，旅行几百英里可能都见不到一头驮畜。这一方面是因为缺少道路，另一方面是因为河道纵横，又缺少有效的渡河办法，而更由于事实上那里很多地区的路是山路，骡子甚至都无法行走。北方的情况就完全不同了，那里有广阔的平原延伸几百英里，有通向各个方向的宽阔土路。在整个冬季，路上用骡子、牛或驴拉的车辆络绎不绝。正如中国南北交通方法完全不同一样，南北的作物也完全不同。在南方，由于雨水充裕，主要作物是水稻；在北方的冲积平原上，主要种植玉米、高粱、甘薯和各种粟类。夏季的北方，大地一片绿油油，生机盎然；到冬季就一片光秃秃了，百姓甚至会把作物的根部都挖出来当柴烧。

山海关附近的长城

最近在北方，令人吃惊的事情就是改种罂粟。在满洲，甚至在长城以内的天津与山海关之间，都种植了大片的罂粟。罂粟是容易种植且获利丰厚的作物，那里的土地很适合罂粟生长，罂粟制成的鸦片运输方便，市场销售稳当。所以，原来种植小麦、玉米和粟子的几十万英亩土地都改种罂粟了。对此只能说，中国种植罂粟，最终可以切断印度的鸦片贸易，至少能让百姓把断送自己性命的钱花在国内。然而鸦片贸易总体来说是中国的祸根，鸦片烟无论是土的还是洋的，必须全部消灭干净，这就需要一个有道德、有定力的政府来做这件事，中国百姓才能得到保佑。很不幸，整个鸦片贸易与外国人密切相关。这种毒品有一个确切的名称，叫作"外国脏货"，在外国与中国人民的关系史上，鸦片贸易是最大的污点。

抽大烟

中国贸易令人感兴趣的特征之一，就是兑换问题，可以说在西方商业发展初期没有这样的问题。中国是银本位国家，用银来衡量价值，而国外做生意规定以金为基准，每笔交易的利润取决于金银这两种金属的比价。从这个意义上来说，做生意几乎就是赌博。例如，假如一个商人拿一笔银子在天津购买了1000包羊毛，这笔生意能赚钱还是会赔钱，就看他的这笔银子能兑换成多少金子。如果他在购入羊毛时，1两银子值60金分，而当他要卖出羊毛时，1两银子跌到了只值50金分，那么金银兑换比价的变动就使他毫无利润可获了。同样的，如果他用银子买进，而银价涨了，那么这笔生意他肯定赚大钱了。为防止金银比价波动带来的损失，商人通常的做法是事先与银行签约固定几个月的金银比价。例如，一个商人在1两银子值60金分时买进一批货物，希望在3个月之后从他的美国承销商那里收到回款，那么可以与银行签约，为这笔特定交易约定在3个月里维持1两银子值60金分不变。但是这样的做法也不是都能奏效的，因为如果同一时期里汇率波动太大，银价跌得厉害，对方就会利用更有利的汇率，以比竞争对手低的价格出售。正是这种情况的不确定性，整个东方的商业团体极其盼望通过一些国际合作来固定金银比价。印度在这方面做得是成功的，因此中国商人觉得在中国采取同样的做法应该也不难。他们已经向美国政府提出申请，希望在这方面得到援助。完全可以相信，如果美国方面采取的步骤能得到其他商业大国的支持，那么，中国的汇率不确定问题将会结束，将不再给中国的贸易和工业带来惨重损失。

今天，中国面临的巨大问题之一，就是这个国家将来在商业贸易上究竟会怎么样。当然这个问题自然在极大程度上有赖于帝国政治上的未来走向。如果说中国应该被瓜分，那么这对于贸易的影响自然取决于列强各国在所得到的中国领土上所实施的政策。按惯例，投资于在华大企业的资金来自民众的认购，他们希望这些企业的运作会给他们带来利润；同样按惯例，企业订单会回到提供资金的国家。如果比利时的辛迪加在华修建铁路，出钱的比利时资本家，几乎肯定会坚持修建铁路的材料必须从他们的比利时朋友那里购买。很自然，假如像德国这样一个国家，它花了钱让它的士兵和水兵在山东占了一个立脚点，它肯定希望山东企业发展所带来的利润进入德国制造商的手中。实际情况就是这样，一个美国的火车头制造商，他的火车头被山东的德国铁路方面拒绝了，尽管他的火车头比德国人的便宜，德国资本投资山东省，这种投资的条件之一就是铁路材料应从德国购买。在这种情况下奢谈门户开放岂非滑稽！

美国的资本家不要指望仅仅依靠低价策略来与其他国家竞争。美国有必要为了自己的利益，投资于其资本家希望开拓贸易的国家，而最首要的是，要让美国的代表常驻那些国家。拓展外贸，不仅要靠在美国本土生产商品，并通过国际贸易出口到海外，而且要靠美国公民花时间和金钱在外国的土地上积极勤奋地发展企业。从这个意义上来说，贸易追随国旗。

# 第三章　中国对外贸易的进步

　　经过长期和艰苦的斗争，外国人终于在中国获得了一个立足点。1842 年中外签订了第一个条约。之前，外国人被限制在广州附近的一个狭长地带，贸易业务完全由 9 家叫作公行的中国公司代办。曾经垄断英国对华贸易 200 年的东印度公司在广州设有东方总部。东印度公司付给其商务监督年薪 10 万银元，并允许每年有 50 万元用于开销。葡萄牙人于 1525 年来到中国，最终占有了澳门，至今他们仍占着。澳门现在已走向衰落。在苦力被出口到南美的时代，澳门就是苦力贸易的出口港，那时澳门很兴旺，但是现在港口几乎已淤塞，唯一还使其臭名远扬的事情，就是它是凡丹游戏（the game of fantan）的总部所在地。凡丹游戏商以前每年付 40 万墨西哥银元来获得经营此游戏的特权，而现在只要付 4 万元了，同时澳门当局的税收也大大减少了。

　　荷兰人于 1632 年到达中国，有一段时期他们在台湾很成气候。但是后来荷兰人或被赶了出去，或被谋杀了。1635 年 7 月，第一艘英国船在澳门下锚，英国人为开拓和建立对华贸易开始了长期的斗争。通过鸦片战争、第二次鸦片战争，和此后的不断斗争，今天，外国人在中国获得了 30 个租界或租借地，他们可以生活在那里，可以拥有自己的土地、开展自己的业务。按货物价值交纳 15%—20% 的进口税[1] 之后，外商就可以把外国货进口到中国，发送到中国内地任何地方。最近的一项条约中规定裁撤厘金。此外，外商还必须为货物从一个口岸运往另一个口岸交纳沿岸贸易税，税率为 7.5%。外商出口货物须交纳 5% 的出口税，把货物从内地运至口岸则不必纳税。英国人在与中国人签订的条约中约定，携带自用的酒水、雪茄、书籍、衣服和其他自用物品，一律免税，但在 1900 年的《辛丑条约》中规定这些物品都要纳税了。外国人还获得了治外法权，任何一个中国法庭不得审判或起诉外国人。外国人自己的领事对于这个外国人具有排他性的司法权。这样一来，外国人在中国的生活条件比起在其他国家里的外国人都格外优越。

很自然地会推测，在这种情况下中国外贸会得到极大发展，然而这样的推测却并不正确。中国每年的外贸总值从未超过 3.34 亿海关两，美国部分从未超过 0.34 亿海关两。有些作者或演讲者在谈到中国外贸的将来时，认为可以达到 10 个亿，但是我不倾向于认为他们的美梦会成真。几个世纪以来，中国的内贸足以为百姓提供生活所需。巨大的人口，相互之间的交易，使中国得以屹立不倒，而其他东方古老国家则衰败了、瓦解了。中国百姓的生活大体上过得富足、幸福。中国的土地出产一切所需，南北方之间、东西方之间的物产交易，取代了对外贸易。然而无疑，如果中国进入和平盛世，那么外贸将肯定会

1 第二次鸦片战争期间的 1858 年 6 月，清政府分别与英、法签订《天津条约》，其中包括"海关对进出口货物照时价值百抽五征税；洋货运销内地，只纳按价值 2.5% 的子口税外，免征一切内地税"（李侃等编著《中国近代史》，中华书局第 4 版，1994 年 4 月，第 72 页）。有关税率的规定至清亡基本没变。——译者

得到极大发展。铁路提供了方便快捷的交通，民众天天受到外国报纸、外交使领团队、海关和传教士的教育，新的需求就会产生。当中国完全相信了外国的情况之后，她将会以令世界惊讶的势头行动起来，她将会努力赶上或超过日本。日本在不到 50 年的时间里，摆脱了原有的习俗，全力跃上了现代国家的舞台。

美国与中国的贸易正在增加，这从各个方面都可以看到。俄勒冈出口木材和铁路枕木，丹佛出口矿产物资，南卡罗莱纳和阿拉巴马出口棉花。这些州的工厂全天候生产以完成他们与中国的订单。布匹和煤油是出口中国的主要商品。铁、面粉、药品也是出口商品。鲍德温斯（Baldwins）公司已经卖给中国铁路 40 台机车，几年前，该公司卖给日本 150 台。银价的下跌极大地促进了中国的出口贸易。当 1891 年《谢尔曼法案》（*Sherman Bill*）[1] 通过后，银价上涨几乎与金价持平[2]，贸易方面就出现了暂时的纷争。某商人以银基准价购买了一批货物，然后当他想在伦敦贴现提单时，他只能得到他期望得到的银元总数的一半或 1/3，他只得等一等再贴现他的提单，但是银价很快开始再下跌，最终跌到 1 银元只值美元的 47 分。最近，银价已下跌到 33 分了。每一个人都明白中国的出口贸易将会极大地增长，事实也确是如此。当商人用 47 美分买进的货物可以 1 美元卖出，商人当然会尽其所有买进。商人们出口了大量的茶叶、生丝、绸缎、草编制品、羊毛、兽皮。问题是当商人用 1 美元买进的货物只能以 47 美分卖出，那么进口贸易会怎样？奇怪得很，进口贸易虽然不是以与出口贸易同样的比

1　没有查到 1891 年的《谢尔曼法案》。联系下文，此处似指 1890 年的《谢尔曼白银购买法案》（*Sherman Silver Purchase Act*）。——译者
2　《谢尔曼白银购买法案》实施后未使银价上涨到几乎与金价持平。在法案影响下，虽短时间内刺激银价上升，但由于白银产量持续增加，而国际市场上白银需求未同步大幅增长，最终银价还是下跌。——译者

率增长，但还是有增长的。美国制造商是受国家保护的，所以他们能够承受货物以更低的价格向国外销售，尽管在华商人会被迫多少提点儿价，但不会提太多。

在考虑 1900 年的骚乱对商业的影响时，必须记住那年的骚乱只是局限在北方 3 省：直隶、山东和山西，以及满洲的一部分地区，而其他 16 个省份并没有触及。华中和华南的省份是中国的商业发达地区，外国人在这些地区已有足够势力，所有这里的外国人没有受到骚扰。义和团成员只占中国人的很少一部分。商店、银行、工厂、轮船，一直在全力运作。那 3 个省份和满洲的外贸也早已恢复正常。中国外贸总值，1899 年约为 3.33 亿海关两，比 1898 年增长了 0.44 亿海关两，1900 年比 1898 年增长了一倍。各国在中国外贸中所占比率如下：英国 63%，日本 11%，美国 10%，俄国 5%，其余部分由法国、德国和其他国家瓜分。关于吨税，名义上 61% 来自英国船舶，这一说法虽然来自海关编辑的贸易报告，但这是误导人的。香港是对外贸易的中心港口，它是一个自由港，不保留统计数字。货物从广州运到香港再装船出海，就归在香港出口中。美国出口中国的货物往往先运到香港，再转运至中国，这些货物就归入自香港进口中。在官方统计中，这样做是理所当然的，但实际上，是美国的而不是香港的货物出口到中国。价值几百万美元的货物从香港运到伦敦，而最终目的地是美国，但是官方统计显示，这批货物在伦敦装船出口。我从不怀疑美中贸易仅次于英中贸易，超过整个欧洲大陆（不包括俄国）与中国的贸易。

中国海关每年发表《贸易统计与贸易报告》，关于这方面更详尽的报告由海关造册处税务司负责编写。从 1902 年的报告中我摘选了以下实际情况和数字[1]："今年发生

1 最新的数字与书中引用的数字没有太大的变化。——（原书）编者

175

了与商业相关的 3 件值得注意的事情，一是与英国协商签订了一项新的条约，二是进口税则的修订，三是银价下跌十分厉害。银价的暴跌，以及将来波动情况的不确定性，对于新的货物必然要求更高的货币价格，这自然要影响到进口贸易；而政府为了筹款偿付外债不得不扩大进口总量，这已导致了更重的内地税，这样做是为抵制暂时的有利于出口的势头。"

报告作者继而批评了关于中国商业偿付能力的悲观看法，认为偿付外债不是问题，并预言如果收取货物过境税，免除地方企业税，贸易规模将会扩大。

统计人不赞成对本地产品征收消费税，不赞成对机器制造品征税而妨碍引进外资的做法。

中国不可能吸收更多的进口商品，除非她能拿出些什么物品来用于交换。更低的转运税和为国内贸易减负将可改善目前情况。1902 年各大国或地区与中国本土的贸易如下（以海关两为单位，1 海关两相当于金美元的 63 美分）：英国，67,968,985；香港[1]，216,181,544；美国，55,078,865；欧洲（不包括俄罗斯），58,213,315；俄罗斯［经敖德萨（Odessa）和巴统（Batoum）］，4,682,921；俄罗斯和西伯利亚（经恰克图），4,267,090；俄控满洲地区，3,196,129；日本和台湾[2]，64,070,577；英属北美地区，3,198,123；菲律宾诸岛，1,006,093。

条约口岸的外国人数量，据报告主要国家的人数如下：英国，5482；日本，5020；美国，2461；德国 1359；法国，1263；葡萄牙，1220。中国主要港口城市中的人口数字如下：广州，880,000；汉口，850,000；天津，750,000；杭州，700,000；福州，624,000；上海，620,000，南京，270,000。

1　当时香港被英国控制。1997 年 7 月 1 日，中国恢复对香港行使主权。——编者
2　1895 年的中日《马关条约》中，日本割走了中国领土台湾，故 1902 年中国海关贸易报告中，把台湾与日本关联起来。——译者

# 第四章　美国对华贸易

可以说世界上最具有冒险精神的人就是美国人，但在与其他国家进行贸易和商业方面，美国人却没有展现自己的这种性格。现在头等重要的事情是，我国的商人和制造商要进一步详细研究中国贸易，要派遣商务代表来中国亲自了解贸易情况与所需的贸易商品。摆在我面前的，常常是询问高档轻便马车在中国的情况，真是可笑至极！我还常常收到信件，询问北京的轻便马车经销商的姓名，并附有用于分发的广告，当然是英语广告。在中国北方没有一条像样的路，而南方只有小道。在北方，当地的运输工具是笨重的二轮或四轮运货马车或牛车。富人出门坐轿子，普通人坐运货车或坐轿，穷人就靠脚走路。在北京没有一辆轻便马车，除了运货车之外很少有其他种类的车辆。

中国人也不需要刀叉，他们用筷子。最关键的是他们要便宜货。但是当他们迷上某一种物品时，不管多贵都要弄到手，然后就开始仿制，还真的就仿制出来了。他们仿制很畅销的"印第安人头"（Indian Head）牌棉布，还仿制"鹰牌"（Eagle Brand）

炼乳，这让我麻烦不断。我从总理衙门得到允诺，假冒美国商标应受严惩。在我的指示下，很能干的美国天津领事里德先生（Mr. Reid）向道台告发一个将大量仿制品投放市场的企业，事实俱在，这个企业就完蛋了。

煤油价格便宜，销路已打开，实际上已取代了豆油，这种豆油每个村庄都能生产。煤油打开销路不容易，受到过各种困扰，各种胡说八道的指责，还被加上历法中记载的各种罪孽。曾经出现过反对使用煤油的公告，说什么使用煤油有危险，还祈求宗教神灵保佑豆油，但最终到处都使用煤油了。为什么我们的发明家不能制造一种便宜的灯，那种打不碎的灯呢？德国人就制造出了那种灯，卖得特别好，我们应该做得更好。

富裕的中国人购买大量的装饰品，还有小玩意儿、小摆设，但是我们的日常用品太贵，大众消费不起。如果有人问：为什么世界上最具冒险精神的民族，如美国人，在与其他民族的贸易中变得最为小心谨慎呢？答案可能就是我们的保护体制为我们的制造商在国内市场提供了高回报，他们不觉得有必要开拓海外市场。当国内市场达到饱和状态的时候，无疑这个时候一定会到来，我们的人民需要到海外去挣钱。那时我们就会看到为在中国得到市场而激烈竞争，就像我们在国内看到的一样。随着中国经济状况的改善，中国人的需求会增加，想象一下，如果每个中国人都穿一件衬衫，那么棉布贸易将有怎样的发展！而传教士正在告诉他们要穿衬衫。帽子贸易又会有怎样的爆发性增长呢？假如每个中国人都戴一顶帽子！日本人已经戴帽子了，中国人会不戴吗？在日本，你每每可以看到日本人穿着一身本民族的服装，可是却骄傲地戴着一顶外国帽子。有时候日本人不想穿他们本民族的鞋子了，就一身民族服装，只有鞋子不是。这种变化在中国也一定会到来，就像在日本那样。但是坐而论道是没用的，要抓紧工作，做比领事或传教士报告中所说的更多更扎实的工作，这些工作已经由我们的"奔忙"的代理人在这里和在国内做了，这些伟大的、能干的、不知疲倦的、值得尊敬的人们——商业旅行者，就是我们所熟悉的"旅行推销员"。

　　我们有理由盼望正在中国修建的铁路会给中国带来进步，正如铁路给美国带来进步那样，但是情况很不一样。我们修建的铁路穿越荒野，随着铁路的修建，人口就迁移过来了。而在中国，铁路经过的地方，原本就有人居住，庞大的客流立即就会依赖铁路，中国的旅客数量巨大，但是对比在中国和在日本的旅行人数，中国的人数就不算多了，只是集中在几个著名的中心。京津铁路建成之后就运送了大量的旅客。每天两头各发 4 趟客车，仍供不应求。其中一节车厢供外国人专用，票价很高；一节车厢供富有的中国人专用，票价稍低；一节敞篷车厢供普通中国人乘坐，票价很低，这节车厢总是塞得满满的。1898 年，这条铁路开通一年之后，几乎每个月都能有 50 万两银子进账。所有的铁路，无论是连接南北的还是连接东西的，一旦开通就将挤满旅客。在这种情况下，我无法满怀热情地期待货运贸易。当然，火车将装载比商队多得多的货物，但是中国的农产品很少被运送。在矿山正常生产之后，会开采出巨量的煤、铁和银，铁路收获季节就将开启。同时，有人会通过火车把大米、小米和其他粮食送到连年挨饿的人们那里。这些人还会做其他的好事，他们是伟大的文明人。他们将使当地人熟悉外国人，他们突显了与外国人交往的益处。铁路也会实现一项伟大的政治目标，中国的将来就系于这一政治目标。它们将把中华帝国遥远的地方都联系起来，将使中国更强大。它们将使中国不再经常发生暴动和骚乱，因为一旦发生，军队就

179

淞沪铁路上的火车

可以迅速而方便地前往镇压。

　　我与总理衙门的大臣们在铁路线问题上经常争辩，令人悲哀的是，他们回答我说，我说的理由都对，但是他们不得不固守中国旧的保守习俗，也害怕百姓。当事情的逻辑发展到使那个时代的到来不仅可能，而且必须时，新的一页就开启了。完全有把握地说，铁路的修建将带来贸易的革命性变化，也同样会实质性地影响政府。

　　根据 1858 年的条约，进口税以值百抽五征收，但是银价的下跌，使进口税也跌至只值百抽三了。1901 年的和约第六款规定，海运进口货的税率调整到切实值百抽五，包括此前免税的所有物品一律征税，除了大米、谷类和面粉，以及金银币。最近签订的条约[1]，税率提高到 15%—20% 之间。

　　1900 年初，美国对中国的贸易

[1] 应指 1903 年 8 月 10 日签订的中美《通商行船续订条约》。根据该约，洋货完纳进口税（值百抽五）和添加税（值百抽七点五）之后，免交其他一切捐税；出口土货纳税总额不得超过货值的百分之七点五。见梁为楫、郑则民主编《中国近代不平等条约选编与介绍》，中国广播电视出版社，1993 年 8 月第 1 版，第 516 页。——译者

达到历史最高值，但是这年的贸易报告说明了我们在中国北方的贸易是如何损失的。在牛庄的贸易被彻底毁灭了，在天津的贸易遭受了巨大的损失，特别是俄勒冈的木材。骚乱期间，没有任何货物可以上岸。1900 年中国的海关税总值下降了 250 万海关两。棉花贸易估计损失 300 万海关两。我们向世界提供粮食制品，前面已提出过建议，如果有什么人能发明一种比大米便宜且能被接受的食品，如果有可能是小米的话，那么将开创另一项巨大的贸易。

如果我们没有拿下菲律宾，我们会在菲律宾做些什么？当然现在说这些没用。不过我们吞并菲律宾的这些岛屿并非事先预谋的，这个事情大大地缓和了我们对待中国的态度。对于我们来说，中国必须作为一个单一的市场存在，必须作为我们的剩余工业产品的一个出口地，和我们的传教士的活动场所。

在伦理学中，白种人统治黑色、棕色和黄色人种，而在这一竞技场中，中国这个黄种人大国还没有完全对我们打开大门。一个新的太平洋沿岸壮丽的贸易区域已经开辟出来了。美国国内的情况迫使我们去扩张贸易。我们工厂的工人越来越要求减少工时，提高工资；而产品在国内又越来越供大于求。保证我们的产品获得更巨大的市场这个问题，究竟是保护贸易能够解决，还是开放贸易能够解决呢？这个问题是将来的一个巨大的政治问题。

# 第五章　四川省

四川省境内有火井（天然气井），该省地域广阔，地位重要，考虑到这些因素，有必要专门介绍一下。

四川省地处中国西部，紧邻西藏，几百年来以帝国的一个富饶而平静的省份而闻名。四川在历史上的地位很高，有一段时期曾是都城的所在地，后汉的几个皇帝就把都城设在成都府。不过，现在四川的繁荣景象只是始于17世纪初期。当年，中国发生农民暴动，最终推翻了明朝皇帝的统治，四川受到著名强盗张献忠队伍的破坏，人口锐减。之后在肥沃的山地上重新安置百姓，把土地分配给从湖北、湖南、广东、江西各地来的移民，为了使他们能定居下来，大大地降低了土地税。这种古时候的特别做法被谨慎地继承下来，所以直到今天，所谓的土地税实际只是名义上的。

清以来，四川省一直很平静。太平天国起义蹂躏了13个省，而四川没有受到什么破坏。持续的和平，肥沃的土壤，土地税很轻，使得这里的百姓与中国其他地区的百姓相比，可以说过上了一定程度的富裕和满足的生活。

四川省的面积有 16.7 万平方英里，几乎等同于法国的面积，人口大概在 3500 万—4500 万之间。一般描述四川是广阔无垠的西藏高原脚下的又一块高原，这里多崇山峻岭，河流纵横，水量丰沛，到处可见飞流直下。这里有 4 条最大的河，四川因此而得名。根据地理地貌，四川分为两部分：川西和川东。川西具有中亚高原的特征，地势高低不平，人口稀少，几乎不适合耕种。然而川东地区截然不同，李希霍芬男爵（Baron Von Richthofen）描述川东是一个红色的盆地，因为有大量的红色砂石，到处是勤劳、富庶、繁荣的景象。这些描述也成为对中国西部的描述。四川的气候具有热带气候的特点，土壤特别肥沃，出产各种谷类，还有蚕丝、大麻、糖、烟草、鸦片，以及各种各样的水果。棉花种植面积相当大，但产量还不够供应当地市场。

　　近年来鸦片生产在川东地区成为很重要的事情。大片的土地都种上了罂粟，在很多地方，罂粟与大豆、玉米构成了冬季的常规作物。种植罂粟获利丰厚，不仅它的茎秆可榨汁制成毒品鸦

厘金征收站

片，而且它的籽可榨油，茎秆和叶还可作为猪饲料，也可烧成灰后制成碱汁。30 斤罂粟籽能榨出 10 斤上等油，可点灯，也可食用。尽管种植罂粟无疑是为了制成鸦片，但据说罂粟的其他副产品将成为种植者的酬劳。罂粟种植不难，成熟及时的话，同一块地就可种其他作物，当年也可收获，而鸦片生产出来很快就能变成现银，所有这些都促使更多的农民种植罂粟。熬制鸦片方法简单，成型后体积小，价格高，方便携带着走四川的山路，并容易回避烦人的厘金征收站，这样可以逃税走私到邻省的市场，这些又使鸦片成为可以获得超高利润的产品。走私的形成也有其诱因，海关对进口鸦片每箱征收 110 两银子的税。四川出产的鸦片可以说绝大部分逃避了所有的税收。种植罂粟的土地面积每年都在扩大，四川产的和满洲产的鸦片，都属于土烟，不断地侵占印度产的鸦片（洋烟）的市场。广袤的肥沃土壤都用来种植玉米和罂粟了，前者转变成了酒，后者转变成了鸦片，传教士看到这一切感到极其不快。

虽然对于中国人来说，四川矿产资源丰富早就如雷贯耳，但是因为处置手段原始，所以没有充分开发。含沥青的煤、铜、金、铁等矿藏特别丰富，但只开采了很小的一部分。

盐，是官方垄断的物资，四川的盐是吸取盐水井里的盐水经蒸发而制成的。这种盐水井在四川的某些地方多得很。这种盐水井和盐的生产构成了那里最有趣的工业。这种盐水井可以在离重庆大约 175 英里处看到，就在富饶的长江岸边，靠近繁荣的自流井城[1]。盐的制作，在这里有 1600 年到 2000 年的历史了。制作方法大致如下：先要钻井，用一种很原始的铁钻头打孔，孔的直径有 6 英寸，各口井的深度不同，从几十英尺到 5000 英尺或 6000 英尺，孔是钻在岩石上的。钻孔有时甚至要用 40 年的时间才能钻

1　现自贡市自流井区。——译者

到盐水层，因此钻井人会一代接着一代地钻。最终发现盐水后，就用长长的竹筒把盐水吸上来，方法是用一根绳子一头系在竹筒上，另一头系在一个大绞盘上，牛拉着大绞盘转。在盐水井附近有天然气井，烧的是天然气，盐水被倒进大铁锅里，用火烧蒸发水分，留下的结晶就是纯盐。这里盐的产量很高。共有 24 口天然气井，天然气井附近大约有 1000 口盐水井，两者合作，每年生产出 20 万吨盐，价值在 500 万美元。

李希霍芬男爵在书中描述了钻井的方法。为了钻出一口盐水井，中国人要用三样东西，首先是一根很长的富有弹性的竹竿，中间有横档支撑；其次是一根用长竹篾片（不缠绕的）连接起来的绳子；第三是一个重 120 斤的铁钻。绳子细的一头牢牢地系着铁钻。绳子粗的一头被轻轻地拉上放下，通过这样的动作使铁钻上下跳动，铁钻宽宽的锋利的刃就挖出了一个垂直的孔。所钻的地层主要是由砂石和黏土构成，当粉碎了一部分这样的地层之后，清水就会涌入孔中，这时把一根长长的、底部带阀门的竹管放入孔中，浊水就会上升到顶部。柏树木做成的导管塞进孔中以保护钻孔的四周，也防止四周地层中所含的水渗入井中。导管是一节一节连接起来的，用钉子和大麻绳连接后，刷上桐油。导管的内径约有 5 英寸。随着孔越钻越深，导管也越塞越深，因为新的一节导管又连接上去了；绳子也越来越长。孔深从 70 到 100 丈（700—1000 英尺）不等，当碰到盐水时，这口井就钻成了，可以使用了。盐水用长长的竹管和竹篾绳提升到顶部，如已描述过的，是用马拉绞盘来提升的，然后把盐水直接倒入或通过竹管导入很大的平底锅中进行蒸发。

除了盐水井之外，钻孔深至地下 1800 至 2000 米时，还有其他的发现，就是石油。一旦触及石油，就会有易燃的气体猛烈喷出。

这时必须停下工作，用一个上面钻了几排圆孔的木盖子盖紧坑口，木盖子上的圆孔里插进竹管，把这种天然气引到蒸发盐水的平底锅下。这种导气的竹管的另一头接上一个逐渐变细的嘴状物，细到最后就是一个小孔眼。就这样天然气被用来烧火蒸发盐水。

致使中国人的探索如此深入地下的这种创业精神，据说源于一个盐水坑的逐渐干涸。业主希望在更深的地下还有盐水，但是没有发现盐水，却发现了天然气。

当中国遭遇太平天国运动时，太平军的人挪走了一个天然气坑上的木盖子，并点着了火。从那时起，至少到李希霍芬写书之时，那个坑的天然气一直在燃烧，形成了高高的火柱，被认为是不可扑灭的火焰。

天然气坑和盐水坑分别由不同的业主拥有，这些业主则由政府控制。政府控制就是垄断在当地道台手中。自流井的盐业向政府交纳相当可观的税款，在造就了大批富裕业主的同时，也为无数百姓提供了挣钱的机会。天然气坑也就是天然气井有 24 口，盐水坑也就是盐水井则不计其数。有些人不稀罕使用便利的天然气，他们用烧柴火来蒸发盐水。在不远处的岷江江边也发现有盐水坑，但是没有天然气坑。

赫斐秋（Virgil C. Hart）在 1888 年说到这些井时，他说："当你参观访问了四川的这一令人叹为观止的地区，看到了这些古代的工业是如何运作的，你不能不对这里的人民更加肃然起敬，他们在 16 世纪之前，就设计和创建了规模如此惊人的一个产业。"

有一个值得注意的事实，13 世纪著名的威尼斯旅行家马可·波罗在游记中提到过里海的石油井，在他的观察中从没有漏掉过任何重要的事情，但是他却没有提到四川的煤油或天然气井，而这种现象那时的欧洲也还全然不知。可能他在四川停留的时间很短，他只提到了四川的省会城市，以及他认定为是长江的那条大河，其实那是长江支流岷江。

1888年，中国和英国签订条约，开放重庆与英国通商，再次把世界的目光吸引到重庆和四川的资源上来。重庆是中国西部的商业大都市，在它作为条约口岸的新地位下，其重要性注定将会越来越上升。重庆位于长江畔的嘉陵江口，距汉口725英里，距上海1506英里。它是坐落在一个四面环山的两江砂石夹角上，据说与魁北克城极为相似。

尽管中国式平底船航行通过宜昌以上的长江三峡极其困难，要用人工拉纤逆湍急的水流而上，但是重庆与长江中下游口岸的贸易量还是相当大的。这里长江及其支流上的船只数以千计，码头和河岸上一片生机勃勃，显示出重庆是一个繁忙的商业中心。重庆不是一个十分古老的城市，据说公元230年，皇帝下令建重庆城，它的老城墙是土夯的，1400年才改用石砌。清初，重庆城遭围攻，石城墙被毁，死人无数。这次灾难事件之后，随着四川的繁荣，重庆再次兴旺起来。现在它的人口约为12万，是省内的第二大城市，成都府以100万人口雄踞第一。重庆在1886年发生了惨烈的排外暴动。在这次暴动中，罗马天主教、英国内地教、美国卫理公会和圣公会的财产遭受重创。

不过事后清政府公正地赔偿了损失，那些教会现在仍在重庆。1895年，成都府发生排外事件，所有外国人的财产都遭到暴徒的毁坏，政府再次以重金赔偿损失，并重建被毁的房屋。

长江上游轮船通航的时代必将到来。到那时，外国货物将既便宜又方便地运达四川全省。四川的资源、四川的工业、四川百姓的幸福生活都将触手可及，对外通商对未来的好处怎样估计都不为过。

中国的平底船

# 第六章　满洲

最近，世界的注意力都指向了满洲，特别关注俄国和日本对这一地区的政策。当我在 1885 年到达中国的时候，外交界几乎普遍认为俄国打算占有朝鲜的一个港口，可能是文森港（Port Wensan）[1]，或者是拉杂瑞福港（Port Lazaraff），俄国是这样称呼它的。抢在俄国采取行动之前，英国于 1885 年占领了朝鲜的巨文港，一个朝鲜的岛屿。英国占领了该岛屿两年，于 1887 年 2 月 27 日撤离，条件是俄国保证不会占有朝鲜任何领土。当时，全世界仍然不相信俄国会认真遵守承诺。亨利·诺曼（Henry Norman）先生在 1894 年写道："如果不是因为发生了一些将俄国计划推迟一百年的欧洲大变动……西伯利亚铁路的终点将是在朝鲜。"但是诺曼错了，尽管他写下这段话时，大家都一致赞成。事情很清楚，俄国决不会修建一条长达 4713 英里的铁路，而不将其终点站设在一个不冻港。当时还不可能看清

1　据查有关资料，朝鲜半岛东海岸有元山港，英文名 Port Wonsan。该港濒临日本海，是军事和贸易枢纽。原书中的 Wensan 似应为 Wonsan，即元山港。——译者

楚，在英国的反对之下，俄国怎样在中国获得这样的一个终点站。但是，一切事情的发展正如其所愿。1894 年的中日战争改变了俄国所有的计划，给予了俄国所渴望的机会，得到了一个中国的全年不冻的港口。在这次战争之前，全世界认为中国在本质上不是一个好战的国家，但对她的国力还是很看重的。李鸿章建立了一支强大的海军，被认为是战无不胜的，中国人曾经打败过法军，庞大的人口可以为军队源源不断地提供补充。然而，日本人触破了这个气泡。这场战争显示出中国不堪一击，不可能打胜任何一场对抗外敌的战争。她在全世界面前颜面扫地，软弱无力。全世界都知道了，不管怎样的侮辱加之于她，她都无法怨恨。事实上中国始终抱着一种愚蠢的想法，就是以夷制夷，企图通过给一个国家好处以笼络它，使之成为自己的庇护人以对抗其他国家。很自然地她就转向了俄国，俄中两国接壤，边界线之长超过 4000英里，俄国还是一个亚洲强国，又是英国的永恒敌人。中国有理由投靠俄国。俄国曾经阻止了日本占有辽东半岛，它最近还与中国签订了新的条约即《中俄密约》，俄国在该条约中同意保护中国不受任何侵犯。当检验这一神圣联盟的时刻到来的时候，联盟却在自身利益的强光中瓦解了，就像气泡在水中消失了一样。看来，俄国对于中国让与德国租借地感到愤愤不平，但是它拒绝支持中国对抗德国的入侵，或说甚至劝说中国自己与德国开战。

所以就有了 1897 年俄国的行动，它租借了旅顺港和大连湾及其大连湾沿岸一长条土地，并有权将它的大铁路直接通过满洲抵达出海口。这样一条铁路的修建必然涉及对满洲的控制。明里暗里，俄国必然成为满洲最重要的势力。世界贸易的一大部分肯定要走这条铁路，这条铁路也将是旅行的主干道。不久的将来，旅行者就可以在圣彼得堡上车，用 20 天的时间，走过 6000 或

7000英里，在广州下车了。这样一条铁路，途经满洲荒野，必须有强大的势力保护。保护它，就意味着集结军队、控制当地政府，但并不含有实际吞并满洲的意思。现在，让我们冷静地不带偏见地来考虑我们在这个问题上的利益。这样一个问题的讨论，也许，可能令人大吃一惊。因为作为一个美国外交官冒险暗示任何看来是轻视或对抗英国的事情，这是不平常和不合适的。现在很时兴谈论我们的血统、我们的语言等，没有陷于这种感伤情绪的作者是不受欢迎的人。例如，假如英国夺取满洲，就像它过去夺得缅甸、香港和威海卫时那样，我们保持谨慎的缄默。出于同样的血统、同样的宗教理念，我们会为对这种夺取保持缄默找到一些借口。不会有强烈的抗议，扩张行动应被当作盎格鲁－萨克逊民族的自然进展来对待，的确，可能的话，当作它的崇高而必须履行的职责，因为它肩负着教导世界的义务。当下我毫无意愿要削弱我们与英国的令人感伤的关系。我赞成所有的非官民众都要喜爱英国，其实很自然我们都有这样的情感。当我在多佛（Dover）看到李尔王想跳下的那座峭壁时，我觉得与诗中描写的那座峭壁比较，它太矮小了。当我看到英国人的时候，我不禁领悟了很多他们自夸的其对美国的影响就像那座峭壁一样缩得很小了。我的意思是他们对我们的影响只是个人对个人的影响。我绝不怀疑英国在政治上赞同美国。

坦率地说吧，在一切国际事务中，我们太一边倒以至于不考虑英国的利益，其中有些重要的事情我们有责任在采取行动之前加以考虑。现在，国际行动的真实规则就是我们对待所有的国家应一视同仁：战争时期是敌人，和平时期是朋友。在考虑东方的问题上，如同考虑其他问题一样，我们应该从自身利益出发——这是爱国主义。假如俄国得到满洲，显然将是给予英国的沉重打

191

击。这一步将使俄国朝着印度推进几千英里。如要为保有印度而战，那么事情越来越急迫了，战争一旦爆发，拥有横跨亚洲的一条铁路将是最有利的战略条件，但是这样一个条件将会如何影响我们呢？我们在印度没有利益。俄国占有满洲的话，我们的商业利益也不像会受损。我清楚任何一国都不能无保留地依赖他国的最庄严的宣言，但是在 1899 年和 1900 年，俄国确定无误地给出了对于公正贸易的保证，即保证"门户开放"，并且，它毫不隐晦地评价了我们的友谊，很可能，它将坚守它的保证。当然我们知道俄国在多个场合声明它打算尊重中国的独立，但是它不认为这样的声明与控制满洲而终止实质性的吞并有什么矛盾。要不是因为普遍害怕伴随吞并满洲而来的将是中国被英、法、德，可能还有奥地利和意大利瓜分，我们可能会更加镇静地看待事情的发生，但是，我个人不赞成俄国吞并满洲。我过去和现在一直反对欧洲列强以租借中国领土的方式行占有之实的整个一套做法。我更赞成让中国自己来决定她自己的命运。

然而，在处理满洲问题上，俄国肯定有些自由，我们应该坦率地承认这一事实。谈到我们与英、日联盟以对抗俄、法的问题，我认为应该阻止这种联盟。让我们明确公开地承认这样一个事实，在国际政治舞台上，俄国对于美国，就像英国对于美国一样，它是也应该是我们的亲密朋友。让我们抛弃观念中的这种潜流吧，它像墨西哥湾流那样，流经所有的国际问题，它流到什么地方，就加强了那里的人对于英国的微妙的情感。让我们公开地宣布，我们对俄国的友好情感如同我们对英国的友好情感一样。我们欠俄国的太多。当美利坚合众国处于危机之中时，俄国是欧洲国家中唯一站在我们一边的国家。当南方竭力保全自己的独立并且几近成功之时，俄国公开地、信心满怀地、十分友好地对待北方。当英法默认南方邦联之时，俄国拒绝承认，不然的话，英法就要公开宣布承认南方邦联，由此将重创美利坚合众国。这可能是历史上的一件令人奇怪的事情，一个专制君主怎么会如此友好地对待一个共和国，但是这是一个无可争议的事实。

满洲这个地区是值得为之奋斗的。它应该是白人的地方，它不像热带的那些地方，生活在那里对于我们的种族来说是一种负担。满洲的地域面积值得说一说。中国本土面积为 1,534,963 平方英里，满洲为 363,720 平方英里；美国的北大西洋地区，包括缅因、新罕布什尔、佛蒙特、罗德岛、康涅狄格、纽约、新泽西和宾夕法尼亚各州，面积为 162,065 平方英里；而英格兰和威尔士仅为 58,378 平方英里。

满洲的面积是中国本土——18 个行省的面积的 1/4，是上述美国各州面积的 2 倍，它绝不是一个只有冰雪的世界。（英国记者）柯乐洪（A. R. Colquhoun）最近游历了满洲，并写了一本好书。他说："气候就像加拿大的冬天和夏天，不同的是，那里的天空一年到头是蔚蓝色的。"夏天的气温在 70—90 华氏度之间，冬天在零下 10—零下 50 华氏度之间。11 月至来年 3 月末为河流封冻期。满洲地下矿藏丰富，金、银、铅、铁、煤和盐的储量都十分巨大。满洲的工业种类不多，榨油是主要的一项。蒸馏法提取已经采用，高粱酿成了烈酒；还生产皮革、毛毡、通心粉和淀粉。很多人从事渔业。森林覆盖面积很大，但是木材主要从美国进口。野生动物数量庞大，老虎常常被射杀。植物有黍类、豆类、谷类、麦子、燕麦、荞麦、玉米、烟草、槐蓝、蓖麻、土豆，以及各种各样的蔬菜。罂粟种植面积很大，本地鸦片与从印度进口的鸦片竞争很激烈。人参是中国人最感骄傲的一种根茎，主要是野生的。在毗连蒙古的地区大量饲养牛。土匪遍野，我在满洲旅行时，见到很多提防强盗的告示。旅行一律坐四轮马车。路修得怎样不清楚。北京到沈阳已经建成一条铁路。这条铁路偏离它原来的设计线路27英里，为的是避开清朝皇室的祖坟，以免破坏那里的风水。

从美国进口的主要货物是棉织品、煤油和木材。1899年从美国进口到中国的布匹的30%、煤油的6%都运到了满洲。亚拉巴马和南加利福尼亚的工厂为了这个市场全都开足了马力。他们生产一种厚实的布，特别适合满洲地区。我认为应为这个市场发明一种便宜的毛料织品。

俄国人在基什尼奥夫（Kishinef）杀害犹太人一事受到了严厉的谴责，它理应遭到人民的谴责，问题是我们的政府是否应拿此说事，并使此事成为国际抗议之事。说到这里，我回想起一个相反的事例，这件事报纸从未关心过，但是这件事值得重视。我将在第十三章末谈1895年美国的对外关系时谈及此事。关于我为住在张家口的美国传教士向北京的俄国公使馆申请签证或官方证明一事是这样的，申请的目的是使美国传教士在万一遭到中国暴民攻击不得不逃命时，有权进入俄国领土。对于此申请，俄国公使回答说，关于此种申请的规定是非常明确的，即使打电报到圣彼得堡去要求，也是没用的。他建议美国人可以去库伦，说那里有俄国的领事，如果去的话，他可以写封信让美国人带着去见领事。他的建议没有被接受，因为去库伦必须在中国领土上行走几百英里，况且最终能否得到签证也不好说。后来就走通常的途径，把申请签证之事报告了（美国）国务院，国务院通过美国驻圣彼得堡大使，提请沙皇政府关注此事。沙皇很快就批准美国传教士进入俄国领土避难，以免遭中国暴民攻击，并且没有给美国人附加任何先决条件。

张家口的美国传教士在1894年或1895年的中国排外暴动中

并未遭到骚扰，所以那次没有使用俄方允诺他们可以进入俄境的善意。但在 1900 年的运动中，还是那些传教士就有必要逃入俄国境内了，他们走了很多天，跨越戈壁沙漠，终于踏上了俄国的领土，他们受到俄方当局十分仁慈的礼遇。当我在北京时，我为美国传教士两次申请经西伯利亚去俄国都被拒绝了；但当进入俄国是为了逃命时，沙皇毫不含糊地无条件地为救人命而批准美国传教士进入俄国。

# 第七章　中国的暴乱[1]

在"满洲"那一章里，我已经谈论了我们在中国面对的一些政治问题，几乎未谈及其他问题。当你在中国安顿下来，决定解决东方问题时，那么，首先考虑俄国还是首先考虑英国的问题就来了。这个问题对于我们来说，绝对是或者说应该是最重要的问题。这个问题之中有着我们的利益，不是两国中的某一国是否会因我们可能采取的行动路线而获益或受损的问题。作为一个美国人，我受到过不同政治党派的 4 个行政机构给予的远远超出我应得的荣誉，我坚信我的所说和所写完全是为了我自己国家的利益。我很高兴，从总统以下直到我这个卑微的作者，全体美国人在

1　原书英文标题"Chinese Riots"直译为"中国的暴乱"，是西方历史文献中对义和团运动等反帝事件的一种常用表述。需要说明的是，"暴乱"（Riots）一词带有强烈的负面价值判断，属西方殖民者立场的非客观表述，遮蔽了事件背后的民族矛盾根源与反帝正义性。中国学界视其为列强侵略激化的反帝爱国斗争，兼具反侵略正义性与盲目排外局限性。义和团运动是中国人民反抗帝国主义侵略的爱国运动，但带有封建迷信和盲目排外的局限性。本书中出现的"暴乱"用词皆为保留原文表述，意在呈现史料原貌，该术语体现西方殖民者叙事视角，非译者、编者或中国学界观点，我们对其应持批判的态度。——编者

这个论题上的看法是一致的，这就是要公正地对待中国。让我们在这个问题上不说一句假话，让我们在考虑这个问题的过程中承认和懂得它的真正价值，让我们把中国置于舆论的审视之下，直至给出一个公正的说明。可以肯定，中国对于在她境内的外国人，没有像她在与各国签订的条约中所承诺的那样负起完全的保护责任。我一直相信，假如她想负责任，她是能够负责任的，可以使得外国人在中国生活就像在印第安纳生活一样安全。指出在美国偶尔发生的暴力行为没有用，这种行为主要是黑人对于无防备的妇女实施的卑怯的袭击，正如讨论中有人所说，此类袭击防不胜防。而出于报仇，由突然的、无法抑制的大怒而激发的这种事变，冲击了所有冷静而平和的人们。除非有法律，否则人类的本性不够强大，不足以对抗由悲哀和愤恨相结合的情感带来的压力，也不足以对抗对于犯下滔天罪行的作恶者予以惩罚的渴望。在中国，反对外国人的暴行没有任何理由。外国人整体来说没有对中国人做坏事。他们给中国人带来施舍物，带来工作、教育和改善精神生活的希望。我可以很自傲地说，生活在中国的外国人，粗暴地对待中国人的极其少见，发生过个别事例，而此人遭到的谴责最多的来自外国人。我记得在北京有一个例子，有一个美国人在宾馆里无缘无故地野蛮殴打一个中国服务员，我也记得，我让这个美国人为他的错误行为赔付了一大笔钱。这样的案子，我知道的仅此一例。

中国人的暴乱并不是突发的。他们事先有预谋、有组织，并且知道地方当局不会真的对他们下手。1895 年在重庆，总督手下有 2.5 万名士兵，但是暴民就从衙门的大门前通过，并且穿过这些士兵的队列，总督就看着暴民去劫掠和捣毁外国人财产而不伸手加以制止。据说士兵也参与了捣毁外国人的财产。有一个最为重要的提议，优先于商业受损问题，优先于传教士的神圣职业资格问题，优先于赔偿损失问题，这就是在华外国人的生命安全必须得到保障。

讨论传教士进入内地或者修建铁路、开矿等这些问题都没用，除非外国人的生命安全得到切实保障。这是我们和中国交往的基石，所有外国的利益都基于此，除非得到切实保障，不然我们最好撤出中国。

假如 1900 年的暴乱再次发生，假如外国人被一次又一次地屠杀，就像保定府、古田、天津和其他许多地方发生的那样，那么，任何深入内陆经商的努力皆应放弃。

在作者看来，1901 年在北京，各国秘密会议的成员没有考虑到这个问题，而这个问题无论当时还是现在都应得到考虑。1901 年 9 月 7 日签订的《辛丑条约》包含了很多很好的条款：为克林德建立牌坊一座；惩办首祸诸臣；在某些有罪的城镇停止文武各等考试 5 年；为日本国使馆书记官被害做出补偿；为外国

克林德牌坊

人坟墓被毁之事建立涤垢雪侮之碑；两年内不准将军火暨专为制造军火的各种器料运入中国境内；赔偿各国损失 4.5 亿海关两银子；在北京为各使馆划定专用的境界；削平大沽炮台；由外国人占领、控制某些战略要地；在某些城镇张贴有关保护外国人的上谕；同意支持改善白河和黄浦江的航道；裁撤总理衙门，建立专门主管对外事务的部门，名外务部，班列六部之前；参照西方习惯改革朝廷礼仪。

外国全权代表们考虑到条约已签订，因此宣布除了使馆卫队之外，其他外国军队于 1901 年 9 月 17 日撤离北京。除了条约中提到的地点所派驻的外国军队之外，其他外国军队于 1901 年 9 月 22 日撤离直隶。必须承认《辛丑条约》中包含了几项非常有用和非常重要的有利于外国人的条款。

我所要提请大家特别关注的是有关保护外国人的条款。在该条约中有以下一段话，1901 年 2 月 1 日上谕中说："责成各直省文武大吏，通饬所属……倘有不逞之徒，凌辱戕害各国人民，立即驰往弹压，获犯惩办，不得稍有玩延。……或另有违约之行，不立即弹压，犯事之人，不立行惩办，各该管督抚、文武大吏及地方有司各官，一概革职，永不叙用……亦不得别给奖叙。"[1] 这些就是条约中关于保护外国人这个问题的全部内容。它仅仅要求把 1901 年 2 月 1 日的上谕张贴在所有的城镇，为期两年。尽管上谕中的规定是好的，剥夺官职对于一个官员来说无疑是重判，但是这一惩罚仍然是不够的。不错，官员有责任维持地方秩序，假如发生暴乱，官员不镇压暴民，不惩处罪犯，那么官员将受罚。但我们一直以来要求中国政府采取更强有力的手段。根据美国政府的指示，我向中国提出要求，在这样的案子中，

[1] 《中外旧约章汇编》第 1 册，第 1019 页。——译者

对于官员的惩处应该与暴民所犯的罪相当。举例来说，如果发生了谋杀案，玩忽职守的官员也应以谋杀犯论处；如果发生了纵火案，那么官员也应以纵火犯论处；发生其他案子以此类推。发生了暴乱，外国列强要拿下的第一颗脑袋不应是一个不引人注目的暴乱者的脑袋，而应是地方上最高长官的脑袋。假如中国政府能把处理本国民众事务的这些规定运用到涉及那些受冲击的外国人身上，那么，就可以保证有足够多的公正了。在任何影响到政府和个人的案子中，中国官员的责任都是很实际的和被迫的。例如，某省的省政府钱库被盗，那么，总督或巡抚就要担责，他就必须找回被盗的钱款或自己赔偿。

在民事案子中，家庭所有成员都要为家庭中任何一个成员的债务担责。在刑事案子中，中国的法典比任何其他国家的法典都严厉。中国法典规定，不管是谁，假如知道某人有犯罪的念头而不向当局报告，那么他将被以主犯之一论处。在北京的全权代表本可以很容易就一劳永逸地解决这个问题，用几个字就可以阻止暴乱的再次发生，而为什么他们仅仅提出参考先前颁布的一道上谕，就让问题过去了，这实在令人难以理解。每一个美国公使都讨论过这个问题。这个问题也是美国国务院向驻外使节多次发文谈到的问题。我曾一次又一次地提请总理衙门关注此问题。在克利夫兰总统的后一个任期里，由于四川在1895年发生了暴乱，国务卿奥尔尼（Olney）特意详细地讨论了这个问题。根据国务卿的指示，我向总理衙门提交了一份文件，该文件详见下文，文件中强力支持此前所表达的观点。自然不必说，不管该文件具有什么样的法律意义都应归功于那时的杰出的国务卿。该文件要求对于玩忽职守或应受处罚的官员必须给予应得的惩罚，而我不能自制地表达了我的遗憾，即当时条约的拟定者在向中国提出要求

**之前没有把这一点考虑进去。**

尊敬的殿下和阁下：

1896 年 9 月 21 日，我很荣幸地根据我国政府的指示，给你们写了一封信，其中的要旨是，我国政府仔细地考虑了中国发生的排外暴乱问题，之后在另一封信中向你们表述了我们的观点，该信中包含了这一内容：为了防止发生针对在华外国人的那些令人痛心的暴行，我们愿意看到你们所采取的措施。

现在我很荣幸地根据我国政府的命令，向你们提交如下意见：

不必详细讲述中国政府保障居住在其境内的外国人的安全的必要性。这些外国人居住在中国境内是条约和协定赋予他们的权利，他们有权居住在中国领土上。这一权利以及随之而来的中国政府的保护责任，在很多道帝国上谕中和总理衙门发出的很多文件中都是承认的。然而尽管帝国政府一次又一次最庄严地保证外国人在中国将得到保护，尽管发放了护照，表面看来政府应允给予保护，震惊文明世界的暴乱和屠杀还是一年接一年，甚至几乎一月接一月地发生。

我们认为，暴乱这一问题必须从整体上来对待，因为虽然在所有的案件中，刺激暴乱发生的动机是不同的，但是在各种动机之外，更严重的问题是官员的责任性，这一问题在中国成为了爆发最严重的排外暴乱的基础，因此这一问题是我国政府主要关注的问题。

美国政府最急切的愿望，相信中国政府也具有同样的愿望，并企盼愿望成为现实。这一愿望就是，为使这种性质的暴乱不可能再发生，必须采取如经验所证明最适合达到这一目的的措施。

实际上，参与排外暴乱的那些人很少得到立即的应有的严厉惩处；而且在中国，很多官员和一般民众都抱有错误的想法，认为赔给受伤害者的钱都已包含在整体的赔款中了。然而事实并非如此，因为，除了赔偿受害者的实际损失之外，国家必须维护法律，这是制止犯罪的唯一法宝。并不是惩处了几个头目就算做到公正了。那些对于暴乱故意支持、不加干涉，不保护无辜的人的官员，他们在自己的位置上本可以采取适当手段而不采取，那么，他们至少要以暴民的实际头目论处。

我国政府派出的调查四川排外暴乱的委员会声明，委员会相信："最简单和最有效的政策，就是坚持凡发生排外暴乱的地方，地方官必须担责并受到惩处；因为我们坚信，除非发生公开叛乱，一般情况下，如果地方官员强有力地利用自己的影响和尽自己的力量采取一切手段，那么，无论什么程度的这类排外暴乱是不可能发生的。"

纽厄尔（Newell）司令在有关福建古田暴乱的报告中说，要不是因为某些省级官员和其他官员拖延时日、不采取有效手段、恶意玩忽职守的话，谋杀华山（Hua-shan）的事情是能够制止的。他还点出了那些官员的名字。尽管有关的上谕肯定在视为重要的城镇里张贴了，但是并没有张贴到中国发生暴乱的每一个地方。在这些地方，有驻军，有地方治安队伍，如果他们得到命令，完全有足够的能力制止暴乱。在中国，反对当局的造反到处都有发生，但是都被强有力地镇压下去了；秘密结社也遭到绝对的制止，有关人员常常受到审判和处决。阴谋的苗头一发现，就立即加以镇压。一旦有任何反政府的犯法行为发生，在捉拿罪犯时，显现出政府具有极大的警惕性，事先做好了计划，配备了强大的力量。排外暴乱并非由无知而有恶意的人突然挑起的地方造反，如有的时候所声称的那样。所有的证据都显示排外暴乱、掠夺和屠杀，都是事先有预谋的，也并不十分隐蔽。这令人不得不相信地方官员是知情的，至少是默许在他们直接管辖的范围内策划这种罪恶的意图。事情太明显不过了，例如，去年在四川省会和附近的城市发生了共谋行动，两地一起计划把外国人赶出四川省，而官员们是完全知情的。

综上所述完全表明，整治这类恶行，最有把握地制止排外暴乱的手段是必须由地方官员个人为可能发生在其管辖范围内的排外暴行担责。这一办法完全符合中国已有的处置所有罪行和不端行为的惯例。

美国政府确定，在中国阻止排外暴乱再发生的最有效手段，就涉及美国人的来说，只指为了保护美国人，应该采取的措施如下：

1. 通过发布一道上谕正式声明，承认美国传教士有权居住在中国内地。

2. 这道上谕中还要声明美国传教士有权在中国内地购买土地，他们享有《柏德美协定》中所规定的所有特权，如1895年所要求的，他们拿到的契约要写明购买土地的教会或教堂的名字，如该协定上所规定的那样。

3. 中国政府发布上谕正式声明，如发生任何暴乱，致使当地爱好和平的美国公民的生命、财产安全受到了威胁，或既有的权利受到了损害，那么地方官员必须承担责任，不仅立即惩处所有直接或间接参与暴乱的个人和低级官员，而且发生暴乱的省份的总督、巡抚要为其下属的行为或失职向朝廷承担责任，尽管他们可能对发生的事情全然不知。

4. 如发生排外暴乱，查明官员玩忽职守或默许纵容暴民，那么惩处官员绝不能仅仅是降职或革职。对于这样的官员必须革职

暴民获刑

之后永不叙用，并且也应判死刑、坐牢、没收家产、流放，或以中国法律根据其罪恶大小给予相应的惩处。

5.包含上述规定的上谕应该在中国各地每一个衙门中张贴在显著的位置。

提出了上述建议，你们自然应该想到，发生了暴乱之后，美国政府并无责任详细考虑该做的每一件事情，例如，赔偿所受的损害，美国公民回归暴乱发生地并拥有继续在那里居住的权利，地方官员举行恢复受害者权利的仪式，以及看情况所需应进一步讨论的问题。我国政府只是尽力提出中国制止暴乱发生应采取措施的要点。这是一个重要的问题，也是致信殿下和阁下的原因。无疑中国政府也完全愿意制止排外暴乱的再次发生，衷心希望中国及早依据所提供的方案行动，以便两国已有的友好关系得以巩固和加强。

# 第八章　外国列强如何对待中国

　　上一章中揭露了旅居中国的外国人所遭遇的主要恶魔，也就是生命和财产安全得不到保障。那么让我们来看看外国人是怎样对待中国人的，外国列强是怎样对待中国的。

　　中国不像印度那样有种姓等级制度，没有一个阶级因优于其他阶级而心怀憎恨看不起自己的同胞。中国人当中没有因肤色而受社会排斥的问题。在美国，白种人几乎普遍排斥与有色人种建立社会联系，而东方人中不存在这种思想情绪，中国人是这样，日本人、菲律宾人、朝鲜人或暹罗人都是这样的。白种人与这些种族的个人交往时，不带丝毫厌恶和蔑视的情感。在餐桌旁，他挨着这些种族的女士们或绅士们就座，神态自若且不失尊严，好像他们是自己种族的人一样。在马尼拉，我出席了菲律宾人举办的舞会和娱乐活动，这种场合只有很少的白种人参与。女士们身着沃思（Worth）制作的裙装，并且展露出闪闪发光的钻石。绅士们穿着常规的晚礼服。餐厅里准备了丰富的香槟和鹅肝酱馅饼，优美动听的音乐，就像你在任何一个西方国家的首都听到的一模一样。宾客们一刻也未曾想到过出席舞会贬低了自己的身份。在中国和日本的社交圈中，没有丝毫想法或想象，认为当地人的肤色就是劣等的表征。

不要再有这种想法了吧，说什么白种人的优越感在白种人中没有什么影响，除非与黑种人进行比较。为了达到我的目的，说说有关这事的事实就足够了，对于此种优越感既不赞成也不谴责。这不是因为肤色问题造成个别外国人看不起个别中国人的事，而是因为外国人干涉了中国国家政治事务，强求利己的条约，并且一旦中国的政府不合自己的意，就把战争强加于中国。

自古以来，中国人就是排外主义者。在他们的全部历史中，直到上世纪[1]过去了 1/3 的时候，他们的国家才同意对外交往。与外国通商贸易在很多年里被限制在中国的一个地点。轮船和电报的发明，以及武力的动用，才打破了中国闭关锁国的这种状态。有一种很严肃的主张，认为没有一个国家有权拒绝对外交往而把自己孤立起来；天然形成的港口不得对世界关闭；国际法认可并支持每一个国家应开放对外贸易。这些原则真是得到了很好的认可，即便在我国内战时期，我们把装满了石头的船沉入查尔斯顿港口，大英帝国就一直向我们抗议，直到战争结束，它确信障碍物已被移除，抗议才停止。

我反复让自己坚持中国有责任移走广州以下西江里的障碍物。因为自 1842 年以来，西方各国支付给中国一笔税款，并迫使她签订了商业条约。据此，中国与西方国家的交往有了条约规定，当然不必说，西方国家是否有权做这些事。有一点确定的，就是不用过很多年，西方国家就得放弃他们现在拥有的特权，外交家肯定不会劝告他们放弃，除非中国的

情况有了极大的改变。中国人是很实

1　指 19 世纪。——译者

际的，他们不进行什么人道主义的讨论，他们看待事情就认他们所看到的，不从什么宗教的、情感的角度出发。他们认可一则古老谚语中包含的真理，即"两人同骑一匹马，必然有一人骑在后"，而他们更喜欢他们的民族的代表骑在前面。在这则谚语中，也许可以发现外国对待中国的秘密。看起来很残酷，采用这种基于武力而非基于国际法的理论作为支配我们对待中国的基本法则，不管怎么样，这些基本法则的存在建立在自卫绝对必须的基础之上。

我不怀疑，如果外国人全部离开中国，除了基督教皈依者外，中国人都会欢呼雀跃；我不怀疑中国人几乎普遍仇恨我们。中国人是一个骄傲的民族，与我们的生活相比，他们更爱他们自己的生活方式、习惯和习俗。他们看不起我们远远胜过我们看不起他们。还有，我们在中国，是因为他们在几个条约中表示了同意，他们必须遵守他们签订的协议。这些条约之于国际关系如同宪法之于国内关系，中国不得有任何违反条约的行动。有着各国的军队和海军做后盾，外交官们迫使中国面对她所签订的书面协定。要做到这一点，我们必须做到各项条约和《辛丑条约》规定我们要做的事，我们必须迫使中国做其保证要做的事。迫使一个国家执行现有条约的规定不是难事。为了达到这一目的，我们必须支配中国的国内政策中与外国人相关的政策。我们要的只是公正地做到这一步，不求更多。而外国人已经走远了，而且一天比一天走得更远。外国人蛮横无理地占有了这个帝国的一部分领土，如前面所述。外国人强行向中国进口鸦片，最终，作为一种难以想象的贸易保护制度，鸦片贸易使自古以来禁止害人毒品栽培的法令成为一张废纸。现在，罂粟的种植、没有干预，无须遮掩，中国各处都可见。外国人纯粹为了自己的目的，把不公正的无意义的战争强加于中国。外国人一次又一次向中国勒索完全不公正的赔款。

以最近法国人的一个事件为例：土匪在东京（今越南北部地区）绑架了一对法国夫妇，然后躲避到了中国境内。法国方面要求中国政府解救这对法国夫妇，恢复他们的自由。中国派出一队士兵，把土匪赶回他们的老窝，解救了这对法国夫妇。法国政府感谢中国政府的支援，并且赠予解救队长官一枚荣誉军团勋章。但是不久之后，就要求中国对于法国夫妇受到的伤害给予巨额赔偿，理由是中国拖延实施救援。

汉口江边

中国人尽管惊呆了，但他们还是赔了钱。另外还有一些同样恶劣的事例，最近一些作者在文章中都曾援引过。这些作者是：查尔斯·贝雷斯福德勋爵（Lord Charles Beresford）、柯乐洪先生、哈罗德· E. 戈斯特先生（Mr. Harold E. Gorst）、切斯特·霍尔库姆先生（Mr. Chester Holcombe）。这些作者在文章中都认为欧洲外交官在很多场合对待中国当局太武断、太蛮横，充满了威胁和恐吓。就排外骚乱来说，诉诸暴力也许可以得到宽恕。如果中国不能或不愿保护我们的公民，那么，采取"炮舰"政策可以说是公正的。发生了一系列排外骚乱的城市也许会被摧毁。有一次，驻汉口的一位英国海军军官通知总督，这位总督住在江对岸的武昌，通知中说，如果汉口爆发排外骚乱，他将把炮口对准总督公馆，炸平武昌城。威胁奏效了，排外暴动没有发生。全世界都称赞这位英国军官的智慧和勇气。然而，在公正地惩处暴徒和向毫无防卫能力的百姓勒索钱财、强征土地，这两者之间的差别是巨大的。

遗憾的是 1901 年的《辛丑条约》中没有包含以下内容，即如果中国能保持和平并遵守条约，那么她的国际权益将得到尊重。保证不会瓜分中国领土，这本是一件可以做的很光彩的事情。然而，指望已经攫取了中国领土的 5 国把土地归还给中国，那只是痴心妄想。不要指望相关者会做出归还。德皇曾经说过，德国老鹰的厉爪抓住了哪里，它就会停留在哪里。

承认必须维持现状，那么将来呢？世界各国中，中国是最不宜被瓜分的。没有一个种族比中华民族更同质化、更联系紧密，或更因远古的纽带和吸引力而捆绑在一起。九论中国人走到哪里，总是保持着他们民族的习惯、习俗，并且抱团在一起。中国人大量地移居到了香港、新加坡、科隆坡、菲律宾、婆罗洲、澳大利亚和加利福尼亚，但是他们移居到哪里，就在哪里独自成群，不与当地居民往来，而当地人的营生却被中国人拿下了。瓜分中国，由欧洲列强分别占有，这就意味着用武力征服各个部分，但是这绝不意味着可以同化他们。历史上，中国中原的汉人曾经同化了蒙古族人、满族人，他们将会同化征服他们的人。瓜分中国将带来无穷尽的起义暴动。俄国也许会采用大规模的杀戮来应对，而别的列强国家对于采用这种血腥措施则会犹豫不决。最终，征服者之间将发生争吵，他们相互间会觊觎对方占有的土地，由此爆发全面战争，对于失败的一方来说，那就是灾难。

在当代，在眼下，对于瓜分的建议完全可以回答说不，这是错误的和不公正的。没有一个国家会去犯这样一种赤裸裸的错误，因为没有一个国家承受得起由此而遭受人类共同的谴责。一个人做了昧良心的事，将如同罪犯一般活着，时时遭良心谴责；一个国家欺压软弱的无力自卫的邻国，那么必将为其错误的行为付出代价。如果中国能吸取深刻教训，认真履行条约的文字和精神，她将可以完全掌握自己的命运。中国越自由，就能变得越繁荣，也就越有利于西方各国。中国将成为一个巨大的市场，进口大量的制造品，出口大量的丝、茶、草编制品和许多其他的原料。美国的政策是让中国强大、富裕和繁荣起来，并且可以肯定，当前的美国政府充分认识到这一政策不过为权宜之计。我们美国最近对菲律宾行使管辖权。赞成这一行为的主要论据，就在于菲律宾的地理位置大大有利于增进我们与中国的贸易。马尼拉距离香港640英里，它应该成为我们与无数的亚洲人进行贸易的中心。如果中国必将遭瓜分，如果敌对的欧洲阵营在中国的河流上、河两岸与我们作对，那么，我们对菲律宾行使管辖权又有什么用呢？我们将会看到对贸易实施各种各样的限制，对我们的商品征收各种各样的税。

同时，我们的人道的、宗教的工作也将受到影响。在俄国或法国占有的土地上，几乎不可能容忍我们的传教士。为什么世界不能像对待日本那样对待中国呢？世界列强一致支持日本努力地去获得西方文明，允许日本关税自主，并允许日本废除治外法权。

与日本人不断增长的贸易已使世界贸易获益匪浅。没有人会认为中国人的智商不如日本人。我不是想贬低后者，我只是复述熟悉中日两个民族的人们的普遍观点，认为中国人比他们的岛民竞争者更有尊严、更严肃，也更坚定。日本在前进的道路上已经做的事情，中国也会去做的，如果对中国不加干涉的话。如果中国被瓜分了，骚乱将再一次发生。你不可能把中国人变成英国人、俄国人、奥地利人、法国人、德国人、意大利人。他们是东方人，并且愿意始终是东方人。从西方国家统治东方人的情况来看，从中并看不出好的征兆。在征服者与被征服者之间，并没有发生真正的同化。今天的印度是用枪支弹药来维持的，在东京（今越南北部地区）、安南、交趾支那（今越南南部地区）人民的头顶上，则挥舞着寒光闪闪的利剑。

让我们期望我们正在菲律宾书写历史的新篇章，但是要说我们已经成功地将自由制度引进了菲律宾群岛，恐怕还为时过早。

我认为，如果我们发现事实证明菲律宾人不适合成为美国公民，那么，我们可以让步，允许他们独立存在。这样一来，我们留置在这些岛上，就不能被欧洲列强用来作为瓜分中国的借口或论据。

# 第九章　排斥中国劳工

　　最高法院已经多次议决，条约不比国会的法令更有效，并且条约可以由法律来废除。国会也已经多次立法，这些法都是违背条约的和宣布条约无效的。这种法规是不值得称赞的。这种法规可以制定出来，但是这种法规是赤裸裸的蛮横的法规，不具有正当性。下面这样说也许是对的，一个国家正如一个人一样，具有绝对的违背其庄严的契约的法定权利，而承担对方由此造成任何损害的责任，但是道义上并不存在这样做的权利。如果一个国家与另一个国家签订了条约，那么正义和道德就要求遵守条约直至双方同意废止条约或双方爆发战争。如果说这样的陈述不对，那么为什么要签订条约呢？很不幸，我们美国为世界树立了以立法废除条约的坏榜样。国会完全无视和否定美国与中国签订的多项条约。让我们简单回顾一下这些条约和国会立的法吧。

由蒲安臣代表中国[1]与美国协商签订的1868年条约[2]开始对政策有一个宽泛的解说。该约第五款包含以下文字："美国和中国皇帝确认民人具有与生俱来的不可剥夺的移居和改籍的权利，并且，他们的公民和臣民自由移居或永久入住对方国家，各自从一国到另一国，为旅游，为贸易，或为永久居住，对双方都是有利的。"[3] 接着这段废话而来的第六款是这样说的："中国人至美国，或经历各处，或常行居住，美国亦必按相待最优之国所得经历与常住之利益，俾中国人一体均沾。"[4]

但是，入国籍一项被从所赋予的特权中废除了。在1868—1880年间，美国看到了对中国做出的让步犯了致命的错误，并通过1880年11月17日的条约[5]在一定程度上纠正了这种错误。该约第一条规定："……如有时大美国查华工前往美国，或在各处居住，实与美国之益有所妨碍，或与美国内及美国一处地方之平安有所妨碍，中国准大美国可以或为整理，或定人数、年数之限，并非禁止前往。"[6] 这是向前跨出的一大步。

1888年在克利夫兰总统的任期内，国务卿贝亚德与中国代表协商，在华盛顿签订了一个条约，即中美《限禁华工条约》。该条约禁止华工前往美国，为期20年。中国没有批准这一条约，因为中国害怕其

1 蒲安臣是美国外交官，1861年受命为驻华公使，是第一个在京任职的美国公使。1867年任满后，清政府聘他代表中国赴各国接洽修约。——译者

2 即1868年7月28日在华盛顿签订的中美《续增条约》，又称《天津条约续增条款》。1869年11月23日在北京交换批准。通常该约也被称为《蒲安臣条约》。——译者

3 条约中文本的该款文字如下："大清国与大美国切念民人前往各国，或愿常住入籍，或随时来往，总听其自便，不得禁阻，为是现在两国人民互相来往，或游历，或贸易，或久居，得以自由，方有利益。"（《中外旧约章汇编》第1册，第262页。）——译者

4 见《中外旧约章汇编》第1册，第262页。——译者

5 即1880年11月17日在北京签订的中美《续修条约》。——译者

6 见《中外旧约章汇编》第1册，第378—379页。——译者

他国家，尤其是澳大利亚将要求同样的限制。

我告知中国政府如果拒绝批准这一条约，可能导致美国国会制定严厉的法规，我的预言被证明是对的。当这一条约被否决之后，国会在1888年通过了《斯科特法案》（*the Scott Law*），该法案的条款极其严厉。1892年，国会又通过《基瑞法案》（*the Geary Law*），这次更为严厉，远远超过以前的条约或立法。但是这两次对条约的违背，都得到了最高法院的支持，理由如上所述。

毫无疑问，所有的国家都具有天生的权利，将所有的外国人，无论是暂住的还是永久居留的都驱逐出其国境。

我们犯了一个极大的错误，我们总是同意通过条约来中止或取消这种权利的行使，但是这样做了之后，所有剩下要做的就是协商另一个条约，新条约把事情彻底摆平。其他列强正在中国人心中制造反对我们的偏见。我很少去总理衙门，也很少去见李鸿章，因为没有人告诉我，我们违背了我们的条约。我尽可能地回答这种责备，但是我继续建议我们政府协商一个新条约。

李鸿章与兄长李翰章及他俩的儿子们

就这样，中美协商签订了另一个条约，于 1894 年 12 月 7 日交换了批准文本，该条约至少在 10 年内，可以彻底放下各色各样由我们颁布的各种法规引起的违约伪装。这个条约的第一款如下："兹彼此议定，以此约批准互换之日起，计限十年为期，除以下约款所载外，禁止华工前往美国。"[1] 最终我们达到了以禁止替代暂停的最终目的。对于这样排除一切的条款，没有必要引述其中包含的例外了吧。总体来说，这些条款涉及有近亲在美，或在美有 1000 美元存款的华人的返美问题。该条约打算涵盖国会通过的排除法案，它做到了。中国政府特别同意实施 1892 年 5 月 5 日的法案，该法案后经修改，于 1893 年 11 月 3 日批准，该法案涉及清朝臣民登记注册的必要性问题。

有关这个条约的所有争议中，最令人恼火的是关于哪些人被允许进入美国的问题。1894 年 12 月 7 日的约约中第三款这样说："此约所定限制章程，专为华工而设，不与官员、传教、学习、贸易、游历诸华人等现时享受来寓美国利益有所妨碍。"[2]

财政部的官员根据这一条款认为，除了上述提到的各阶层人员之外，其他人都不得进入美国。他们声称每一个不属于上面提到的被豁免阶层之一的人，根据此约，就是华工。一位司法部长解释条约说，这意味着所有的中国人，除了官员、教师、学生、商人和旅游者之外，都被看成是华工。尽管这一解释遭到猛烈批评，但看来解释是正确的。紧接着上面所引述的，同一段落中下面的内容就是："此项华人，倘欲自行申明例准来美之利益，可将中国官员或出口处他国官员所给执照并经出口处美国公使或

1 该条约名为《限禁来美华工保护寓美华人条约》，见《中外旧约章汇编》第 1 册，第 581 页。——译者
2 见《中外旧约章汇编》第 1 册，第 582 页。——译者

215

领事官签名者呈验，作为以上所叙例准来美之据。"[1]

由此看来根据该约条款，只有特定的阶层，如"以上所描述的"，被要求持有证明，而所有其他阶层则可自由来美不需要任何证明，除非同意说明只有指明的各阶层才可以进入美国。要是说条约框架就是意味着只要求官员、教师、学生、商人和旅游者持有身份证明，而所有其他数量巨大的人口则可毫无异议地进入美国，这是不可能的。所以接着，我们的官员做出了正确解释，1894 年的条约的确意味着华工和所有其他阶层的人都不得进入美国，只允许官员、教师、学生、商人和旅游者进入美国。

这一解释受到法学格言的支持，"明示其一排除其他原则"（expressio unius est exclusio alterius），据说有些法院持有这样的观点。中国同意其本国所有民众，除了某些限定的阶层之外，被排除在进入一个外国人的国家，这不是没有理由的。中国的政府组织形式，中国百姓的生活习俗，看起来都与世界上其他国家迥然不同。

【作者在撰写这一章节时，正在国会以敏锐和讽刺挖苦的语言辩论一个法案，它设计来彻底修改排华法案，并使财政部在法案执行实践上合法化。这个议案没有通过。确实，根本没有立什么法，只是在 1904 年的国会会议期间通过了一项议案，即将1894 年的法案再延长 10 年。现在是 1905 年 8 月，正在打算协商一个条约来更切实地解决这个问题，以使中国人停止罢工。因为罢工造成美国财政部官员在阻止几个富裕的受过教育的中国人团队从加拿大入境美国时，采取了一些不明智的举措，这件事情发生在 1905 年春天。作者谴责的正是这种愚蠢的行为。作者随后继续以这一观点叙述。——（原书）编者】

无疑，财政部官员在解释法律和

1　见《中外旧约章汇编》第 1 册，第 582 页。——译者条约时极为诚实，他们面临着排除华工的巨大问题，这些华工为了进入美国，采取五花八门的伪装诡计，实施各种各样的欺骗手段。

当前的法律要求所有的想要进入美国的中国人，需要取得他们自己政府的一纸证明，并且要经由一位美国领事签注。该证明要详细说明申请人的职业和个人经历。然而，这一制度并不令人满意，它把太多的工作扔给了领事，领事们或驻扎在沿海，或在长江沿岸，他们身后广阔的中国大地拥有 4 亿民众。一个来自内地的人，来自距口岸几千英里之外的地方，他持有一张中国海关监督签名的证明，证明极其详细地记载了此人以前的生活，他的出生地，他的职业，如果他是商人，那么还有他生意的价值，他的家庭，每个家庭成员的情况，他的姓氏，以及许多其他特别需要说明的情况。然而，领事如何来证实证明上所述都是真实的呢？他能到远距离的内地去调查核实吗？如果他只在口岸依赖那些人的保票，那么，他可能十有九次被那些假保票欺骗了。让领事为这种证明签注，要求做到慎重、公正，或毫不草率，这是不可能的事。事实上，美国领事不得不认为海关监督出具的证明是真实的。所以，允许给予非华工签证的事情完全不由我们控制，而是控制在了中国官员的手中。我们确定了排除制度，而把具体的实施办法放在外国官员手中，他们的利益可能直接与我们期待的目的相悖，这样的做法，在哪个国家也不能说是对的。必须承认，整个制度是有缺陷的，一方面导致了清楚明白的言语被歪曲，另一方面导致了不断出现伪证和违法的事情。

由经验得知，我们完全可以预言，美国人民将不会再满足这种宣布除了华工，没有中国人会被禁止入美的法规。他们不会将大门洞开接纳义和团成员、商人、乞丐——实际是所有的阶级——只接纳非体力劳动者。这个斗争是种族斗争的一种，而不是反对一个阶级的战争。这当然不是为难这个国家及其属国，也不会打开大门接纳除了劳工之外的所有其他各阶级。在这个国家里，只有那些认识到与世隔绝与己不利的人才会有移民的愿望。普遍认为这种移民是对于我们文明的持久威胁。让我们扼要地说明一下排除华工的理由吧。

我们在菲律宾、哈瓦那遇到了与在美国这里同样严峻的问题。在菲律宾群岛大概有 4 万中国人，其中有 2.3 万人居住在马尼拉。西班牙统治时期，每年大概有 1 万—1.2 万中国人来到马尼拉，有 0.7 万—0.8 万人返回中国。那时菲律宾采取了与现在美国同样的反对中国移民的做法。中国人过分顽固地坚持维护他们自己的特殊习俗和生活方式。他们反对一切与良好的管理、公共卫生、警察条例与规章相关的事情。

他们与世隔绝地生活在他们的人当中，无论他们在哪里，都不与其他民族融合。他们移民到外国没有其他的目的，只是为了挣一份生活费。对于他们来说，移居到国外就是意味着他们聚集在一起开辟一个新的"中国"，老家的最糟糕的恶习永久地被保存下来了。他们在新家从不涉足商业冒险。他们无所需求，唯一的目的是养活自己并攒下足够的钱以使自己能回到中国。他们有藏钱的本性，他们或是把钱藏起来，或是带在身上，或是寄回家中。因此，他们从不参与支持公共进步的事情，或无论如何也不承担促进公共利益的事情。他们很勤奋节俭，但是他们从事的行业范围很窄。他们做洗衣工或园林工人，并不从事农业或生产性的工作。他们的人团结一致，形成一个巨大的互利社团，这是其他民族无法企及的。在这个社团中，他们互相帮助，公然反对个体从商者之间的竞争。他们极其崇拜祖先，不愿与祖先的遗骨分离，一定要求死后回归故里与祖先安葬在一起。

无疑，他们的性格很好，他们勤奋，脾气好，像其他民族一样诚实。毫无疑问，我们欠中国皈依者一个道谢，他们在北京曾经帮助和保护了被围攻的外国人。如果他们了不起的行为能够得到适当的认可，整个世界都会赞扬这种仁慈的行动，但是我们不能由一个基督教的团体行为来判断一个种族，基督徒宁可牺牲自己，也不愿背叛他们的信仰。

我们不可能安全地把数量如此巨大的人群融入我们的政治体制中，不可能只经过他们这一代人，就使他们懂得我们的政府是建立在什么原则上的。我们已经在处理黑色人种方面，在提高菲律宾人素质方面都遇到了极大困难，因此我们不得不放下使黄种人成为我们的公民的任务。

数量巨大的中国人也必须考虑在内。被带到我们海岸的中国人的数量几乎没有受到什么限制。中国的人口是我们的 5 倍，大约有 4 亿。从澳门或香港带一个中国人来美国，所需费用不到 5 美元，但轮船公司却要收取 55 美元，也就是每个人头净赚 50 美元。以这样的赚钱比例，它们每年带到美国的中国移民至少有 50 万。太平洋的沿岸斜坡将会被浸没，它的文明也将遭难。"黄祸"将攻击我们的制度架构和我们的风俗习惯，并湮没它们。如果我们使中国人成为公民，他们的选票将左右选举，而如果我们不使他们成为公民，那么我们不得不处置这个古代斯巴达克农奴般的种族，这个种族的存在，将会败坏我们所有的年轻人。可以确定一个基本前提，这就是不想让自己成为美国公民的移民，不允许登陆美国沿岸。在一个建立在人人平等的基础之上的共和国中，居住着大量的被排斥和剥夺了所有政治权利的人群，这是很危险的事情。仅仅从这一点来考虑，排华的理由就足够了。

此外，还有劳动力的问题。在我们的体制中引进 100 万或 200 万体格健壮的劳动者，他们将在每个商业领域或工种当中与我们的工人竞争，这样的做法非理性至极。这个问题不值得再讨论了。做这件事情将给我们打上感伤主义者的民族的烙印。像传教士这样的好人，他们主张向中国劳工开放门户，这是不切实际的。他们认为，通过我们这边对待中国人的一系列宽容的行为，他们在中国和在中国人面前的地位会有改善，并且所获得的精神上的效果将可以补偿暂时的不幸和苦痛。所有这些说法都是迷惑人的、虚幻的。伴随大批接踵来到美国的中国移民，灾祸也将不可避免，再多的皈依者都不能补偿这种灾祸。我们的劳动阶级，我们的工人，他们是值得让我们真正感到骄傲的人，因为他们使得我们的国家成为世界上最伟大的国家，而他们将失去一份应得的工资，沉沦为廉价的劳动力。想想看，我们操作机器的工人，已习惯于一天工作挣 15—20 银分，现在引进来与他们竞争的人，他们是不可能挣这么多钱的！我曾经在苏州时，看到很多中国人被迫离开家乡聚集到苏州，传教士们支持这些人，并且答应每月给予一个墨西哥银元以维持生计，而一个银元足以使他们可以生活下去了。什么样的美国劳动者能够与一个靠 3 1/3 银分就可以过一天的人竞争呢？

在涉及排华的争议中，反对的人总是赞成拿中国人与其他东方民族做比较。他们声称不能理解为什么允许非洲人、马来人和日本人自由来到美国，而一个更好的民族的人，按他们的说法却被排除在外。这种比较是令人反感的。我不想提出其他东方民族的优点或缺点以便决定已摆在我们面前的明确的问题，这样做没有必要。我们是一个国家，我们拥有其他国家具有的所有权利和权力。我们可以排斥我们想排斥的人，并且因为我们只排斥中国人，不排斥其他国家的人，因此丝毫也不影响排斥他们这个问题的正当性与必要性。排斥其他民族什么时候变得有必要，无疑也会这样做。我们的政府不是慈善机构。我们正开始关注经济权利方面的一些公共问题，把这些问题提高到纯粹的政党考虑和操纵的影响之外。甚至现在，中国人在我们国家中在某些方面拥有的权利多于我们在他们国家所拥有的。他们在美国这里不享有治外法权，而我们除了在日本之外，在其他非基督教国家都享有治外法权；但是他们作为外国人有权将他们的案子提交给美国法庭，在法庭上，他们可以随意为自己做有利的辩护。他们一旦进入我们的国境，那么 45 个州[1]，整个美国，随便去哪里都可以；而在中国的外国人，除了传教士，其他外国人不能随便住在哪里，只能住在通商口岸。他们的生命在美国这里是安全的，当然偶尔也有例外。反对他们的暴乱也不常发生。除了劳工阶级，没有其他阶级排成阵势来反对他们。而在中国排外暴乱是一种风气，每年有 22 次之多。1870 年发生在天津的血腥暴乱，和 1900 年华北发生的暴乱，我们永远不会忘记。令人疑惑的是，我们在中国除了在皈依者之中有朋友外，还有没有任何其他朋友？尽管如此，我们必须看到，我们涉及中国的立法都遵循了正当、道德与公正的原则。我们放入新条约中的内容应该是经过慎重和全面考虑的结果。我们在做什么，就应该公开诚实地去做，不用那些花言巧语的言辞来遮挡。我们应该明确表示，哪一个阶层的人可以进入美国，这样就不会造成条文的意思模棱两可。总而言之，我们应该遵循我们排除劳工的政策，不管这样做会带来什么样的影响。

　　有趣的是，移居到欧洲列强在远东的属地的华人，展现了他们民族的活力、坚忍不拔和开拓特性。我有一些最新的资料，在下面的叙述

1 美国现在共有 50 个州。——译者

中准备说说在比较重要的东方地区中的华人的数量。

香港总人口根据 1901 年 1 月的人口调查，为 283,975。常住人口的结构如下：欧洲人（不包括葡萄牙人）和美国人，3860；葡萄牙人，1956；印度人，1453；欧亚混血人，267；其他民族，903；华人，274,543。华人的流动人口有 40,100。根据 1896 年的统计，澳门人口为 78,627，其中华人为 74,568。

在日本长崎，有 606 个外国人（不包括华人），华人大约为 750。

在日本横滨，总人口为 192,566，其中华人为 2015。

在菲律宾的华人大概有 70,000。

在交趾支那（今越南南部地区）的西贡，华人的数量达到当地总人口的 1/3，大约是 19,000。

东京（今越南北部地区）的首都海防，人口大约为 18,500，其中 900 人是欧洲人，5500 是华人，剩下的大部分是安南人。

在婆罗洲（今加里曼丹），华人垄断了所有的买卖，但是我不掌握那里华人的人数。英国在亚洲的最小的殖民地纳敏[1]，那里的人口为 6000，其中华人超过 1000。他们是商界的领头羊，该岛的大部分产业都控制在华人手中。

在暹罗（今泰国），估计有 130 万华人。

1901 年英属海峡殖民地人口调查给出的数字如下：新加坡人口为 228,535，其中 90,000 为华人。

马六甲总人口为 95,487，其中 20,000 为华人。

雪兰莪州（属马来西亚），总人口为 81,592，其中 50,844 为华人。在霹雳州（属马来西亚），人口中的极大部分是华人，估计达 47,000，而马来人仅为 53,000。

1 一译拉布安，属马来西亚。——译者

槟城（属马来西亚）总人口为 248,207，其中有 70,000 是华人。

从上面粗略的数字中可以看到，华人移居到了邻近的东方各个商业区域。他们很快掌控了当地的生意，并把其他民族和外国的商人赶跑了。在中国国内，他们是外商危险的竞争对手。他们不动声色，不把他们的生意交给中间人，并且，由于有着广泛的互保制度，总体来说，他们是诚实守信，能够履约的。在澳大利亚、日本和整个远东，华人的出现，已经遭到像在美国那样的反对了，但是无论他们到哪里，他们都能成为那里商界的主人。尽管每一个地方对他们的抱怨之声不绝，但是他们的顽固守旧、勤劳能干、节俭成性，使他们一路走来冲破重重反对赢得胜利，而所有的反对之中就缺少了完全排斥他们这一条。我们不能过高地估计自己，认为我们能够同化他们，能够在经济上提升他们的生活品质。这个病例的唯一治疗方法就是彻底地排斥他们。

如我在前面已述及的，我们的目的总是想公平地对待中国。除了目前的骚动之外，美国在中国敌意性地开火只有一次。那是在 1856 年 11 月，中国人守卫着广州南边的防御炮台，正在与英国人开战。因为分不清英国人和美国人，他们的炮弹两次击中了我们舰艇上的一艘小船，并打死了一个人。那时美国舰队包括"圣·贾辛托号"（*San Jacinto*）、"朴次茅斯号"（*Portsmouth*）、"勒范特号"（*Levant*），它们停泊在黄埔港，由阿姆斯特朗（J. Armstrong）司令指挥。我们舰艇上还有一位美国人，他注定要在另一个半球留下不朽之名，他就是指挥"朴次茅斯号"的富特（A. H. Foote）上校。他受命摧毁炮台，并率领一支突击队，冲上去掀翻了炮台，塞住炮口。7 个美国人和 300 个中国人战死。当把事情报告到中国的总督那里时，他只是说："我们两国之间发生了冲突，这没关系。从今往后认清楚美国船上飘着的旗子的样式就是了，你们事先要告诉我是什么样的旗子。这将是两国之间存在着友好关系的证明。"没有道歉，没有保证，事情就这样了结了。

这一插曲值得关注，它说明了美国和英国对待中国的不同态度。此外我还要说，我们从来不妄想占有中国的领土。

# 第十章　日中战争

1894 年夏季，日本与中国之间发生了战争。这一战争说明了一个众所周知的事实，即两国并非蓄意要进行战争，但是他们莫名其妙地走到了战争这一步。[1] 与这种情况相反的一个著名的例子是 1866 年奥地利与普鲁士之间的战争。早在 1852 年俾斯麦就说过，腓特烈与马丽亚·特蕾莎之间为由谁统治德国而开始的争吵，不得不由剑与火来决定胜负。穷尽所有的外交斡旋，腓特烈毫不退让地追逐这一目标，直至最终可怕的决战开始。除了这个相反的例子之外，可以说战争的发生，总是在两个不协调的国家的人民之间出现了各种各样的小摩擦之后。在一定程度上两国人民变得相互猜忌和刺激。报纸抓住小骚乱大肆渲染，从而引发争论，由此造成对一个国家整体上的不喜欢，一个小火花就足以点燃战争之火。在我们自己的国家里，我们说不出有什么真正的原因就变得疏远德国，请允许我用一点时间扯开去哀叹一下这种情感吧。对于公众和平来说，没有什么能比一

1　译者认为日本蓄谋已久发动了侵略中国的甲午中日战争。——译者

225

些美国人对德国人所做的诽谤性评论更糟糕的事了。欧洲国家不理解为什么像这样自由的言论被允许刊登在报端，除非政府支持这种苛评。无疑应该有严格的规定，军事官员和海军军官不能批评外国政府的政治行为。通过报纸，通过这些文职官员，公众正在被教育得不喜欢一个伟大的国家。一旦在有些外国港口，德国水手和美国水手之间发生了纷争，后果将是很可怕的。在所有的欧洲国家中，我们最应该发愤努力培育与德国的良好关系，我们与德国之间并没有会引发冲突的根本原因。不愉快的小意外是有的，尤其是杜威将军与德国官员之间，但是这都不是什么大事。

我们如与德国发生战争，那简直是自相残杀。在美国有着数百万德国人，他们是美国的非常好的公民，他们绝对忠于美国，他们在各个战场上都显示了对我们国家的忠诚。他们是商界巨子，是日常生活中的模范公民。那些愚蠢的争论可以休矣，鼓动家们滚下台去吧，因为他们在制造轰动效应，播撒冲突的种子。

日中战争由日本方面开始敌对行动，而日本并无任何确定的决心开战的理由。当然，中国从不梦想战争，她置身于自高自大的幕罩之中，从不可能梦见"倭人"会大胆到来进攻她。中国有4亿人口，日本只有4000万。中国国土辽阔，日本则很窄小。两国都地处东方，看起来不存在发生战争的理由。但是在这里那里发生的骚动和纷争，成为两国代表之间难以解决的事情。很有名的事件是发生在长崎的日中水手骚乱，这次骚乱中死了7人。中国人和日本人之间相互的恶感由小事情而不断增长。对外发动一场战争的想法最终提交给了日本天皇，因为对外战争将会使人民团结起来，当时的日本人正心怀不满，国家难以控制。议会3次驳回了政府意见。必须唤起一种爱国情感来挽救形势。

利用朝鲜的态势来做试探很理想。日本和中国曾经同意，无论哪一方派军队赴朝都必须通知对方。日本为了规避国内的困境,于是宣布为保护其使馆将出兵朝鲜,因为使馆处于强盗暴行的危险之中。

据此,日本派出一个团的兵力到了汉城(今首尔)。朝鲜国王请求中国派兵帮助镇压反国王的叛乱,1894年6月8日,官方宣布叛乱已被镇压下去了。然而,1894年6月10日,为帮助镇压叛乱,中国方面有2000军人登陆牙山。牙山在济物浦(今仁川)南边40英里处。

了解一下朝鲜的地理和政治状况很有必要。朝鲜是位于黄海和日本海之间的一个海角。就相关于中国来说,朝鲜的地理位置几乎就如同佛罗里达相关于美国。朝鲜与中国之间存在着一种奇怪的关系,中国同意朝鲜可以与外国签订条约,朝鲜就好像一个独立国家一样。但是朝鲜仍然是中国的属国,当中国的使臣抵达汉城时,国王在城门外迎接他。在所有的外国使臣中,只有中国使臣有特权坐轿到国王面前。中国使臣也不与其他国家的代表见面和商谈,因为他坐的地方比其他代表坐的地方更高一层。不过,中国极少干预朝鲜的事情。当朝鲜与外国发生了冲突,中国让朝鲜自己尽可能地去解决,但是中国坚持自己对于朝鲜的宗主权。例如,朝鲜派出一位公使到华盛顿,中国宣布必须由中国驻华盛顿公使向美国总统引见朝鲜公使,总统接见时,朝鲜公使必须走在中国公使的后面。只有独立国家的代表才能被接见,所以,朝鲜公使还是被视为一个主权国家的代表。

朝鲜相对于中国的地位就摆在日本面前。如果朝鲜是一个独立的国家,日本可以随心所欲地干涉朝鲜事务,中国无权对日本动怒或冒犯。但是,如果朝鲜只是中国的一个属国,那么,关系到日本和朝鲜的事情必须与中国商量。日本有一种含糊的理念,即日本在打开朝鲜国门这件事情上，也许可以扮演如同美国当年打开日本国门同样的角色。我们的成功是极其出众的，我们为日本创建了一个伟大的强有力的政府。一个东方强国为另一个东方国家来做同样事情的想法，浪漫地召唤着日本。整个事情随着朝鲜究竟是不是中国的属国这个问题而定。朝鲜国王对此犹豫不定。如果他说不是，那么将冒犯中国；如果他说是，那么将触怒日本。结果国王在回答时引用了1876年朝鲜与日本所订条约中的一个条款，即在朝鲜境内朝鲜可以说是一个独立的国家，这句话也写在致美国总统的信中。1882年，美国海军准将薛斐尔（R. W. Shufeldt）与朝鲜签订了美朝条约，也出现过同样的问题。那时，国王给美国总统写了一封信，此信可在1882年5月29日的薛斐尔准将公文中找到。信中包含以下条款："朝鲜是中国的属国，朝鲜的政府事务都由宗主国授权。就朝鲜是中国附属国而论，在中国和朝鲜之间涉及附属关系的任何问题，美国不得干预。"这样的外交上的回答自然能使日本满意。日本开始漠视中国可能会宣称的凌驾于朝鲜之上的任何权力。我只能简略地提一下随之而来的战争的发生。1894年6月10日，500名日本兵到达汉城，充当使馆卫兵。6月13日，又有800名日本兵到达，而还有日本兵在仁川，在赶往汉城的路上。6月16日，3000名日本兵到达汉城。6月26日，日本人击沉了"高升号"，该船装载了德国人汉纳根（Von Haniken）将军率领的1500名中国士兵，他们是李鸿章手下由外国人训练出来的最好的军队。1894年7月28日和29日，牙山之战爆发，此战中日本方面损失70人，中国方面损失800人，以及所有的物资和军火。随后1894年8月1日，平壤大战爆发，中国军队败退，接着在9月17日的鸭绿江之战中，4艘中国军舰被击沉，日本方面只有1艘军舰被击沉。1894

年 11 月 22 日，旅顺陷落，日本兵在夺取旅顺的过程中进行了骇人听闻的残酷屠杀。

之后日本进攻满洲，外界猜测日本将进犯天津和北京。我们在北京的情况很是危急。我们知道如果在天津至北京的途中发生战事，中国军队败退，他们有可能败退，残兵败将在北京重整，那么我们的生命便将危在旦夕。在此之前，我的在北京的他国同行们已经命令一些海军陆战队士兵来保护使馆，但是我没有这样做，因为无论从军事还是民事的观点来看，我认为没有任何理由担心日本会攻占北京。此外，美国国会非常反对派军队深入内地，当然，是否派兵的问题留给我来决定。我的德国同行对形势的分析与我持同样的观点，但是英国、俄国、法国、西班牙、意大利都派兵来到北京。然而不安全的感觉还是越来越严重了。几个使馆和海关的女士们都离开了北京，只有一位欧格纳（O'Conor）夫人，即英国公使欧格纳的夫人，坚持留在北京。我的家属在美国，因此我毫不为难。国务院通知我，我如需要保护，可以去天津，那里有我们的一艘军舰"莫诺卡西号"（Monocacy），但是我从没有想要离开我的岗位。因为我留在北京，我国的传教士、男女同胞们都会留在北京，同时，我们也做了安排，万一发生意外，所有的美国人都进入美国使馆大楼。我也向地方官员提出申请，他掌握着八旗兵，八旗兵就像是城市警察，我知道无论发生什么事情，地方官都会保护外国人。他答应我，他会保护我们。随后，他派遣一队士兵到每一个使馆门口站岗。但很遗憾，这些士兵的武器只是长矛和大刀，在毛瑟枪的子弹面前，他们一分钟都坚持不了。但是我们还是让他们站在大门口，生怕如果把他们打发走，那么中国就不会承担保护我们的责任了。

北京的美国公使馆卫队办公楼

　　我们面临的情况真是令人捉摸不透，并因此而争议不断。有些公使主张撤离北京，但是大多数不同意撤离。我自然拒绝建议公使们怎么做。如果我说他们应该离开使馆去天津，天津是唯一的避难之处，但是最后北京没有发生什么事，那我就要受到责备；而我如果要他们留在北京，结果我们都丢了性命，我将受到严厉的谴责，为什么不建议他们离开北京。因为他们对于形势与我知道的一样多，应该由他们自己做决定。结果却是他们很明智地决定，我在北京待多久，他们就待多久。于是，他们平静地、安全地继续做他们的慈善工作。在旅顺沦陷的前两天，即1894年11月20日，我在北京接到了如下的公文：

国务院，华盛顿
1894年11月19日
　　已通知我国驻东京公使，若中国方面通过美国驻北京公使向日本直接表示和平愿望，那么将予以考虑。

格雷沙姆

据此外交暗示，神圣的外交干预开始了。

就在接此公文之前，总理衙门曾把美、英、德、法、俄、西、意各国公使召集到一起，动感情地哀求我们各自向本国政府提出干预，中国求和。当我把这次召见报告给总统之后，总统决定，如果中日都请求他干预的话，他将采取任何可能的措施进行干预，不过他说他将只是一个中介。那时，欧洲国家也都决定出面干预。

所以，根据上述公文中的建议信息，去不去沿海留给我自己来决定，我立即行动，1894 年 11 月 22 日，我会见了总理衙门大臣。我问他们这场战争他们还能坚持多久，他们说他们不能再打下去了，他们已没有军粮，没有医疗设备，没有士兵。我说："你们在北京有 25,000 名士兵，他们什么也不干。"他们回答说，这些士兵不能去打仗，这些绿营兵不是用来打仗的，只是用来威慑百姓的。然后我说，如果他们想让这些士兵最好不去打仗，那么他们就应该设法讲和。他们说，当然，他们愿意讲和，但是他们能怎么做呢？因为他们没法和日本联系。我回答说我能，如果他们授权于我，我可以与美国驻东京公使邓恩先生（Mr. Dunn）协商行动。他们高兴起来，央求我立即行动。于是我致电日本，中国愿意商议和谈，基本条件是同意朝鲜独立，支付合理的赔偿。日本立即回答，接受和谈要求，但是条件由他们说了算。然后我要求谈判期间停战，但是这一建议被拒绝。直到几个月后，李鸿章在马关被狂热分子的子弹击中受伤，日本才同意停战，并为这一糟糕透顶的罪过给了中国一些补偿。至 1895 年 1 月，中日之间的谈判由美国使节介入，在此似乎有必要详细叙述有关过程。

中日两国互不信任，中国总是想先弄清楚日本的要求，以便可以获得英、俄的干预。最后，中国的两位全权大使张荫桓和邵友濂于1895年1月中旬准备就绪，赴日本广岛。到了广岛，他们与日本的两位全权大使伊藤博文和陆奥宗光见面。双方全权大使见面的第一件事，就是相互出示校验"全权"证书。中国大使出示了一纸证书，是一份国书。这是一张完全可以在美国这里仿造的那种证书，因为这是最奇特的从未有过的"全权"证书样板。这份独一无二的国书内容如下：

> 兹特派总理衙门大臣、户部侍郎张荫桓和头品顶戴、署湖南巡抚邵友濂为全权大臣，与日本国全权大臣会面并协商和谈事宜。
> "……所有应议各节，凡日本所请各节，均着随时电奏候旨遵行。……该大臣不得擅行允许。懔之，慎之。"[1]

下面是日期及总理衙门大印。

只要瞄一眼这份国书，就可以看出其中不包含全权的字样，没有给予议定条约、在条约上签字盖章的全权。日本人早已听说中国政府曾经拒绝接受其代表作出的承诺，因此日本人认为与他们谈判是浪费时间，他们就是想拖延，可能就是想停战。因为我对于这次谈判负有责任，我为了他们的目的把他们两国召集到一起，因此我遭到一些来自友善的朋友的批评，就像他们所说的那样，我没有让代表获得"全权"，但是这一批评真是冤枉了我。我曾经建议总理衙门说，我来准备合适的证书，他们也同意了由我准备。因此，我给他们送去了根据我所能获得的这类证书

---

[1] 王彦威纂辑《清季外交史料》第103卷，第3页，见影印本《清季外交史料》，书目文献出版社，1987年9月第1版第2册，第1757页。——译者

中最好的样本准备的中文证书样稿。我的法国同行也参与了这份样稿的准备，我与他反复商量，根据现代用法，考虑了每个特殊方面才完成的。这份样稿送去之后不久，我询问总理衙门，皇帝是否画押同意采用样稿了，回答说已画押。然而，结果却是没有"全权"，中国代表被勒令回国。我致电张荫桓将我准备的证书呈送日本，他回电说皇帝没有在我准备的证书样稿上画押。可见，实际呈送的证书与我准备的证书完全不一样。接受了总理衙门耍花招的教训，我以后总是要求总理衙门跟我说任何事情必须是书面的，甚至在我们个人之间交换意见时我也遵循这一规则。现在，在我的个人物品中有一把骨柄裁纸刀，刀上有一个大臣写的一条使用说明，本来是他口头告诉我的，我要他写了下来。

在中国代表回国之前，我电告日本，我曾准备了一份"全权"证书，由于一些误会没有给谈判代表，我可以电告我准备的证书的内容，并在海路通航后尽快通过邮路转交给他们。但是这一要求被拒绝了。那时日本即将进攻威海卫，威海卫是中国第二大海军要塞，因此日本无理地中断了谈判。此外，日本十分害怕外国干涉，并急切地想完成它的既定任务。

中国代表回到国内后，我们都不知所措，但是由于俄国出面强力干涉，日本被迫重开和谈。所以，日本方面电告我，如果中国能够派出一位有法定资格并且名声显赫的大使，和谈的问题可以重新开始。在中国众所周知，日本想要李鸿章作为代表去谈判，因为李鸿章对政府有巨大影响力，在国内也受民众尊重。不幸的是当时李鸿章正患感冒。1894 年 9 月 17 日，由于中国遭到惨败，上谕令夺去李鸿章的"三眼花翎"和"黄马褂"。李鸿章不想去日本，他太害怕了，害怕会遭暗杀。我与他有过严肃的争论，我劝他接受给到他面前的荣誉。他因为被夺去花翎而十分伤心。这是一种缝在官帽上的装饰物，在官帽的顶部有一孔，花翎就插在孔中缝牢。官帽上没有了花翎就好比公鸡没有了尾巴。我劝导他说，中国不可能派一个失宠的官员去日本，所以，他的荣誉会重新还给他。通过这样的劝导，并联系到他出使日本为国服务还会给他带来更高的荣誉，这使他终于同意承担这一危险的任务。从各方面讲，这一任务都很危险，因为李很清楚他没有任何可能签订一个不割让一块领土给日本的条约，并且清楚签订了割让领土的条约，就意味着回国后被斩首。不久以前，中国确实对一个与俄国签约的使臣下令斩首，条约也不批准。后来由于外交团的努力，他们决不愿意看到开启这样的先例，英国女王也出面干预，请求宽大处理，才使这位使臣最终免于被斩首。

1895 年 3 月 15 日，李鸿章从天津坐船出发去马关，3 月 24 日他在马关被一个狂热分子的子弹击中受伤，那人凑到他的轿子跟前击中他的脸部，子弹打进他的左脸颊，到他死也没有取出。

李鸿章

这次他的证书没有任何问题，我正式呈递的证书被采纳了。要给电报公司记上一大功，他们把我的原稿逐字发给东京。因为汉字的特殊性，电报不能直接发汉字，实际上发出去的是代表每一个汉字的数字。这么长的汉字文件用电报发过去，当然是很困难的事。但是他们成功地完成了，日本回答说他们对文件很满意，只是有一处用词欠妥，并要求英文译本也应发过去。

就这样，经过邓恩和我几个月的努力，中日两大国终于坐到一起了。

美国著名的外交家、律师、印第安纳州籍科士达上校（Colonel John W. Foster）作为中国的顾问参与了谈判。我们的任务就此结束。

在此没有必要详述我与中国大臣们冗长且令人厌烦的商谈，他们下了许多功夫，乞求我给予建议和怜悯，这使得我一个美国公使采取积极态度对这次谈判发挥了个人作用。不过，我仍然只是一个中介。如果有谁认为，在那个位置上做这件事有什么难的，那么，就让他来吧，每星期两到三次整夜地与许多中国大臣一起熬夜，他就会改变他的说法了。

令美国人心中感到愉快的是，东方两个大国本能地都转向美国代表，寻求战争期间按国际惯例所允许的帮助。那时日本外交人员离开了北京，把使馆档案和财产转交我们保管，并请我们代理日本在华事务。因此我们的领事也成了日本的领事，公使则在京代表日本的公使。不久之后，中国也仿照日本的做法，将在日本的事务转交美国驻日公使和领事。

我无法特别描述美国人在这两个国家里是怎样开展他们的新的令人难堪的工作的。他们在两国分别救了一些人的命，他们以最审慎的态度处理归他们管的商务利益问题。没有听到过与他们有关的任何丑闻。战争结束之后，日本提出要授荣誉给我们全体，包括公使、秘书、领事。国务院拒绝要求国会通过一个允许我们接受此项荣誉的决议，理由是我们只是尽了我们应尽的职责。这种说法没错，但还是有问题的。因为我们的职责并不包括为一个外国提供服务，但从另一方面来说，这个决定是对的。我认为无论在何种情况下，一个外交官或领事官不应该接受任何外国的任何礼品、奖品、报酬或饰品，这样做是最好的。有关这一问题不容置疑，无论何时何地绝对拒绝所有荣誉奖赏，这是铁律。

李鸿章受伤康复后，签订了条约，回到国内。慈禧太后的偏爱，和李鸿章本身受的伤，挽救了他的命。新条约即刻在中国遭到了谴责。该条约打开了人们的想象力，它极大地影响了中国的未来！后面将会继续说到。

在写了好几页李鸿章之后，我要说，与他交往越深，对他越尊敬。他是一个伟大的人，也许是中国自有孔子以来最伟大的人物。不管有多少质疑之声，李鸿章就是一个爱国者。他不是满人，不是穆斯林，也不是蒙古人，他就是一个汉人，一个国家的脊梁式人物。他爱他的国家，希望看到国家按照外国的路线发展，变得强大和繁荣。在太平天国叛乱的困难日子里，他也许可以取皇上而代之，但他从未梦想那样做。他把自己的一生贡献给了慈禧太后，直至他生命的最后时刻。他尊重外国人，尽管他不热爱他们。他的身边总是有外国人围绕，他听取他们的建议，从他们身上获取知识，并把其所获用之于公共事务。他保护传教士，这并非因为他喜欢他们，而是因为他们的事业保证了公共安全。他鼓励和支持传教士中的医生和外科医师。他担任直隶总督的 20 多年里，他的辖区内没有发生过一次排外的事件。呈递到我面前的涉及外国人利益的案子，其他省份的都递交大清政府裁决，直隶省的就直接交李鸿章裁决。这样的处理办法他很满意，结果也很好。他是一个心胸宽阔的人，一个聪明的人，一个有知识的人，他得到过最高的文学学衔，他是一个"翰林"。如果我真的想批评他，那么我只能说影响他形象的就是他眼中只有有形的物质。他只看到铁路、轮船、电报将有益于他的国家，他致力于确保这些有形之物。一个人仅仅有强健的体魄，而没有确立起崇高的目的和目标，那么，这个人不可能成长为一个道德楷模或一个被崇拜的人。在未来的岁月里，李鸿章将会被人们遗忘，而对孔子的纪念将世代传承。李鸿章从未想到教育国人，扫除迷信，改善他们的精神世界。因此他的毕生事业无法获得成功。他的继承者在极大程度上将是一个改革家。他会清除古老的错误做法；他会根除愚蠢和无用的迷信；他会教导人们在公共的和私人的生活中讲诚信和讲道德。很可能这个人是一个基督徒，如果他是，那么，他将提升中国，使中国与她的西方姐妹们并肩。

在结束讲述我的外交生涯这一段故事之时，我想我应该为我自己和我的职员做证，我们时刻准备、甘心情愿提供无法估价的服务，我这样说是正确的和公正的。我的儿子田夏礼（Charles Denby，Jr.）是使馆的秘书，哲士先生（Mr. F. D. Cheshire）是翻译，他们两人都能说一口流利的汉语，并且精通中国人的习惯、风俗和历史，他们不遗余力地履行他们的重要职责，如果有什么荣誉应奖赏给什么人的话，他们两人应属于获得一等荣誉之列，因为他们终于成功地使两个东方大国开始了终战的和平谈判。

# 第十一章　瓜分中国领土

1895 年 4 月 17 日，中日两国签订了终战和约。5 月 8 日，双方交换了和约批准件。日本方面的谈判代表是伊藤博文和陆奥宗光，中国方面是李鸿章和李经方。李鸿章的头衔是中国大皇帝陛下特简中国钦差头等全权大臣、太子太傅、文华殿大学士、北洋通商大臣、直隶总督、一等肃毅伯爵。李经方的头衔是中国钦差全权大臣、二品顶戴、前出使大臣。

和约中争议最大的，也是最受谴责的条款是割让奉天省（辽宁）的一部分给日本。和约规定中国永远让与日本的领土如下：

一、下开划界以内之奉天省南边地方：从鸭绿江口溯该江以抵安平河口，又从该河口划至凤凰城、海城及营口而止，画成折线以南地方。所有前开各城市邑皆包括在划界线内。该线抵营口之辽河后，即顺流至海口止，彼此以河中心为分界。

辽东湾东岸及黄海北岸在奉天省所属诸岛屿，亦一并在所让境内。

二、台湾全岛及所有附属各岛屿。

三、澎湖列岛，即英国格林尼治东经百十九度起至百二十度止，及北纬二十三度起至二十四度之间诸岛屿。[1]

中国同意赔偿日本库平银二万万两。向日本增开 4 个口岸——沙市、重庆、苏州、杭州，日本有权在该 4 城市驻有领事。日本轮船可在宜昌与重庆间的长江上通航，也可从上海进吴淞江及运河以至苏州、杭州。日本人可以在中国通商口岸城邑，从事各项工艺制造，也可以将各种机器装运进口。允许日本人在内地经商、租赁仓库栈房。

伊藤博文

1　见《中外旧约章汇编》第 1 册，第 614—615 页。——译者

俄国对于这一和约中的其他条款都不反对，就是反对割让奉天省南部地区给日本。日本真是愚蠢和疯狂，坚持要求割让大陆上的一块土地。它曾被有礼貌地警告过，这是不容许的。日本的高层也知道俄国不会同意它占有这块土地。俄国几乎就要实现从彼得大帝以来一直想要得到一个出海口的梦想了。随着西伯利亚大铁路的修建，它已接近不冻的海面了。它正在寻找一个冬天不结冰的不冻港，它把目光停留在大连湾。日本人的要求正是一个胆大妄为的梦想，可以想象，俄国怎能容忍在它与海边之间插入一个年轻、活力四射、野心勃勃的国家呢？日本天皇和他的顾问们完全清楚这些情况，但是在陆海军的鼓动之下，还可能受到英国的影响，英国想要切断俄国通向印度的海路，日本方面于是坚持这一愚蠢的割让行动。和约内容刚公之于众，俄国就在法、德两国支持下，通知日本必须把割让的辽东半岛归还中国，俄国在中国水域共有 23 艘战舰，这些战舰随时准备投入战斗。日本立即同意将辽东半岛归还中国，但要求中国为归还辽东半岛另支付日本 3000 万两白银。因为俄国干涉还辽，日本一直怀恨在心，现在正在报此一箭之仇。

对于中国来说，日本对华的这次战争是其走向毁灭的开始。因为《马关条约》使中国丢尽脸面，蒙受耻辱；中国失去了她的最美丽的岛屿——台湾；她背上了巨额外债；而最严重的是她失去了尊严——就是中国人所说的"面子"。中国有着庞大的人口，一直以来被认为是强大而危险之国，结果证明她在世界面前只是一个充满了空气的巨人。世界各国从而得知，中国没有战斗力，于是都纷纷寻找借口来瓜分其领土。

首先是在 1897 年 11 月，山东省发生了两名德国天主教传教士被杀案件，这种小规模暴乱事件在中国是经常发生的。案子发生后，德国连个招呼都不打，立即派遣大批海军陆战队登陆胶州（青岛），胶州是山东省的一个港口，距离芝罘（烟台）大约40英里。德国海军陆战队占领了胶州背后50英里的中国领土，并令中国守军撤退。之后德国要求租借它所占领的土地99年，承认它有权控制山东省的铁路和在省内开矿的权利，并要求为两名死难者的家属支付赔款，重建被暴民损毁的教堂和房屋。中国请求俄国帮助，因为俄国与其订有《中俄密约》，俄国宣称保护中国，反对一切入侵中国者。但是俄国对中国的请求拖拉磨蹭，直至最终她被迫与德国签约同意德国的要求。然后俄国通知中国，沙皇对于这样的结果很是不满，并且为了保护俄国的利益，它提出租借旅顺、大连湾，以及港湾后面的大片中国领土，实际就是它不容许日本得到的那片土地。法国宣称根据所有条约中有关"最惠国待遇"条款的解释，它要求将海南岛对面的广州湾[1]的大片土地租借给它。英国则迫使中国租借给它南、北两块地，北边是威海卫，南边是要求割让围绕香港岛的400英里范围内的土地和水域，包括大陆上的一部分土地。意大利也要求租借一块土地，但因这时慈禧太后已经掌控了朝廷，意大利的要求被驳回了。

我们要知道，旅顺港是中国最重要的堡垒。当你进入北直隶海峡时，你可以看到它就坐落在北直隶海峡的右侧。威海卫是中国第二大堡垒，它坐落在海峡的左侧。北京距离海峡大约100英里。所以，列强控制了海峡，就控制了北京。这种态势正好比英国占有了门罗堡、俄国占有了总督岛、德国占有了查尔斯顿和法国占有了加尔维斯岛一样。

当然，这些强国不会不给出一些理由，为自己这些从表面上看就完全错误的做法做辩护。俄国为自己辩护

1　1899 年 11 月，法国与清政府签订了《广州湾租界条约》。原文中误将广州湾说成在海南岛的对面了。——译者

说，它不得不为西伯利亚大铁路找一个出海港口做终点站。英国说它为了自保应该占有威海卫，并且扩大香港周边地区，以使其免于敌舰的侵袭。德国坚持，中国说了要为德国帮助归还辽东半岛支付补偿金，但却说了不做，因此只好自己帮助自己了。法国则说它就是学它的姐妹国，它们怎么做，它就怎么做。

让人怀疑的是法国或德国这么做到底有什么价值。投资胶州就证明是一个很遗憾的事情；法国的租借地也没有派什么用场，可能永远也不会加以利用。

世界各国政府眼看着这些掠夺行为接连不断地发生而不做任何表态。可能我不应该对这些国家做任何评论或谴责。我想起了《圣经》中的谆谆教诲："不要评论别人，免得被人评论。"无论对于国事还是私事都应以此为准则吧。

所有这些掠夺残酷地、毫无理由地打击了中国。他们摧毁了中国政府的尊严，激起了中国百姓的不满，阻止了中国和平发展的步伐。他们的行为抵消了此前外国人对待中国的公平和诚实的态度，让他们自己在中国人的眼里成了卑鄙的强盗。从此之后，慈善在中国人看来就是外国扩张的伪装，中国全体民众变得敌视外国人了。所有论述过 1900 年"义和团"运动的作者，从中国海关总税务司赫德爵士到普通的在华传教士，都认为这次叛乱的直接原因就是外国列强瓜分大清领土。而对于没有参与这种扩张行为的国家的外交代表来说，亲眼看到自 1863 年建立起来的合作政策大厦坍塌了，这是多么悲哀的事情啊！暴力取代劝说，肢解取代领土完整，列强各国之间毫无廉耻地争吵，好像这样就能从一个衰竭之国的软弱无能中获得最大利益，看到这一切真是令人悲哀至极！

作为一种政策，抢劫的做法是完全错误的，对于被抢劫的中国或对于实施抢劫的国家都没有好结果。世界的利益需要让中国富裕和繁荣起来。中国将是外国商品的巨大市场，她本身又有大量的商品供出口。把她打入敌对阵营，就是扼杀商业。中国像日本一样，1897 年之前已经在致力于自救，每个省都通了电报，外国轮船被允许在所有河道上通航，关税低得微不足道，铁路正在修建，矿藏已在开采。我作为公使驻华时坚决主张，现在仍坚决主张：中国应该是自己命运的主宰；物质进步是必须的，但要由她自主决定；她的自治权应在所有国家共同利益的基础上得到维护。

# 第十二章　第一个菲律宾委员会

　　1899 年 1 月，麦金莱总统指定雅各布·古尔德·舒尔曼阁下（Hon. Jacob Gould Schurman）、陆军少将埃尔维尔·S.奥蒂斯（Elwell S. Otis）、海军少将乔治·杜威（George Dewey）、迪安·C. 伍斯特（Dean C. Worcester）教授，还有作者我，5 人组成一个委员会，去处理有关菲律宾岛屿上的一些事务。这个委员会一般称作"和平"委员会，这一表达从技术上来说，用词不当，但是实际上却说明了它的主要目的。总统给予该委员会的指示中说，他们的任务是"促进我们政府的权威得到最人道、最平和、最有效的扩展，毫不拖延地保证岛上居民的利益，给予他们的生命财产以明智和慷慨的保护"。为了这个目的，委员会成员不知疲倦地去了解、研究岛屿上存在的所有情况，报告一切可能在处理问题时影响他们利益的各种事情。委员会并不受到岛上政府的信任。无可争辩的绝对控制权仍然在军事当局手里。当委员会的文职成员到达马尼拉时，奥蒂斯将军是最高权力拥有者，并且在委员会在马尼拉期间一直是这样。

形势不太正常，奥蒂斯将军是委员会的成员之一，他只是偶尔按自己的意愿出席，但是他一点也不受他人束缚，也不会假装听从他人。他的确不可能听从他人。事情必然会这样，正在发动一场大战的司令必须是至高无上的。这一地位被委员会所认可，没有采取任何步骤去冒犯他的权威，不过处在这个地位上要做的工作是极为艰难的。在将军与委员会其他成员相互理解之前，曾发生过一些摩擦，之后始终和谐相处。文职成员的主要目的是抚慰菲律宾人。事情看起来很矛盾：军队积极备战准备镇压，而总统委任的一个受人尊敬的绅士团队在努力地劝导敌方放下武器，但这就是当时的真实情况。

委员会到达马尼拉后不久发布了一份公告。公告中说，除了独立之外，作为人所要求的权利都给予菲律宾人。这纸公告上有委员会全部 5 人的签名。作为政府为一个自由的民族所做的计划，这纸公告中包含了所有人类自由的原则，除了国家独立。这一公告可以在《大宪章》《人权法案》，以及我们自己的宪法中找到。公告以英文、西班牙文和菲律宾官方语言塔加洛语发布，在各地大量张贴，但是无论在哪里张贴，都被撕毁，当地的头人还禁止部属阅读公告，用尽所有手段来压制公告的传布。不过，大多数人还是读了公告，这就为委员会的下一步行动打下了基础。结果之一是阿奎纳多（Aguinaldo）[1]派遣他的一位首席官员阿奎列斯（Arguells）上校来面见委员会，询问是否可以发布一份停战书，同时考虑停战宣言的条款。奥蒂斯将军拒绝发布停战书，但是事实上阿奎列斯在马尼拉时，没有战事发生。与阿奎列斯上校举行了长时间会谈，要求他诱导起义者放下武器，并与委员会一起制定基本法。阿奎列斯被顺利地说服了，他回去后

---

1　阿奎纳多（1869—1964），菲律宾人民起义领袖，后为菲律宾共和国首任总统。——译者

很快带回来一个同伴齐亚锡塔（Zialcita）队长，会谈得以继续深入。在阿奎列斯返回期间，双方再一次停战，尽管没有正式的停战协议。双方的首席代表长时间地会谈，对于整个态势进行了坦率的友善的讨论。多次重申在处理当地事务上，给予岛上政府充分自由的裁量权，但是独立的问题不在讨论之列，因为决定权在美国国会，由不得具体执行者。阿奎列斯上校表达了他自己对于委员会的观点极为满意，但是希望宣布一份明确的政府计划，以便他可以转交给阿奎纳多。

向总统汇报之后，收到了国务卿发来的电报，其中有政府计划大纲。简要地说，由总统指定一名总督，由总督选择内阁成员，由民众选举出一个顾问委员会，由总统指定一个独立的由大法官组成的司法委员会，总督具有否决权。

当阿奎列斯回到他那边去之后就被逮捕了，以亲美罪审判了他，最终被判降低军中级别，并入狱 12 年。然而尽管这样残酷无情地对待一个使臣，1899 年 5 月 19 日，阿奎纳多还是又派出另外 4 位知名人士来与委员会协商。他们是森诺·格拉西奥·冈萨加、森诺·巴雷托、格雷戈里奥·德尔皮拉将军和齐亚锡塔队长。第一位是个著名的政治家，第二位是大律师，其他两位是声名卓著的军人。这 4 位来到之后的两天里，对于他们能想到的关于法律和政治的每一个问题都与委员会进行了讨论。宣言书、政府的各项计划，特别是上面已提到的大纲，都逐字逐句地讨论了一遍。这几位使臣承认，对于委员会公布的计划确实无法做出有效的反对；但是独立之梦萦绕心间挥之不去。他们回去了，承诺 3 个星期后再回来给出起义领袖的答复，但是他们再也没有回来。

这些使臣在这里期间是与我们站在一边的，没有发生战事。但是奥蒂斯将军拒绝承认起义者的地位，也不允诺正式停战。不过在这些使臣与委员会协商期间事实上处于停战状态。在上面提到的讨论中提出了一个问题，即菲律宾军人如何安排的问题。这些使臣认为他们应该加入美国军队，但是很明显这是不可能实现的，除了少数几个团有可能被接收。最终一致赞成的建议是，军人可以参与筑路和其他的公共工程，这样他们可以挣得一笔养家的钱。

委员会的成员每天在会见厅的房间里一坐就是好几个小时，与来自马尼拉的和其他各岛屿的重要商人、银行家、律师、编辑和官员们对各种问题进行仔细检查、商讨。这些来访者提出的问题涉及岛屿上各方面的问题，如政府、政治、社会、种族、法律、货币、公共财产、机构、中国人问题、教会财产、农业、气象、铁路、商业等。委员会的报告中包含了有关这些方面的陈述，是很有价值的。

委员会成员居住在马尼拉的日子里，在整个下午和晚上，都开门接待自由的来访者，尽一切努力来获得当地人的好感。委员会也特别期待会见阿奎纳多。委员会让人带话给他，我们可以在他选择的任何地点与他会见，我们将自由地坦率地与他讨论所有的分歧。我们向他保证若他来我们这里谈，我们保证他的安全；同样，我们去他那里谈，由他保证我们的安全。但是我们的建议从未被接受。

在马尼拉停留了几个月之后，其中两位成员突然被召回华盛顿与总统商讨事情，于是终止了为避免进一步流血所做的真心实意的、明确坦率的努力。因为起义领袖不接受任何不包含独立的建议，战争不得不继续下去，直至我们的权威完全确立。认真地无偏见地研究了岛屿上的情况之后，委员会向总统提交了初步报告，其中包含了委员会对于形势的看法。该报告中简述了导致发生 1896 年反西班牙起义之事的来龙去脉，以及杜威获胜后发生的那些事情。报告还阐述了民众感情逐步转向美国的令人欣喜的变化，并详细叙述了军事当局采取的措施，包括组建市政府、一支由当地人组成的警察队伍和公共学校教育体系。在所有这些事务中，还有在为黑人岛准备一部章程、建议与苏禄岛人开一次会议等这些事情上，委员会成员都积极地去做，不过只是作为顾问参与。

在提交初步报告后不久，一份全面的最终报告完成了，并得以出版和发行。最终报告共分 4 卷，并附一份地图册，报告中包含了大量的有关菲律宾群岛及其岛上居民的信息。

至于对于菲律宾人最终应该怎么办，委员会没有提出任何确定的观点。委员会的观点也有表述，可以查看最终报告的第一卷第 183 页，内容如下：

如果天意不可违，我们撤离了，那么委员会相信，菲律宾人的政府将很快陷入混乱，这倒为其他国家的干涉以及各岛屿之间最后的分崩离析找到了理由，即使这样的理由并不需要。因此，只有通过美国的占领，才能实现建立一个自由、自治、统一的菲律宾共和国的理想。并且，从菲律宾人的观点来看，维持美国对群岛的统治权是必不可少的，这已经成为所有菲律宾知识阶层的共识，甚至那些愿意得到美国保护的起义者也持这一观点。当然，后者即起义者将获得税收，而将责任留给我们来承担。不管怎样，他们认可不容置疑的现实，即菲律宾人不能独自存在。这样一来，菲律宾人的福祉就与（美国）国家荣誉不允许我们放弃群岛的命令相一致。无论从任何角度来讲，我们都不能逃避我们的统治权所应承担的治理职责；委员会坚决相信，履行我国的职责，将保证最大程度地赐福于菲律宾群岛的居民。

我们该拿菲律宾人怎么办，本书极少涉及。1900 年的总统选举结果表明了绝大多数人民的主张是：既然美国国旗荣耀地高高升起，那就不应该灰头土脸地降下。因为是起义者首先把战争加诸我们，而不是我们加诸他们，那么只有他们降服，没有任何其他结果能与我们作为一个主权国家的利益相一致。

和平现已实现，菲律宾人正在开始作为美国公民公正地受到监护。从此之后是否将在赤道出现另一个加拿大，或澳大利亚，或一个自由的、独立的共和国，这将取决于这里的人民在治理能力方面取得的进步。以下两方面无须赘言：一是眼下在治理涉及菲律宾人的所有事情上显然都十分谨慎和努力办理；二是也许可以期望目前的政府及后来的继承者能够轻松而成功地解决此后可能发生的问题。

# 第十三章　义和团运动[1]

众所周知的发生在中国国内的暴乱，即"义和团运动"，其目的是直接反对外国人，并最终得到慈禧太后和她的一些满族大臣的援助和支持，这是一次中国历史上最为引人注目的事件。阐述这一运动、其起因及其深远影响，将构成中国这10年历史的重要部分。

1895年日中战争以中国的惨败告终，中国致命的软弱无能暴露无遗，政府的愚蠢在1900年臭名昭著的围攻北京使馆之时达到了顶点，这一切在消息灵通的观察家看来，这个国家已处于极其危险的境地，除非及时处置，否则灾难不可避免。北京的状况很凄惨，行政管理腐败，整个朝廷毫无诚信、正直和爱国可言。这种状况诱发了外国列强的野心和私人阴谋家的欲望。在北京的一些外国代表对中国政府采取了好

1　本章原文标题为"The Boxer Uprising"（直译为"义和团暴动"）。"Uprising"在殖民语境中隐含"非法暴力反抗"的贬义，属西方殖民者立场话语，与中国学界将义和团运动定性为"反帝爱国运动"存在本质差异。本书采用"义和团运动"标准译名，旨在呈现该运动作为中国人民反帝爱国运动的历史性质。详情可参看第196页注1。——编者

斗的和专横的态度。对此，该国大臣还无法予以对抗；这样一来，又引起了其他列强的猜忌和警觉。就是在这一阶段里播下了反抗的种子，后来在 1900 年发展成为震惊世界的规模宏大的反抗运动。

1898—1899 年可以说是"抢夺租借地时期"，就是在这一时期，中国政府或许出于开发资源的徒劳想法，或许受更卑鄙的动机所驱使，开始允许外国为建造铁路、开采矿山和其他目的而租借中国领土。在商议租借地的过程中，国际竞争极为激烈，国际资本财团的代理人之间在北京你争我夺，互不相让，外国使节在一定程度上也参与其间。这一切在中国官员面前展现了一幅外国肆无忌惮地掠夺场景。毫无疑问，外国人的威信在这一时期大大地削弱了，也为他们自己被人轻视准备了理由，这一点是后来才体会到的。中国的统治者从外国人为在中国得到一块立足之地而激烈竞争中看到，这是对政府的一种威胁。的确无须什么远见，就能领会那些拥有排他性权利在中国经营大企业的外国资本大财团，迟早必将冲击当地客户并打击本国产业。可以想象得到，特别是当想起所有的外国人和外国企业在中国都享受治外法权时，这种打击是不可避免的。在此必须要提到，治外法权保证了他们无论是在刑事还是在民事诉讼中，处于被告地位时，完全不由中国当局来审判。对于中国人来说，这足以使他们想到，中国割让给外国包含全面性权利的租借地时放弃了自己的一大部分主权；甚至不用想，问题就再明显不过了，外国人在发展铁路、矿山和其他工程的同时，正在获得巨大的权势。

例如，本地矿主感觉到了外国对手的竞争，并且很容易地体会到外国人不受官方的剥削和压迫，致使中国竞争者处于不利的地位。更有甚者，非常普遍的恶感来自中国给予外国人本属私人矿主既得利益的权利。例如在有些案子中，中国人已在当地开矿，并且已连续开采了几百年，而中国当局却把这里的矿权给予了外国人。在一些租借地上，外国租借人有权驱逐中国人，或者借故使中国人毫无选择，只得把矿权出卖给外国人。同样地，铁路的修建也遭到普遍的反对。以水陆运输为生的船工、车夫等苦力阶层，看到火车这种大铁马来到这里，一车装走的物资足够他们忙碌几个星期的。原来具有重要地位的城市，比如距离北京很近的通州，那里运河为船只运输及货物装卸提供了方便，而现在它的重要性减弱了，城市也衰败了，就是因为附近修建了铁路，铁路把买卖交易转移了，而买卖交易是城市几百年来繁荣昌盛的主要支柱。底层的中国人无法理解工业进步归根结底是提高人民生活的手段，是在为更广大的地区走向繁荣昌盛做贡献，而那些地区的人民仍在以更原始的方法生活、劳作。在任何时代都一样，那些受新的方法和发明直接影响的人们看不到它们将带来的终极利益。

　　普通的中国人感受到外国人的积极活动威胁到了自己经营的厂矿和日常营生，同样，受过教育的中国人，或说文人阶层以明显的警觉看待外国宗教思想的传播。儒学对于中国文人来说胜过宗教，事实上，儒学的教义是一个针对任何时代、任何情况的伦理体系；它是这个国家的根基，是政府和社会的基石。孔子的后人现在仍居住在山东，生活在这位大圣人的墓地附近的家族地产上，他们受到的崇拜，几乎是全帝国的崇拜。他们的世系可以不间断地追溯上去，比世界上任何一个君王的世系还要长好几百年。孔圣人，这个家族这样称呼他们这个家族的为首之人，这一称呼使他所拥有的头衔和特权毋庸置疑地高过皇帝本人所拥有的。无论经历造反、革命、朝代和皇帝的更迭，一代又一代的孔圣人后裔继续受到百姓的崇拜，朝廷的敬仰，儒学成为了中华帝国的主要学术科目。对于孔子后裔的权利有任何侵犯就是渎圣罪，对于他们杰出的祖先有不敬的言行，就是对于帝国受过教育的阶级的侮辱。仅次于儒教的是中国的另外两大宗教——佛教和道教，它们深深地影响了民众的想象。由于它们几乎已异化成为无形的迷信，因此渗透进了千百万民众的日常生活中。普通中国人也许说不清楚他们为什么去佛教庙宇祭拜，或为什么请和尚来家中念经，但可以肯定的是，这两种宗教对他们的心理有极大的影响力。当家庭生活出现危机时，他们就会想到宗教祭拜；举办葬礼或婚礼，和尚是必不可少的，甚至在生活中一些不算最重要的事情上，比如盖房子、开始商业冒险投资等，他们也会请来和尚或道士。

正因为如此，基督教引进中国，传教士锐意进取的推动，始终不为中国受过教育的各阶层所接受，也不被未受过教育的民众所接受。受过教育的阶层从基督教的传播，看到了他们所崇敬的体系受到了威胁，也看到了民众与传教士不切实际的宗教活动发生的冲突。只要基督教传播看来取得了一点点进展，这还只是在偶然的场合以及纯粹是局部的，就会发生反基督教的暴动。而当基督教传教运动在百姓和政府看来，有着一种增强的势头和活动力时，这在过去的 10 年间的确是这样，那么，在民众和官员心中就把这种传教等同于一般的外国侵略，并认为它攻击了中国体制的一个最重要方面。

中国人对传教士总体的态度，特别是把传教作为引发义和团运动的一个原因，值得更具体地加以关注。不同情传教运动的人士已经广泛宣传，说 1900 年的排外暴乱的主要原因就可在传教运动中找到。这一观点当然是站不住脚的。传教士是一个因素，一个很大的因素，但同时，对于 1900 年的排外情绪来说，商业活动，特别是某些外国政府的政策，在更大的程度上要为给传教士带来如此灾难的暴乱负责。

分析一下惨痛的反基督教运动，我们发现大致上可以这样解释，最初的排外，很大程度上只是把传教士作为外国人来反对，而不是把他们作为外国宗教的传道者来反对。例如，有几次发生的暴力行为，其借口就是指责传教士，说医院里挖出小孩子的眼睛用来做药。这种无端的指责就是为了煽动百姓反对所有的外国人，而不是特指传教士的。谴责传教士对于中国人有侵犯行为和个人施暴行为，这可以去证实，如果有的话，也只是极少数。而外国人中的非传教士对待中国人的恶劣行为倒是有可信实例的。从大量的事例中可以看到，传教士受到中国人的爱戴，他们与这些中国人成功地建立了亲密关系，他们受到所在地区里各个阶层的普遍尊敬，成为地区中的知名人士。也许众多的谴责中，只有一种谴责是针对传教士的，并且是有根有据的，这就是他们代表他们的追随者出庭干预诉讼。这方面有许多具体的案例，这是不可否认的。了解事情的真相只需要这样做，了解针对天主教方面的谴责是否有道理，可以去询问新教传教士。而天主教方面也能给出很多有关新教应受谴责的事例。天主教皈依者和新教皈依者之间发生争吵，这样的案子真实存在，双方各自依仗自己一方教会的支持，这其中很难说哪一方占理，因为中国乡绅各站在一边，他们的证明又正好相反，双方又有各自的好像值得完全信任的传教团队的支持。很自然，中国人发现在诉讼争辩中，他们的对手获胜了，就是因为有外国传教士的支持，于是对基督教堂及其皈依者产生了无比怨恨的情绪。同样很自然，参与听讼的中国官员也会怨恨外国人干预法律诉讼，即使在法庭上他们内心已领悟到这样的干预倒是有助于做出公正的决定。值得注意的是，关于传教士在这方面的劣迹的说法，朝廷本身也信以为真了。1900 年 6 月，正值华北地区骚乱之事接连发生之时，《京报》上刊登的一则上谕中说，诉讼中庇护叛依者，劣迹斑斑之人也成为了叛依者。

仔细考虑一下，传教士在这方面确实有错，他们必须对义和团暴乱的爆发承担一部分责任，而他们又是这场暴乱的最大的受难者。

因此，综合起来看，义和团运动的发生有三方面的原因：

一是因为列强中几个国家的侵略和专横行为，主要是俄国和德国，它们在中国抢占租借地，法国则积极地支持某些抢夺铁路租借地的行为。虽然中国名义上通过协定的方式默认了俄国以铁路合同为借口对满洲的侵占，以及德国蛮横地夺取胶州作为两个传教士被杀害的补偿，但在社会上层圈子中，普遍认为清政府的默许是被外国威胁强迫的，不过是用外交手法遮掩着，并认为外国人的进一步行动将最终导致征服中华民族。统治阶级的这种感觉使得他们默许义和团的兴起，鼓动各地的无法无天的暴民汇聚到一起，共同发力消灭外国人和他们的惹人怨恨的宗教。

二是在清政府割让的各种租借地上，外国人和外国辛迪加的活动与中国百姓发生的摩擦，以及中国人的不安情绪。这第二方面的原因与第一方面的原因有关联，上面已有详细叙述。

三是反传教士情绪，这主要是由于无知，但上述勾勒的原因多少也能说明问题。

另一个重大情况也强有力地触发了义和团运动。1898 年，光绪皇帝锐意改革，发布了一道又一道谕旨，下令改革帝国的基本制度。这年 1 月 29 日的谕旨中，要求特设科学技术方面的考试，废除八股文，而八股文一直是科举考试必用的文体。光绪皇帝要求全国县、府按照西法设立学校，各省会设立大学。废除一切旧规矩旧事情，立即遵照新规新法办事，然而人们对于实行新制度还没有做好准备。修建铁路，设矿产总局、人才局、专利局，全面改革军队，设报馆，这些都是改革计划的一部分，还有裁撤闲职。

铁路督办胡燏棻

　　这是扫除一切旧制度的革命，中国被这一改革内容震惊了。慈禧太后以及百姓反对这一改革，太后十分冷静而坚定地掌握国家权柄。传说她谋杀了光绪，但是她实际上从未想走这一步。她把光绪撂到一边，自己再一次摄政，就像过去前两次那样。有些改革措施保留了，如有关修铁路、开矿的措施，但是绝大多数改革被无情地废除了。皇帝在他的位置上毫无抵抗地默认了，忍受太后按她自己的旨意办事。皇帝本人缺乏能力实施改革。他的想法是好的，但是他的步子太快了。光绪无论在精神上还是在体质上都太弱了，面对几个世纪以来控制中国的保守势力，他不可能有任何成功的希望，他所承担的任务太重太多了。

1899—1900 年的冬季，华北大地上酝酿着骚乱，骚乱就来了。在山东一些村庄里的人，注意到了德国政府的侵略行动，开始组织起来，显然是那种互保的社团，取名"义和拳"。中国字"义"代表爱国，"和"表示和睦，"拳"则与该团体的武术操练相关。外国人根据义和拳的最后一个字，把义和拳称作"Boxers"。这个社团的成员在加入时要举行一种仪式，据说这是为了使他们不受伤害，并能受到特殊的精神力量的保护。当他们发起进攻时，他们口念咒语，据说他们也会沉迷于手舞足蹈或仰卧，这样做可以有效地保护他们。他们就这样在赞美他们的人群面前表演他们的那一套，表明他们的要求和主张。有时在他们首领的安排下，偶然会有一个人被误击而粉身碎骨，这个人就会被人看不起，因为他没有掌握好保护自己的技艺，或者他没有彻底相信神的保护力量。这年下半年，当义和团成员在进攻外国人的据点时，比如北京的使馆和天津的租界，发生了很多惊人的事件，其中有外国大炮无法"击倒"近距离内穿着义和团服饰的义和团成员，他们显然成功地卧倒并逃走了。一些这样的例子，在无知的追随者心中抵消了更多的战例中他们的同伴被杀带来的恐惧。他们的首领说被杀的人都是因为他们缺乏信心。当然，这种信心不可能持久不动摇，义和团经历了残酷的验证，欺骗是不能得逞的，最终可耻地失败了。中国的正规清军在进攻天津火车站时，非常勇敢，但是被击退了，损失惨重。

　　再来说说清军这一边，他们嘲笑他们的联军义和团，嘲笑他们声称自己有不受伤害的魔力，并说应该轮到他们来进攻外国人的据点了。义和团成员们在清军强制下，不情愿地向前进攻，结果可耻地败阵后撤，清军愤恨义和团的矫饰造作，造成彻底失败，反而向义和团成员射击，打死了他们一大片。

在天津的中国官员圈子里流传着一个有趣的故事，是关于总督袁世凯的，他那时是直隶总督。当义和团在山东兴起之时，北京的外交团立即警觉起来，他们要求撤换山东巡抚。清政府接受了外交团的要求，派遣袁世凯去接替山东巡抚，他那时率领一支由外国人训练的军队驻扎在天津附近。袁世凯曾驻扎朝鲜，对1894—1895年的中日战争有一定的了解，也和外国人打过交道。他完全不相信义和团的胡言乱语，并且，他是一个很有决断的人。当宣布他就任山东巡抚后，他率领一支大部队前往。到达山东后，最著名的义和团首领们组团去拜访新巡抚，他们要向他说明他们的信条，并要让新巡抚对他们具有不受伤害的魔力留下深刻印象。袁世凯郑重其事地倾听他们的叙述，赞扬他们的魔力，最后邀请他们共进晚餐，以及会见一些省里的头面人物。义和团首领们很高兴他们给新巡抚留下了好印象，欣然接受邀请。晚宴时，袁世凯将义和团首领们介绍给其他客人，晚宴将结束时，话题转到义和团的神奇魔力方面。最后他对义和团首领们说，展示一下他们不受伤害的魔力，不仅是他个人很感兴趣，也是其他客人很感兴趣的事情，他相信义和团首领们会高兴有这样一个机会来最终证明他们的宣称是真实的，也使那些对此还心存怀疑的人能够相信他们。随后，袁邀请不太情愿的义和团首领们来到检阅场地上，展示就在这里进行。抗议已经没用了，这群不幸的首领们靠墙站成一排，他们发现对面就是一队巡抚的士兵，这是由外国人训练的手持来复枪的士兵。"开火"令一下，这些首领们一个个都倒地死掉了，义和团宣称的不受伤害的魔力展示就此结束，这一事件极大地有助于山东省在后来义和团暴乱的时期里保持稳定。在袁世凯被提升为直隶总督之前，他常常自夸如果给他权力，他就能控制整个帝国，他还常以山东的管理来证明他的能力。从一个方面来讲，袁是他的辉煌前辈李鸿章的忠实追随者，也就是毫不犹豫地诉诸武力。当李鸿章从广州北上经天津进京去与外国列强协商条约时，与袁有过长时间的推心置腹的交谈，谈到直隶的情况，李说："如果我在这里，暴乱无论如何不会发展到这一地步，我早就会控制住它。"当问他："你怎样控制它？"他回答说："杀，杀，杀。"毫无疑问，要是这个老武将坐镇天津，会使用他所说的无情手段，也会扼制住这场运动。

义和团这一类社团组织，以及其排外和反基督教的目的，分布在山东和直隶内地的传教士们已经注意到了。但是送到北京、上海和天津的最引人警觉的报告却在很大程度上未被予以相信。排外运

袁世凯

动的迅速发展是从 1899 年 12 月 30 日谋杀英国教会教堂的卜克斯先生（Mr. Brooks）开始的，谋杀发生在山东肥城境内。这在一时间里引起了附近地区其他传教士对于安全问题的警觉。外国公使们向中国当局提出正式抗议，抗议他们未尽到保护的责任。

对于卜克斯谋杀案的惩处，看来并没有能阻碍义和团运动的蔓延。它迅速地从山东向直隶境内发展，并且主要针对本地皈依者实施暴行。很明显，非汉族的，也就是满族和蒙古族的绝大部分人，是朝廷中的谋士，他们同情义和团。慈禧太后的担忧不仅来源于外国列强的强势，也受到皇上本人心中崇洋思想的刺激，因此她几乎不隐瞒自己倾向义和团的态度。

1 月 24 日，光绪皇帝发布一道令人吃惊的诏书，肯定是慈禧太后用尽一切可能强制他发布的。诏书中声明并生效：皇上不胜任政府职责，他不仅无子女，而且身患不治之症，无法为帝位生育后继之人，因此他要求太后为他选拔一位继承人。太后选中端王的儿子溥儁为大阿哥，即皇位继承人。这一诏书使皇上的权力不复存在，并且使同情义和团的一派以端王为实际首领，取得了几乎至高无上的地位，影响极大。从那时起，义和团运动以迅猛而强劲的势头发展起来。义和团训练公开地进行，不仅在直隶的城镇和村庄，甚至在北京和天津的街道上。袭击皈依者，袭击在中国的外国铁路技术人员，袭击传教士的事情已经司空见惯。外国公使不断向总理衙门提出采取强有力的措施镇压秘密社团，但是总理衙门大臣冷冷地对待，只当耳旁风。6 月 5 日，英国公使要求总理衙门大臣采取严肃行动，并向他们指出，如果继续拖延，将不可避免地遭致外国干涉。公使们并未试图为他们的政府辩护，他们指出如果发生外国干涉的话，北京的安全不能保证。大家都认为这个政府根本不想严肃处理"这场得人心的排外运动"。

典型的中国村庄

1900 年 5 月 19 日，北京西什库教堂的樊国梁主教写信给北京的法国公使说："我请求你相信，公使先生，我得到了确切消息，我不是随便说说的，对宗教的迫害只是掩人耳目，主要目的是消灭欧洲人，这一目的清晰地写在'义和团'的旗子上。"[1]

对于义和团运动这一可怕骚乱的严重性，在初春时分，无论是北京的外国公使们，还是外国记者们都没有形成一致的认识。3 月 20 日的伦敦《邮报》(the Post)登载了"奥斯特亚洲劳合社"( Ost Asiatiche Lloyd ) 的一份抗议书的译文。该抗议书反对英国和中国的某些报纸的态度，这些报纸刊登了有关发生在中国之事的不可信谣言，目的是要使欧洲人相信，中国正处于革命前夜。一份德国报纸说："你尽可以放声大笑整个事情，然而事情根本不是那么回事，很不幸有很严重的另一面。那些报告，即便是最受人尊敬的报纸在前几周中刊登的报告，给中国大众，特别是给商人们留下了深刻印象，这种印象很难被驱除，而很

1 《英国蓝皮书》1900 年第 3 卷，第 108 页。——原注

261

自然地，他们这些人对于他们自己国家的朝廷情况和政治情况知道得很少，他们完全相信欧洲人的说法。流言蜚语电传到了欧洲和美国，肯定要影响中国债券的价值，更特别的是影响国内市场对于中国货的信心。"

值得注意的是，直到 6 月初，各国公使方面仍明确反对利用海军向中国示威，或向北京派驻外国卫队。俄国在这方面表现得尤其突出。有些评论家指责俄国上演深奥的外交游戏，而俄方的表演天赋也让人们看到了受指责事情的真相。看起来很有理由相信，在武力干涉势在必行之前，俄国是不愿意看到各国联合起来努力维持中国稳定的，它想由它自己单独出面，作为唯一的使馆营救者和中国秩序恢复者。这样一来，不仅可以给予它增强在满洲的兵力的合理借口，也可以给予它进一步侵犯中国的极好机会。在义和团骚乱发生之前、发生之时，以及骚乱刚刚结束之后，在华北的俄国代表从未这样积极过。其他外国人指责俄国人得到了有关中国政府的计划和怂恿义和团的秘密消息。大家都知道，俄国热衷于保护皇上和太后的安全，想把他们作为政治杠杆，所以当皇上和太后逃离北京之后，俄国感到特别懊恼。北京被联军占领后，李鸿章从广州来到北京与联军谈判签订条约，一路上李鸿章处于俄国官员和军队的监视之下，当然这并非李之所愿。俄国将军按照李鸿章的想法给他安排食宿，无论是走水路还是走陆路都一路护送，并为他提供外语翻译。俄国采取一切可能的措施不仅想给予李鸿章和中国当局一个总体印象，即李是俄国敬重的人物，而且想尽可能地设法影响和约条款，使之有利于俄国。看起来结果对于俄国的努力并没有足够的补偿。俄国得到一大笔战争赔款，和一些小块的租界。

保定府街景

再来说义和团骚乱。整个春天，慈禧太后的做法使得局面越来越不稳定。她使用她自己的压制进步的手段，不计后果地、一个不留地撤换所有疑似有亲外国人倾向的官员。改革者康有为、皇上的老师翁同龢，他们都是人们所敬重的人，可是他们被判处死刑。[1] 北京和天津附近乡村经常发生暴乱事件。1900 年 5 月 27 日，保定府里所有的房屋和火车站都被暴徒捣毁了。丰台这一北京至保定府的铁路枢纽站，距离北京 4 英

1 戊戌政变发生前翁同龢已被罢黜，驱逐回籍；康有为在政变前一日离京赴沪，在英国人的保护下逃亡香港。——译者

263

里，其周围的房子和所有的建筑也都被捣毁了，铁路员工逃到了天津。那时外国公使要求派遣海军陆战队到北京来，中国政府对此加以阻挠，外国公使们告诉中国政府，海军陆战队无论如何都要派来。于是开姆夫司令（Admiral Kempf）来到大沽，这里距离天津，走水路 60 英里，铁路 30 英里。他带来 100 名士兵，两挺机关枪和一门野战炮。除了一小队日本军人之外，这些美国人是到达天津的第一支军队。第二天，另外 5 国的军舰上派出的卫队也到达天津，于是要求中国政府允许卫队进京。中国方面看到拒绝没有用，同意每国派 30 名士兵进京。实际上进京的士兵是，英国 75 名，俄国 75 名，法国 75 名，美国 52 名，意大利 30 名，日本 30 名，同时大概有同样的这些兵力留在天津。乡村里的暴乱在继续。英国传教士孟鹤龄（Harry V. Norman）、查尔斯·罗宾逊（Charles Robinson）即孙牧师被杀害了。避难者涌入天津。京津铁路每天都遭到破坏，桥梁、涵洞被捣毁。那时有 20 艘外国军舰集结在大沽口外，北京的政府绝望了。慈禧太后是看好"义和团"的，但是现在看到外国军队入侵中国，她非常害怕朝廷会被推翻。于是她派那桐率军队去察看"义和团成员"。至于那桐是否对义和团采取了武力镇压，报告的说法不一。据说他下令朝敌人的头顶上面开火。不管怎么样，暴乱仍在继续，每天都发生焚烧火车站的事。

从 1900 年 5 月 30 日至 6 月 6 日，登陆天津的外国军队人数如下：英国，206；美国，175；俄国，150；法国，140；德国，412；日本，100；奥地利，31；哥萨克，60。他们中的 400 人前往北京，800 人留在天津。28 艘外国军舰停泊在白河口。1900 年 6 月 7 日，美国军舰"莫诺卡西号"（U.S.S. Monocacy）上有 25 名海军陆战队队员登陆天津。又有 2 艘军舰到达。铁轨都被拆掉了，铁路人员都逃走了。1900 年 6 月 6 日，星期六，芦台清军将领得到命令，派遣 7000 名由外国人训练的军队，携带 60 门野战炮，开赴大沽。这支军队确实从芦台到了大沽，是走陆路去的。军舰上的外国司令们经过商议，给白河口炮台的中国将领送去了一封信，要求新到达的军队不得进入炮台。

从大沽撤出的清军与从炮台逃离的清军会合，一起前往天津，他们的目的与"义和团"是一致的。这样一来，在天津就集结了 10,000 人的中国军队和 60 门野战炮。当发现有数千人的中国军队进入了炮台，地雷也在航道那边埋下了，外国司令便派人告知炮台将领，除非他们在 6 月 15 日星期六当夜 12 点之前投降，否则，外国军舰将在第二天凌晨 2 点轰炸炮台。凌晨 1 点钟时，炮台向外国军舰开火。从这时起一直到下午 6 点半，外国军舰连续不断地炮击炮台，很快炮台将领就投降了。在这次战斗中，英国死了一位军官和一个士兵；德国，一个军官被打死，一些士兵受伤，一些士兵因锅炉爆炸死亡；俄国，三位军官受重伤，死 16 人，伤 22 人，还有 70 人因炸药爆炸被烧伤；法国，一个军官被打死，一个士兵受伤。1900 年 7 月 5 日，星期四，天津总体上很平静，虽然还有一些炮击。8 日、9 日和 10 日，中国猛烈炮轰外国租界。10 日，中国企图以强大兵力切断外国租界之间的联系。他们围困西局一带，并一直到跑马场那里。日本、英国和德国的军队很快就朝他们开火。中国军队被打死了 400 人，6 挺机枪被夺。天津老城和大多数周围的炮台在 13 日夜间和 14 日上午被外军占领。各国的军人表现得都很出色。从人数比例上来说，美国最吃亏。900 人参战，他们损失了 100 人，被打死的人当中包括勇敢的利斯库姆上校（Colonel Liscomb），他在马尼拉指挥第九军团，头一天刚到天津，第二天就被打死了。

遭炮击后的天津

从这以后，天津恢复和平，但是直到天津都统衙门成立，还是发生了不少抢劫和混乱之事。关于北京被占领的故事已有相当多的人叙述过，我在此就简单说一下。1900 年 5 月 31 日，459名外国士兵或海军陆战队队员，作为使馆卫队到达北京。到 6 月8 日，居住在北京的外国人变得十分惊恐。西摩上将率领的援军没有到达北京，更使他们为自己的安全担忧。直到 8 月 2 日才知道西摩援军是被击退而返回了。美国传教士们同意集中到卫理公会教堂，该教堂坐落在使馆街尽头不远处，20 名海军陆战队队员被派去保护他们。天主教徒大多数聚集在北堂。1900 年 6月 11 日，日本使馆的一位秘书在火车站附近被杀害并被肢解了。6 月 13—15 日，义和团成员们捣毁了所有被外国人放弃的财产，共烧毁了 13 所教堂、7 所医院、7 所学校、33 所房屋。

6 月 16 日，燃起了一场大火，烧毁了 3000 家商店和房屋，以及 26 家银行。6 月 19 日，总理衙门给外国公使们送来护照，令他们在一天内离开北京。第二天，中国就向整个世界宣战，甚至包括向美国宣战，而美国并没有参与轰炸大沽炮台。

6月20日，德国公使克林德在哈德门大街上被打死，他当时正与其秘书一起去总理衙门，他的秘书也受了伤。然后外国人都直接汇聚到英国公使馆，这里作为总的集合地。皈依者们被分配集中到与英使馆隔河相对的肃王府。6月20日，英国牧师秀耀春（Rev. Francis Hubert James）在从肃王府北边去英国使馆时被打死了。英使馆里的教堂分配给了美国人，他们没有食物可吃，也没有床可睡。在英使馆里，有400多名外国人，其中不包括海军陆战队队员，还有350名中国男人、妇女和儿童。另有2300名中国人在肃王府。

防卫地区包括整个使馆区，从西边的俄国、美国使馆一直到东边的意大利使馆，再从南边的城墙到600码之远的北边。美国人占据着他们使馆附近的城墙，德国人占据着靠近哈德门的城墙。美国人有一门科尔特（Colt）自动大炮，英国人有一门诺登

遭围攻之后的北京使馆街

费尔德（Nordenfeld）火炮，奥地利人有一挺马克沁机枪，意大利人有一门发射 1 磅重炮弹的炮。找到了一门 1860 年的英国大炮，经过修理，这门炮发挥了巨大威力。英国公使窦纳乐爵士（Sir Claude Macdonald）担任总指挥，负责统筹全局。他指派卫理公会教派牧师贾腓力负责修筑防御工事；组织了一个委员会负责食物供应，其他所有的事情都指定了负责人。美国使馆的头等参赞司快尔先生（Mr. Squires）是窦纳乐的参谋长。我不在这里逐日叙述围攻的事情。牧师吉尔伯特·里德（Gilbert Reed）已经写了一本书，全面地很详细地叙述了使馆被围攻的经过。中国人想尽办法企图用烟雾把外国人熏出来。他们火烧与使馆建筑毗邻的翰林院，结果风向变了，烟雾没有伤害到使馆里的外国人。整天整夜的，来复枪声几乎不断，重炮从好几个不同的方向发射过来。所有描写使馆遭围攻的作者都说"义和团成员"受到慈禧太后的赞赏和奖励。6 月 24 日，一位世袭亲王即庄亲王，被任命为统率京津义和团王大臣，刚毅出任军机大臣和内阁大臣，其他满族贵族也都在庄亲王手下任职。6 月 25 日，太后奖赏"义和团成员"10万两白银。同时，任何人表现出有一点同情外国人的倾向就会遭受斥责和隔离。不过还是有些明智的汉人躲过了劫难。年轻的曾广铨侯爵发出劝告反对战争。魏姓会办大臣说，无论如何，根据国际法，外国使臣必须得到尊重。王文韶和孙侍郎（孙宝琦）要求："务必保护外国使馆。"不管怎么样，主战派占据了上风。城墙上也发生了战斗，城墙一头的德国人吃了败仗，另一头的美国人把中国人从城墙上打了下去。

战争断断续续地一天又一天地打下去。令人奇怪的是，为什么中国人不火速攻占使馆，没有对使馆发动全面进攻？

王文韶

　　伤亡是严重的。军人死54人,平民死11人。军人受伤的113人,平民受伤的20人。皈依者死9人,受伤的12人。

　　14日下午,一个锡克人军团到达使馆,围攻就此解除。

# 第十四章　占领和治理天津 [1]

　　应该为俄国人说句公道话。必须指出，极大程度上是由于俄国人，天津的外国人团体才得以从围攻中被解救出来。可以十分肯定地说，如果天津被"义和团成员"占领，北京的使馆就很容易成为牺牲品。6月14日，大约1700名哥萨克军队抵达天津，接受俄国驻津军事代表沃嘎克上校（Colonel Wogack）的指挥。原本这些士兵是派遣去北京的，但是沃嘎克以其敏锐的军人眼光（这更由后来的事件所证实），认为这部分军队更需要留下来有效地捍卫天津，因为假如天津陷落，再去解救北京，那就太晚了。因此他决定将哥萨克军队留在天津，使为数不多的天津卫队增添了1700人。正是增添了这1700人，才使天津租界不仅本身抵抗住了义和团和清军对租界的攻击，而且还在力量对比悬殊的情况下占据了火车站。

　　从6月16日起，在大沽的联军海军指挥官要求大沽炮台在6月17

1　本章由本书作者田贝的儿子田夏礼（Hon. Charles Denby），即小田贝撰写。天津遭围攻期间，田夏礼正在天津，后出任天津都统衙门秘书长。这给予了他一个极好的机会去了解和写作所发生的令人难忘而重要的这一事件。——（原书）编者

日凌晨2点之前投降，并决定如果不投降，2点钟就开始攻击炮台。此举是因为联军大批军队进入中国，而在挺进的联军与大海之间的要塞仍在中国人手中，解救北京将面临极大困难。西摩上校率领的英、美、德、意、俄、奥、法和日的八国联军从天津出发去北京，已在途中遭遇阻击，必须立即派出援救队伍。

中国人非但不同意投降，而且决定先发制人。6月17日凌晨1点，他们从炮台向联军舰队发射炮弹。舰队立即回击，经过6个小时的炮击，炮台哑巴了，舰队占领了炮台。特别值得说明的是，虽然美国当时在场的唯一的一艘军舰"莫诺卡西号"被中国炮弹击中，但是美国没有参与炮轰大沽炮台。

发生在大沽的对抗战立即显现出它的效果，中国政府所采取的态度再也没有任何借口了。北京曾经犹犹豫豫地企图说"义和团"运动只是暴徒的暴动，事情超出了其控制能力。现在问题很清楚，整个运动是国家行为，不仅得到帝国政府默许，而且由其公开煽动和唆使。天津的状况，是从外国人抵抗一伙无组织无纪律的地方暴徒的攻击，转化为外国人与中国政府本身的战争，这一转化是明确的和有预兆的。本章作者十分清楚地记得这一转化是怎样发生的。当时，作者与夫人和小孩，在几天前就住进了一个朋友家中避难，因为朋友家的房子比我们家的房子坐落在更中心的地区，更不易受到暴徒的袭击。在天津，大家都知道，6月16日大沽炮台被攻占，看到白河开放了，外国船只可以在白河上通航了。这样援军就可以去解救西摩联军和解救北京了。大家都认为这（占领炮台）是明智的和及时的行动，获胜也是毫无疑问的，大家相信，占领炮台会震慑清政府，并迫使其立即镇压"义和团"。

1900年6月17日星期六，据天津报告，大沽炮台已被胜利拿下并由联军占领。一种被解救了的感觉在全城蔓延。那时作者和妻儿留居在朋友家，大家在餐厅里为这一事情庆贺，共进午餐，心情特别愉快，这个圈子里缺少这样的愉快有很长时间了。大家相信"义和团"骚乱终于过去了。大家想着自己的期望终于实现了，可以各回各家，继续享受在天津的生活，从事在天津的事业。午餐即将结束，客人们刚要站起身来，一声可怕的巨响震动了房子，霎时间，一片寂静，紧张的气氛弥漫全屋。几秒过后，第二、第三次爆炸声接连在附近响起。第三次爆炸声响起时，一位女士奔跑到窗子跟前，并说："中国人在向我们开炮。"说得太对了，所有的男士立即明白了他们处于政府炮台的炮火之下，那些炮台位于外国租界以北3英里处，炮台里装满了外国炮弹。

　　天津遭围攻已有不少记叙，有关天津防卫者的英雄行为，勇敢的骑兵吉姆·沃茨（Jim Watts）把外国人圈子的危险状况报告给大沽外国军舰，外国救援队的先遣队从大沽出发，走陆路到达天津，一路上遭遇了强力阻击，随后部队再集结，攻打天津城，占领天津城，再向北京进发，解救使馆，所有这些事件是流传在华北外国人圈子中的故事和歌曲的主题，并且被用世界各国的语言记录了下来。对于那些经历了这些艰难日子的人来说，如果他们以缺少怜悯心的眼光来看待一直平静地生活在自己的土地上的这个种族，如果他们允许1900年六七月份那种被压抑的情感在一定程度上影响他们对于一个种族和一个政府的判断，那么请谅解他们吧，毕竟这个种族和这个政府对于自己国门内的外国人实施了卑怯的、愚蠢的行为。在长达一个月的时间里，这些男士们尽可能沉着、镇定地面对自己可能横死街头的持续不断的恐怖，有时候，他们又有一种无可奈何的畏惧，预见到躲避在天津其他地下室里的妻儿更可能遭遇的命运。

美国骑兵进入天津

　　7月14日，天津陷落，并被联军控制。联军将天津城划分为4个区域，分别分配给美国人、英国人、法国人和日本人来管理。这种临时的安排很快改变了，因为设立了集权的城市政府。这个政府是由大沽联军司令部的官员们创建的。这个政府对于天津城具有绝对权力。这个政府叫作"天津都统衙门"。这个政府最初由联军委托给一个联合委员会，委员会由一个俄国官员、一个英国官员和一个日本官员组成。委员会3个官员着手从天津居民中雇用文职人员，从各个区域中雇用的官员和一般人员都听从委员会的安排。第一个文职官员是小田贝，他任"天津都统衙门"秘书长。其他新设的职位如中文秘书、法官、警长、公共工程部部长、司库等也逐步有合适的人选充任。事实上，只用几个星期的时间，一个组织结构完整、高效、诚实、进步的政府就组建起来了。这个政府管理天津，恢复城市秩序，实施司法，收取

273

合理税银，开建利于长远的公共工程，履行了文明政府的所有职责。对于该衙门的工作怎么表扬也不为过。天津人从体质及精神状态不良，到成为一个整体的存在，仍然是中国人，但享受到了一个行善和诚实的政府的管理。在铁的军事规则之下，的确，只是一条如此讲究公正和有着如此崇高目的的规则，就使得这个政府被中国社会本身的进步分子所接受，也被所有明智的观察家所接受。这个政府在经过一年的运作之后，行政委员会同意增加工作人员，于是从美、法、德、意四国各增选一名官员。由都统衙门管辖的地域也大大地扩展了，包括从天津以北到海的白河两岸大约 40 英里宽的长条地域。这个政府存在的时间从 1900 年 7 月 18 日到 1902 年 8 月 15 日。它不仅是曾经尝试过的国际联合政府中最令人感兴趣和最成功的例子，并且也为世界提供了明显的有力的证据，可以反驳那些经常反复出现的论调，说什么外国人不可能统治中国。天津都统衙门证明了中国人已有接受外国统治的准备，而与统治并存的是清晰的权力和公正的管理。然而，这一重大示范的全部效果却被日本在日俄战争中成为胜利者而抵消了。日本岛国的获胜对欧洲人发出了警告，中国在将来遭抢劫时，不会再是一个无助的牺牲者。

外国军队对天津城实施了将近一个月的军事管制，直到联军进入北京水门并结束"义和团"在华北的暴乱为止。后面的事情已是众所周知的故事。中国同意赔偿巨款，赔款数额与其说是出于胜利者的贪心，不如说是他们国家的实际损失，加上他们的国民本身不得不支出的开销。在议和期间及之后，中国表现得很有尊严。她对于加在她身上的负担没有做什么不体面的反对就接受了，这个负担至今为止，只有美国看来想为她减轻一些。

遭炮轰后的天津城主城门

　　这是一个明显的事实，也许在世界历史上也是不平常的，这就是国家遭遇的不幸又为国家带来了后福。中国从失败中已得到了一些开放带来的利益。她的国门进一步打开了，文明更为自由地影响她的大地，了解了自己的孱弱也就唤起了她的改革欲望。铁路在其大地上延伸，市场发展了，民智正在开启。矿藏开采出来提供给世界，她目前走上的进步道路必将引导她改革国内行政管理、教育方法，极大地提升其臣民的生活。

过去两年中，这个不幸的国家再一次听到了战争的厮杀声，尽管这一次战争发生在中国境内，幸运的是这次不是针对她的。她的掌权者的智慧和中立国的友好劝告，使得北京政府作为一个旁观者来观看这场激烈的厮杀，这场厮杀如今震动了整个东方。最终获胜的不管是日本还是莫斯科，中国将很好地保存自己的实力，关注自己的利益，维护她所有的外国朋友的好意，启发和培养她自己的百姓。将来的世界舞台为中国人保留着一个伟大的角色。人类中每一个表示良好祝愿的人必然希望，通过更有价值的和更为高贵的和平艺术给他们施展柔软影响，因为他们清楚，当文明处于这个阶段，通过使用武力自然可以促使其得到最完美的发展，而通过和平艺术也可以达到同等的程度。在有些地区，仍受自私动机的摆布，"黄祸"之声又在响起。在东方的大公无私的外国人，无论其为军人、商人、传教士或外交官，都预见到了一些竞争、一些摩擦。的确，有事业心的、讲公正和尊严的外国人，将会遇到的只有这种竞争和摩擦的风险。他诉求的唯一的外国干预，就是把用更高尚的例子说明的更高尚的思想介绍到中国来。西方迫使东方与其交往，现在西方也许正在向中国表明，我们的文明虽然教会她的邻居如此超群地掌握了战争艺术，但是在我们心中我们深感羞愧，一方面因为如此聪颖的学生只学到了如此片面的一课，另一方面因为我们自己追求的更高理想，即一种东方和西方以诚挚的希望和真诚的努力共同奋斗这一更高理想。

# 第十五章　美国的领事服务

　　驻中国的美国领事一职，是一个极其重要的职位。美国领事不仅要承担与所有其他国家的领事同样的通常职责，而且要承担法官的职责，在与他的同胞有关的涉及权利、义务、生意的民事、刑事诉讼中充当法官。他被要求根据习惯法尝试公平审理海事诉讼、谋杀案或其他重要案件。在地方事务中，他代表他的政府，不断地与大清官员接触、交谈，或是有关税收的问题，或是保护美国人的问题，或是转交证件及其他等等问题。在上海，美国总领事几乎每天都要开庭。

　　当一个美国领事初次来到在中国的某一个小小租界时，他的新生活就开始了。他会发现他自己立即成为了一个精致社会中的重要角色，这个精致社会由他的各国同行和富裕且有教养的商人们组成。人们轮流邀请他出席晚宴，欢迎他的到来。他受到盛情款待。有时候，他必须身着全新的晚礼服出席，晚宴的菜肴和酒水是他从未品尝过的。起初，他可能有点尴尬，但很快就与他周围的社会上的讲究人士熟悉起来，不久，他就邀请这些人士来他

上海的市场

家做客，围坐在精致的餐桌旁。有时候发现有的人真是太令人失望，在客厅里仍嚼着烟[1]，往壁炉里吐痰，举止粗鲁，没完没了地喝没有喝过的酒水，就是那些对我们来说很平常的威士忌和波利（polly）。

国务院很快就会发现这位领事。一个人在外交岗位上或在领事服务中获得了名声，他就成为国务院里众所周知的人，就如同他在他居住的村子里为人人所知一样。国务院识别并测评一个人的真正价值，每个人都在国务院的掌握之中。国务院里所有的雇员都被认为精确地安置在他所应在的岗位上。决不出于猜忌或恶感去贬低一个人。每一个雇员都要为国务院的名声承担自己的一份责任，该表扬的就要表扬，所给予的表扬决不会引起丝毫的嫉妒。我在国务院服务了15年，一部分时间是作为驻华公使，一部分时间是作为驻

[1] 嚼烟起源于美洲的印第安部落，他们习惯咀嚼烟草叶子。后殖民者将此习惯带回欧洲并改进，使其在欧洲和美洲逐渐流行。——译者

北京使馆区全景

菲律宾的政府特派员，我愿意在此适当地提到我的下属对于我的好评和喜爱。在两届民主党和两届共和党执政期间，作者没有感觉到四届政府对自己的态度有丝毫的不同。作者的政治对手和他的政治朋友一样对他和善友好、考虑周详、不加限制。国务卿贝亚德（Byard）、格雷沙姆（Gresham）、奥尔尼（Olney）并不比国务卿布莱恩（Blaine）、舍曼（Sherman）、福斯特（Foster）和海约翰（John Hay）更令人感到亲切。我们是一架伟大和出色的政治机器的组成部分。每一个雇员都感觉得到，在这个机构里有一种集体的团结精神在发扬光大。每个人都清楚在每一件事情上，他受到的对待都是公正的。我们知道在这样一个重要的国际性机构里工作，是不能带有任何政治情感的，处理事情以公平、公正和荣誉为主要原则。

　　当然，国务院是从每位雇员的官方公文来了解这位雇员——公使或领事的工作效率是高还是低的。不过，国务院对于其雇员的了解远不止这些。它了解每位雇员个人的日常行为和习惯，这种了解来自其在接连不断的事件中的自然而然的表现，而绝不是通过什么谍报手段。有时候公使会收到一份令他惊讶的文件，要求对某一领事的习惯做鉴定，并汇报结果。如果发现领事获得工资外的收入，这件事情会立即报告国务院。如果一位领事签订了借款合同而到期不还款，国务院会立即干预此事，并提出补救办法。在小小的中国租界里，领事生活在比照耀帝王御座的灯更刺眼的强光灯之下。生活在东方的领事实际上必须大门洞开，他必须广泛地款待宾客，必须为来访的杰出的美国人和海军官员提供食宿。允许得到的小额补偿远远不够做这些事情，但不管怎样，外交官们从不伸手。

有助于极大改进这个团体的一个做法，就是留住有价值的人。我的意思不是指国会应该通过一个领事职位终身制的法案。我怀疑这样一个法案是否明智。在我们的政府组织形式下，我们应该越少终身制官员越好。美国人反感这种对官员做出安排之后，那么在他们的有生之年就不能有变动的思想。认为这是在创造一个特权阶级，毫无疑问，说得对。但是在陆军和海军中出于技术的理由，以及在法院系统中出于非常重要的考虑，其中一些考虑涉及司法的独立性问题，我们必须要有终身官职，而对于外交官或是领事职位来说，并无绝对必要设置终身职位。如果在终身制之外，无其他法子可用来获得有效的服务（当然，这一说法的倾向性是十分强烈的），那么，有一个十分简单而又灵验的法子，用此可以驱除一切邪恶。这个法子就是给予国务院权力，同时伴有总统相助，尽可能长地保留任何想保留的人。不少能干的有经验的官员被无情地调离了，仅仅是因为一个新的行政团队开始掌权，而不被一些理智的人士所看好。我可以说出我所知道的在远东有极好名声的一些领事的名字，那里的每一个美国人，和所有其他外国人及当地人都愿意让他们留在原来的岗位上，但是因为新的行政团队掌权了，他们就被其他人取代了。

这种变动并不总是由政治因素造成的。有时候，新总统为了回报他自己的特殊朋友，所以并没有什么其他的考虑，就点名新的人取代最有能力的官员。有过这样的记载，一位国务卿在短短几天里做出了彻底性的无数人事变动。

所建议的法子对于外交官和领事的服务工作是最好的。无论何时，国务院发现某人在岗位上因能力强而获得了好名声，那么就让好名声留他在岗位上。无论何时国务院发现公众因什么理由要求变动某人，那么就变动，但是不能变动一个能干的有效率的官员，因为如果他在国内，他将会投票给那个在选举中占上风的候选人的对手。从目前对外交人员的任命来看，国务院已经走上了这个平台。值得注意的是，在这儿或那儿对人员的提拔是根据空缺，填补空缺不是非得任命新人不可。对于这一政策不会有人反对。这一政策将鼓励大使、公使和领事们更加努力去完成他们的职责，将使效力倍增。

最近还有另外一件方向正确的事情。好几名学生被选拔出来派往北京，他们将在那里学习汉语，之后他们将在领事馆里充当职员。这一政策是英国在最初与中国进行外交交涉时采取的。在这一政策下，总有一批学生在北京学习汉语，为期3年，其间很正规地由称职的老师教授。学习结束之后，最出色的学生能获得500美元的奖励。然后这些年轻人被派往各地领事馆充当职员。他们只在中国服务。他们在服务期间轮流到中国各地的领事馆工作。他们能说一口流利的中国话，他们比任何其他人，也许是除了传教士之外，更了解中国的民众和官员。当他们证明了自己的能力，就会被提拔到领事的岗位上。这些官员关于中国商业的报告具有无法估量的价值。他们的一个工作成果，就是弄清楚了在中国的外国人口中 3/5 是英国人，英国的对华贸易占中国全部外贸总量的 80%。

在我们现在的体制下，除了选派学生一事对体制有改进，或说也许将有改进外，让一个领事懂得汉语，那几乎是不可能的。我们有的领事带着很肯定的想法走上这一工作岗位，他认为他在这个岗位上将不会超过 4 年。这样一来，学习语言对他们没有什么吸引力，因为想掌握汉语，用上他所有的时间都不够，汉语是十分难学的一种语言。在处理他承担的官方职责之外，他没有多少时间可以花在学习汉语上。他必须根据二手资料来办一切事情。这样，他就处于翻译的控制之下，翻译中的大多数人是中国人，而有时候他们是世界上最不诚实的人。如果说这些做翻译的人不是好造谣中伤的人，那么他们的成员中，有人至少有时候受贿、伪造许可证并进行欺诈，用这些手段影响不怀猜忌之心的领事。

领事体系很复杂。我们有总领事、领事、领事代办和商务代表，这些官员的手下又各有下属官员，比如副领事等。我们还有 13 位领事办事员，他们的年薪是 1200 美元。指派这些领事办事员，计划是日后让他们充任领事。最初打算一有空缺，就让他们来填补。但是这一打算最后落空了。领事办事员知道，假如他被指派为领事，他在领事岗位上最有可能就是干 3 年或 4 年，而他想要一份终身的工作，基础年薪 1200 美元，干 1 年或 2 年，就涨一点工资。因此他明确地拒绝放弃办事员一职。作为办事员，他的资格越来越老，只要他活着，他就阻止任命新的办事员。有些这样的办事员在领事法庭上充当起诉人，得到通常的额外收入。有些办事员在领事法庭上为他自己的利益使用法律。有的办事员为领事干零活挣小钱，有时候在领事不在时，他们就像领事那样具体处理事情，并允许为非公务工作支出经费。总之，这个制度应该改进，如果某位领事办事员被任命为领事，那么他必须接受领事职位，这样才能为新募人员让出道路，也该轮到新募人员学习业务了。如果做不到，那么整个办事员岗位应该撤销，他们的职位由我在上面提到的学生来填补。领事代办是破格设置的，总统愿意提名多少就提名多少。被提名的人是不拿薪水的公务员。国会的法案中有规定："任何副领事职位或领事代办处，其经费只准许足以购买文具和为公务信件支付邮费。"但是，领事代办是允许经商的，他们经常受到从事进出口贸易的商人的关照。所有的出口装货清单都经过代办之手，代办有权查明商人申报的商品价值，也许这样就得到了对他们生意有价值的线索。我在中国任公使时，接到了对于这一体系的抗议书。

商务代表一定程度上类似领事代办。他们的人数没有限制，他们没有薪水，但是有小费。很明显，整个系统很笨重很昂贵。政府最好是哪里需要领事就任命一位领事。当然，可能需要破例，因为派往某一国的领事人数是有定额的。

不要以为以上所写的这些事情都是国务院所不知道的，我写这些不是来教导它的雇员的。事实上，部分情况我是从国务院的档案中得知的。国务院十分清楚地了解领事服务中存在的所有劣迹，只要行动起来去除这些劣迹，那么这些劣迹就将被驱除。在杰出的富有经验的海约翰的领导之下，已经做了很多改进和改造这个机构的工作，并且将继续尽最大的努力进行这样工作，但是如果没有立法部门的参与，不可能根本解决问题。现在有一种很顽固的思想必须清除掉，这就是领事机构应该自己养活自己。如果机构已经为我们的对外贸易取得了很有价值的成果，当然事实就是这样，那么没有理由要求它像陆军和海军那样，为维持自身运转去筹集足够的经费。而且，领事机构服务方面的收支缺口无论如何都不会很大，因为这项服务几乎总能（即使不是完全 ）实现收支平衡。

公使们和领事们都开出了机构未支付的账单，数字还不小，这些花销是他们在努力促进我们的贸易时支出的。他们写出了一份又一份的关于商业问题的报告，他们为国内商人写了无数的信，回答他们提出的所有问题。他们完成了大量的工作，但是还不能满足他们的对话者所有期望。为什么他们的努力没有能够取得巨大的成效，这个问题更要归咎于中国贸易，而领事服务只是一方面的原因。

# 第十六章　太平洋沿岸的进步

　　1898 年将是我们历史上值得纪念的一个年份。美国经过了 35 年的和平时期，怀着火一般的激情投入了一场战争。内战时期幸存下来的老战士听到信号就像战马听见了军号声一样。杜威（Dewey）、桑普森（Sampson）、施莱（Schley）、菲茨休（Fitzhugh）、李（Lee）、惠勒（Wheeler）、威尔森（Wilson）和其他一些人还都健在，很多人十几岁时就上了战场，这些人特别好战。战争的目的只有一个，就是进行下去直到大获全胜为止。战争统一了美国，把南方带了回来，让它重新回到它的位置上。这次战争使得爱国主义受到尊敬、赞美，令人感到无比光荣。它使得南方人成为了英雄，全世界都热爱英雄。1898 年则取得了其他的和影响更深远的成果。

　　我们开始发烧了，发吞并之烧。我们把夏威夷、图图伊拉岛（Tutuila）、关岛（Guam）、波尔图（Porto）、里科（Rico）和菲律宾吞并了。是谁发动了这场十字军战争？无人知道，现在麦金莱总统也过世了，再也没有人能知道了。看起来在他的宏伟

杜威将军

的大胆的计划中，这位主要的魔术师只是跟随民意，为了让民众再次投票给他。除了吞并与这个大陆不相邻的国家之外，肯定没有什么比此更伟大的创新了。这样一来，也肯定会出现问题，这些问题将检验宪法的力量，不过幸好这部有年头的老文献并不完整，它是碎片性的，可以由解释它的大法官们随意扩展或缩减。

太平洋沿岸不断增加的灯塔正在引诱我们。这个曾经没有航路的海洋沿岸，通过无数居住在沿岸的人们的探索研究，现在标志着进步的汽笛声在我们耳边越来越响亮，我们可以竖耳聆听尤利西斯一般的迷人旋律。

不久以前，一艘西班牙式大帆船离开马尼拉驶往墨西哥，现在马尼拉有了自己的开往南部诸岛、香港和海峡殖民地的航线，几条航线上的轮船都把马尼拉作为定期停靠港。

再来看日本。1854 年日本还在大名统治之下，闭关锁国，不与世界交往。佩里用进步的魔杖撬开了它的大门。今天日本的对外贸易每年已超过 2 亿美元。日本国内的铁路线已纵横交错。大名这个日本的封建领主就像欧洲古代的封建领主一样，已经永久地消失了。日本天皇对于和平有主宰的权力。持双剑的武士也消失了，取而代之的是大商人和大企业家。日本大阪已经可以与伯明翰匹敌。而且奇中之奇的是日本有一个国会，立宪政体取代了封建统治。日本还有政党。日本热爱美国，7月4日在日本是庆祝的节日。日本的立法者懂得门罗主义，他们喊出的最响亮的声音是"亚洲是亚洲人的"。这将是日俄战争遗留的陈词滥调。日本已经成为一个伟大的海洋国家。它的政府给予海运巨额补贴，所以客运船票价格低廉，货运也很便宜，它的任何一艘海船都能盈利。日本邮船株式会社是世界上第二大轮船公司，大英轮船公司则是第一大公司。日本有多条航线，分别开往伦敦、海峡殖民地、澳大利亚、中国、香港、朝鲜、海参崴和美国。这一个公司就有83艘轮船，还有几百艘帆船。

在人的精神上、智力上，以及宗教事务方面也都有进步。最近来自日本的新闻说，有1500名学生成为了基督徒。希腊教会在日本有25,000名皈依者。我们的传教士也获得丰收，在东京和京都分别有了一个主教。异教徒的世界正在改变，加入基督教青年会成为一种时尚，值得赞美的青年会工作者传授精神的、体育的文化，也传授宗教文化。

不用很久，中国大地上也会修建起很多铁路。认为义和团运动妨碍或阻碍了商业贸易的发展，这是错误的，当然暂时的阻碍是有的。现在外国人在中国比以往拥有了更多更大的立足地。外国市政当局在扩张他们的管辖权限，已着手在各方面协作办事。

如果有必要，地方政府可以由外国人来组建，有时候甚至可以由外国人来组建中国城市政府。以非凡的勇气，外国人承担起一个地方政府，就如同有了魔力，一个城市发展了，商业贸易就会跳跃性地兴盛起来。当然，通常情况下，外国人承担的司法权，只是针对他的本国同胞。但是有时候在极为必要之时，他将决不犹豫地去控制本地人以及外国人。最近出现的外国人行政管理的一个杰出的样板就是"天津都统衙门"。[1]

事实上，天津都统衙门的建立，是出于维持秩序的需要。该衙门对于本地人和外国人具有绝对的支配权，所有本地人和外国人都必须无条件地服从该衙门。衙门包含了对于平民世界的军事权力，没有人对于衙门名称表示任何异议。衙门在天津实际所做的事情，过去的政府从来没有敢做过。这个衙门是极端专制和不可抗拒的，但它所做的事情，没有一件不是为民众造福的，它决定了要做的事情就坚决地去做。

它给予中国人公正的、诚实的司法服务。它给予他们以前从未享受过的更多的自由。它的权力是无限的。它拆除天津的城墙，在原来城墙的地方改造建设了林荫大道，还建设了码头。它成立了自来水公司供应干净的水，还开始建设有轨电车，建设横跨白河的钢架桥。50多个中国的堡垒被拆除了，建立了救济所和医院。委员会还支付了20多万美元来疏浚白河。

除了能够长时期造福天津的物质方面的改造之外，委员会还用平和而艰苦的方法客观地给中国人上了一堂管理方面的课，受到中国人极大的欢迎。1902年，这种温和的影响结束了，普通中国人感到很遗憾。当然，中国当局吵着要回归到他们的权力位置上，没有什么法律上的理由可以阻止他们的回归，所以这个临时政府就此告终。

外国人已经获得了在全中国修建铁路的特权，他们现在正在修建。读者只需要读一读最新的中国贸易统计册，就可以清楚美国人、德国人、法国人、英国人是怎样在中国修建铁路的。他们提出的理由和所具有的权势，是所有开放中国、解放中国手脚的力量中最巨大的力量。在这方面，美国应该成

1 参见第十四章中的详细叙述。——原注

为领头人。

在我们美国的太平洋沿岸与东方之间将出现巨大的贸易量。这里我没有篇幅来叙述其他太平洋沿岸的国家。其中有朝鲜，这个不为外界所知的国家，中国的一个属国，想想它那种麻木、静止的状态，而就是这样一个国家也开始修建铁路了，开始开采金矿了，还在北京设立了一个使馆。过去朝鲜享受特殊恩泽，每年一次派遣贡使到北京，携带的人参不需要纳税，它的使臣与英国的和俄国的代表平等地站在皇帝面前。朝鲜是中国的属国之一，其他还有缅甸、越南、尼泊尔，但是"中国"已经收缩了，将收缩到与她的国名相称为止。

暹罗即泰国也加入到进步的行列，开明的国王把注意力转向铁路建设，把他的几个儿子送到欧洲学习。马来半岛诸国，在英国的保护之下，已不再从事海上抢劫，变得有秩序、富裕和兴旺。电报线将随着已说过的所有的铁路架设起来，还有 20 万英里长的海底电缆。新闻的传递过去走一条七拐八拐的路，以后就不必了。在中国，大东（Eastern Extension）电报公司的新闻传递经运河，然后到欧洲。大北（Great Northern）电报公司则经日本和海参崴，跨越亚欧大陆。中国人铺设了连接俄国的电缆，从北京到圣彼得堡。我们在中国所缺少的，特别缺少的就是一条连接旧金山与日本、中国、夏威夷、菲律宾、澳大利亚和新西兰的电缆。为了商业的目的，在我们吞并菲律宾之前就需要这样一条电缆。现在已是政府所必需的了。有了这一条电缆，不言而喻，将极大地方便我们的政府处理重大的政治问题。从前向马尼拉发出一条信息，大约要经过 14,000 英里才能到达。这条信息需跨越大西洋，经欧洲和地中海，沿着苏伊士运河，再经红海到亚丁湾、科伦坡、新加坡，然后到香港，再到马尼拉。

现在这样一条信息只需经檀香山、中途岛、关岛，就可以到马尼拉了，距离缩短了将近一半。过去需经过 10 次转发，而现在只需 3 次转发。这样一条电缆在经济上是成功的。它能吸引西欧的信息传递也使用这条电缆，就像邮路的例子一样，部分欧洲地区到亚洲的邮路就是通过我们美国大陆中转的。至于我们是否有权在中国铺设一条电缆的问题，将会在我们政府和英国政府之间引起严重的问题，但是，除非中国不信守诺言，否则，她将会允许一条美国的电缆铺设在其领土上。铺设电缆的问题向中国一次又一次提出，1881 年在何天爵先生（Mr. Chester Holcombe）为使馆代办时，他拜访了总理衙门领衔大臣恭亲王，恭亲王作出以下承诺：

嗣后如果美国想从日本铺设一条电缆到中国，将会得到满意的和适当的安排，不会让美国的公司感到有一丁点儿的失望。

在我任驻华公使的时期里，大清政府与我从未讨论过电缆问题，但是在商业圈子中关于铺设电缆的话题谈论得很多，因为事实上俄国在 1890 年努力获得了中俄电报垄断权的权益，但那时这个计划没有实施，是后来才成功实施的。1890 年，我把这件事情报告给我的政府，我的观点是：根据条约，美国公司有权在中国铺设电缆，这是无须也不容争辩的。

然而，英国最近在大东电报公司所在的港口发布声明，说没有任何他方根据他与中国的某种协议，可以在中国沿岸铺设电缆。从商界的普遍利益出发，希望中国不承认这种声明。在华商人正在积极地参与电报业的竞争，在我任职期间，他们普遍赞同铺设跨太平洋的电缆。

# 第十七章　列强在远东的未来

想承担描绘远东未来景象这一任务的观察家们，必须时时修正他们的算命天宫图。远东的景象如同万花筒那样多变。1885年我到中国的时候，正是合作政策盛行之时，各国公使们常常见面，共同讨论研究涉及外国利益的所有问题，决定采取何种行动，并把商讨结果留给他们杰出的非常能干的领袖公使德国公使巴兰德（Herr von Brandt），由他呈递给总理衙门去考虑。这是一个简便而有效的做法。这样做，保证了各国行动的一致性和联合行动的巨大影响力。这样一来，一有暴乱发生，公使们立即议定出递交总理衙门的公文的要点，然后由领袖公使准备出公文，再把公文送达每个公使做进一步研究和批准，当所有的公使都同意该公文之后，该公文才送到总理衙门去。以同样的办法，凡涉及护照、关税、在中国的设厂权，以及其他各种问题都是这样处理的。当巴兰德退休离开中国之后，我成为了领袖公使。同样的合作体制持续了好几年。由于列强各国各怀野心，削弱和破坏了合作政策，之后的岁月里就没有留下什么合作的印记了。巴兰德在远东

22年，先后任秘书和公使。他太了解亚洲人了，他非常照顾中国当局的面子，他和善地对待他们，以劝说来降服他们。他持续实施合作政策，这一政策是从英国公使卜鲁斯和美国公使蒲安臣时期开始的。1861年，中国开始进入了一个新的未经实践的世界体系中。巴兰德作为驻华公使来到中国时，条约制度下的合作已经历了10个年头了，但是那时的中国政治家还不完全理解条约的范围。可以肯定地说，如果他们被迫在条约上签字之前了解这些条约，那么他们决不会批准这些条约。巴兰德以非凡的耐心、礼貌加力量一天又一天地与中国政治家们争辩涉及外国利益的问题，并且总是获得胜利。巴兰德是我亲爱的朋友，他在驻华公使职位上多年来以其谨慎、仔细和卓越的服务赢得赞扬，在此我想说说他离职的原因，不知是否会冒犯他？

巴兰德与一个漂亮的美国姑娘订了婚，在他们结婚的大喜日子临近之时，他电告俾斯麦，请允许他与美国姑娘结婚。但是俾斯麦拒绝批准，因为那姑娘不是德国人。巴兰德以普鲁士骑士的勇气决不妥协，他放弃了他在远东第一把交椅的外交职位，与他心爱的姑娘结婚，回到德国威斯巴登过一种学者的生活。

这是一对相爱者的罗曼史，为爱情郑重声明放弃地位和权力，在已发霉的外交档案中可以发现这些内容。要是这位伟大的外交家碰巧读到本书的这几行文字，我希望他会原谅我在书中用了如此具有男子汉气概的忠诚和荣耀的光彩夺目的事例。

很自然在1897年之后，争夺中国领土的斗争开始了，于是合作政策逐渐失去了效力。人人都只为自己。贪婪地争夺领土，争夺煤矿、铁矿和铁路权的让与，简直把外交使团的人员变成了商业擂鼓手。

世界对待中国的态度改变了，再说什么遗憾也没用。各国曾经把中国当小学生，对她乐意相助，友好相待，中国则以孩子般的目光望着她的老师，而现在中国则成为了各国共同的猎物。中国不能再学习和平的艺术，不能再慢慢地逐步地发展融合了东西方两方面的文明，来开启一个光辉灿烂的历程，现在的中国必须把全部的力量用于一件事情上，这就是防止她的国土被瓜分。

自从 1898 年以来，远东的一切事情都发生了变化。西班牙失去了她虚弱地统治了 300 年的菲律宾群岛，1000 万人转移到美国的统治之下，美国也成为了一个亚洲国家，这是新形势下普遍承认的一点。我还清楚地记得，当我承担起安排中日初步和谈的任务之时，我的欧洲同事们毫不掩饰地表示了他们的惊讶，并为美国终究登上了亚洲事务的舞台而感到极其遗憾。他们觉得这既反常又不明智，还会引发诸多复杂问题。说什么在亚洲问题上，我们没有什么利益关联，我们违反了门罗主义，等等。三年之后，当杜威将军的大炮轰炸马尼拉湾之时，美国的态度彻底改变了，变得积极且高涨。我们在北京昂首挺胸，美国炮兵部队的军号声响彻北京城，这是开启一段新历程的信号，一个迄今从未梦见过的强国的信号。

所以今后我们必须重视东方出现的一个新因素，它将在决定政治问题的解决中发挥重要作用。1900 年的暴动改变了形势，一切都已今非昔比。一股巨大的破坏性的力量已经发展起来。不管中国怎么样，她已不是大家所说的"沉睡的巨人"了。她已显现出她是能够完全清醒过来的，而且她的力量，如果由某个更先进的国家所掌控和引导，这股力量或许能够遏制地球上任何一个强国的图谋。说中国将走向崩溃，将被欧洲列强瓜分，将不再是一个完整的国家，这么说很容易，但要明白当说出这些预言之时，上面所暗示的新因素尚未登上历史舞台。只要我们掌控菲律宾，就不会出现中国领土遭瓜分的局面，我是指中国的 18 行省。我劝告所有对中国感兴趣的人，摒弃心中瓜分中国的希望或恐惧。这里我用"希望"一词，因为在中国有许多美国人，尤其是商人，他们每天祈祷瓜分的到来，因为他们相信瓜分能给这个国家带来和平和宁静，他们做生意将会安全并获得成功。但恐惧瓜分的人数要多得多。就美国来说，他们中包括有传教士、制造商、运输公司、普通民众，以及各党派政治家。可以肯定地说，只要我们在东方有一个立脚点，这个立脚点距离中国海岸仅 600 英里，那么瓜分中国的企图不会得逞。我不是在预言战争。相反，我相信，如果有任何国家企图把中国 18 行省中的任意一省彻底据为己有，那么，道德的影响力足以阻止这般公然的不义之举，然而，害怕战争也许被认为是包含在道德影响力中的。无疑，当菲律宾被吞并时，那些挺身而出为政府辩护的人考虑到了这一点。持有这种观点的知名人士中不包括我，然而我也许要说，我支持占有这些岛屿，主要理由是这使得我们可以阻止中国被瓜分。在远东占有了大量土地，我们就有权干预损害我们利益的任何事情，毫无疑问，这种干预将受到重视——这或许并非源于畏惧，而是基于对国际礼仪惯常且得体的遵循。

在说明了中国领土不会被完全瓜分之后，让我们简要地讨论一下英、德、俄、法和日本各国在远东可能有的前景。就英国来说，撬开中国对外贸易是其最主要的功绩。英国在远东如同在其国内那样，不遗余力地宣传其自由贸易的原则。英国认为，其本国能成为强国，要归功于自由贸易的原则。它促使口岸开放，发展自身商业，同时也清楚依据条约，这些口岸将向全世界开放。在重要商埠香港，并无商业统计数字留存。这是一个如同空气一样开放的自由港，随着大批打包货物一同而来的，还有英国的俱乐部和英国国教教会。当我访问台湾的瓦塔提亚（Twatatia）[1]时，我发现一个英国人的俱乐部，有7名常驻会员。他们在淡水河边的俱乐部会所里款待我。食物和饮料十分丰富，只是缺少冰块，水是装在罐子里悬吊在风口晾凉的。这种特色小团体，虽然人少，却就是他们与台湾官员谈判，获得允许在河岸上一个景色优美的地点建造了这座雅致的俱乐部会所。我可以大胆地说，哪里有三个英国人聚集在一起，哪里就会有一个俱乐部。这种俱乐部招待所有有名望的陌生人。现在他们在香港还回忆起那位祖母是英国人的亨利王子以其精明机智赢得了俱乐部成员的喜爱。曾经有一个做事拖拖拉拉的侍者，慢吞吞地给亨利王子的玻璃杯里注入苏格兰威士忌，王子就告诉侍者继续慢慢倒，直到他说"停"为止。

与俱乐部同时而来的是英国人的教堂。教堂建在租界里最宜人的位置，环境凉爽，景色诱人，建筑外观庄严肃穆，使得宗教仪式格外吸引人。虽然如此，我要说我真实的想法是，当布道讲到"无论在哪里，有二三个人聚集在一起"时，其内容往往过于现实直白。

英国在中国领土上没有不可告人的打算。它已占有了威海卫，它宣称，为了抵制俄国势力南下，它需要这样一个立足点。围绕香港的土地扩张，则是为了自我保护。英国所需要的是贸易，它不可能发起对中国的瓜分。虽然我们美国在远东与英国的相处中没有什么过错，可能它对我们的庇护已经很多，同时要求我们忠诚，有时要求得很过分。然而尽管我们有时对它发牢骚，但我们真的非常爱英国。

在北京偶尔也会发生争执，例如有一次，法国人和俄国人因为觉得受

---

1 "瓦塔提亚"系音译，未能查实该地名。——译者

香港全景

到怠慢而要退出俱乐部——英国人和美国人站在俱乐部一边，帮助缓解了危机，使比赛恢复正常。英国公使在比赛晚宴上建议为一位美国女士的健康干杯，因为她曾像他那样说过："想交朋友就要支持俱乐部。"

所有这一切都很美好，都很令人高兴。但是由于我们不能客观地解释种族事业这一神秘工作，如同一种家庭关系，兄弟姐妹关系，这导致了相互喜爱，而有时则是长期的不和。

我没有看出英国为期盼什么真正的利益而想占有中国的其他地方，就如它占有缅甸那样。当那位英国作家谈到自由原则在英国统治下的传播，以及描述英国在被其征服的国家里行善时，他的描述很夸张，可能因为那些国家的百姓享受不了如此描述的优惠。英国的捐赠，物质上的多于精神上的。这正是英国巨大的贸易量使当地受益的生动写照。现在中国的贸易已向英国开放，英国的贸易占了全部贸易量的80%。随着交往的扩大，贸易量还将增长。让帝国主义分子在殖民地卖俏吧，如果他愿意的话；调整自由贸易的法则，该法则曾使英国成为世界上最伟大的商业帝国，但是不要让他杀死下金蛋的鹅。我相信英国的政治家懂得并会坚守这一政策的。

今天的俄国在远东占有广袤的领土。关于俄国的地位问题已在前面讨论过。它得到了满洲，使它的西伯利亚大铁路得以开通。除非日本挑起事端反对俄国，否则不会有战争发生。如果发生这样的一场战争，结果必将是重新描绘世界地图。[1]

1897 年，德国首次发力在中国获得了一块殖民地。它的行动并没有带来成功。用武力夺取胶州，胶州的悲惨历程由此开始。如果瓜分的有利时机到来，德国会抓住机会夺取整个山东省。与此同时，德国人正在理智地、成功地积极开展商业竞争。德国的产品比英国和美国的产品便宜。德国的蒸汽船已航运到所有的海岸，德国的机器是最好的机器。德国在中国有宏伟的、壮丽堂皇的大厦，经营的业务十分广泛，掌握着庞大的蒸汽船队，在中国的每一个重要口岸和世界上的大城市都设有分支机构。

我的观点是，德国不会发起瓜分行动，但是如果其他国家开始瓜分中国，它会乐意参与其中。

法国在东方比其他任何欧洲国家都拥有更多的殖民地和保护国，以及更多的本土人口。它的殖民地有交趾支那（今越南南部地区），保护国有东京（今越南北部地区）、安南和柬埔寨，它还占有广州湾，它宣称它在中国的租界、租借地实际上都是法国的领土。它所控制的人口估计达 2400 万或 2500 万，所提到的这些国家和地区的面积总和相当巨大。必须坦诚说的是，法国至今都不是一个成功的殖民者。恰恰是法国所具有的美德使其不适合成为一个殖民者。法国人有骑士风度，勇敢，

1　显而易见的预言，见"日俄战争"那一章。——原注

297

有礼貌，但是不够严肃，他们太好休闲娱乐。他们不太关注家庭，不把家人带在身边，带到殖民地来。他们走到哪里，就在哪里找一个临时伴侣。他们也太喜欢政府行政工作。亨利·诺曼在他论东方的书中告诉我们，东京（今越南北部地区）有 180 万人口，而法国人只有 1600 人，其中 1200 人是公职人员。

我要说说法国人管理的一个例子，法国政府每年支付 30,000 元给一个歌剧演艺公司，让该公司在冬季的几个月里在西贡演出。一次，我幸运地跟随该公司从西贡旅行到马赛，一路上又是歌剧，又是歌舞杂耍表演，真是大饱眼福。

法国在不断地寻找机会扩张其势力范围。1894 年的中日战争之后，它迫使泰国割让给它湄公河左岸的一长条土地，这本属于缅甸江恒（Kiang-hung）的掸邦（Shan State），上一年英国人把这块地划给了中国[1]，条件是，没有英国的同意，不得转让给任何其他国家。法国是否从它的东方殖民地上真正获益了，这始终是个问题。一年又一年，法国政府乐意为在殖民地工作的官员和其他人员支付大量的金钱，同时在下议院里为这项政策是否得当争论得不可开交。

法国可能要等着看到铁路在它的殖民地上建起来后会产生何种效果，才会决定是否放弃这些殖民地，但是当确实明白了这些殖民地始终是它的一个负担时，它就会放弃。可能那时英国会取而代之，并向法国展示它是怎样建造帝国的。

可以肯定的是，白种人不能在热带地区的土地上劳作。所有的国家中，看来俄国最懂得这一事实。它向着太阳的方向前进，但止步于适合白人的国家，把热带地区留给"不用费力而获得财富"的人。它殖民的地区都是适合农业生产的，农业在新国土上肯定是繁

[1] 所述未能查实。——译者

荣致富的一种手段。

法国人从不想离开家，直到被生活所迫才不得不离开。法国人的遗产是由子女均分的，所以他总能继承一些，他就可以依赖这点遗产生活。法国的人口数量在缩减，无法向外移民，而俄国、英国、德国都可以。法国在东方殖民地的关税政策正好与英国不同，税收很多很重，把生意人都吓跑了。甚至在法国殖民地的港口城市，英国人的贸易也占有相当的分量，法国与中国的贸易微不足道。还必须说，法国与俄国的联盟牵制了法国。沙皇指向哪里，它就走向哪里。它本想占有中国南部的两个省份广东和广西，但是它真想得手，就必须与英国开战，因为在这个问题上英国决不会让步，觉得应该为之一战。

对于美丽可爱的日本，这个我们的孩子，我们的创作，我将说些什么呢？我们用进步的魔杖敲击它，赋予它勇气和野心，把它变成世界的奇妙之地。它是旅游者的理想国，艺术家向往的胜地，艺妓、女孩、国王和政治家们活动的宏大场所，但是这里充满了为铁路、轮船和制造业而竞争的急切氛围，如同着了火一般。这里是菊花和樱花盛开之地，有着美妙的溪谷，白雪覆盖着山顶的富士山。这里整年都像过节一样欢乐。这些就让其他人来描述吧，我只写政治问题。

自从日中战争之后，日本觉得自己可以横扫世界，而它特别想消灭俄国。它非常反对瓜分中国，这就暗示了它将不为自己占有一块中国土地。它发动对中国的战争，是打算扮演如同我们美国对于它扮演的同样的角色。它想创造一个新的中国，这个中国将采用所有的现代技术，成为日本牢固的同盟者，帮助中国去实现日本的口号："亚洲是亚洲人的。"毫无疑问，日本还想占有和控制朝鲜。当俄国撤走它的舰队准备开战之时，所有的计划都已敲定了。从无益和可鄙的中日战争中，日本只得到了台湾和其他一些小岛，以及一笔战争赔款。但是正像我所写的，日本正在准备实现它长期以来的野心，获得从它手中逃脱的目标。日本想创建的不久的将来究竟是什么样的？这个永恒的难题一直深深地迷住了所有关注哲学、人类进步和文明的人。

# 第十八章　日俄战争

[ 本章由（原书）编者撰写 ]

　　田贝在前一章中对列强在东方的野心做出了令人赞赏的解说，阅读了这一章的读者基本了解了日俄战争的起因。本章的目的在于非常简洁地一步一步地说明冲突的开始、战争的推进，以及最终在新罕布什尔州的朴次茅斯签订和约。

　　日俄两国的冲突从一开始就是不可调和的。就像田贝所说的，俄国需要控制满洲，以使它的西伯利亚大铁路能够安全运行，并且凭借这条铁路，在圣彼得堡和太平洋之间开辟新的交通线和贸易据点。另一方面日本不能容忍俄国控制满洲，因为这意味着不久俄国将吞并朝鲜，而朝鲜必须是日本的人口输出地和粮仓。日本占领朝鲜最大的理由就是阻止俄国得到朝鲜。因为一旦俄国占有了朝鲜，那么俄国实际上就像手握老虎钳一样，可以掐断日本的交通联系。这两大野心国家之间不可能有妥协，战争或投降从一开始就注定了。

　　记得 1895 年中日战争结束之时，中国割让辽东半岛给日本。但是正当日本要宣布这一割让之时，俄、法、德三国毫不留情地通知日本，他们不同意和约的这一部分付诸实施，因为这将威胁到中国的完整统一，并引进危害他们利益和危害远东和平的因素。这显然是文明国家从未采取过的最无礼、最露骨的行动。小小的日本，在武力的炫耀面前不知所措，只得向英国求救，读者已经知道，英国不在实施干涉的三国之内。而就在这时，英国掉头就溜，就像它以前多次所做的那样。狮子喜欢咆哮吼叫，但它不会跳起来扑过去。这是一头犯了大错的英格兰雄狮。这使它的威望大跌，并且可能也因此引发了战争，就像英首相格兰斯顿优柔寡断、拖延时日、一心妥协、不解决重大问题，而终于引发英国和波尔人的战争一样。如果英国人敢于以它的力量支持日本，俄、法、德三国阻拦日本的恶意三重奏一晚上就会偃旗息鼓了。现在日本只好放弃它付出了很大代价得来的辽东半岛，同时等待时机。

然而更粗鲁无礼的是，就在日本撤出满洲、放弃旅顺不久，俄国人进入了旅顺，在那里修建了防御工事！然后要求中国给予修建横穿满洲的铁路权，作为它为中国挽救这一地区的报酬。在日本看来，这也太过分了。虽然日本国小，但要求中国保证无论是旅顺，还是满洲的其他部分永不割让给任何外国，也不用任何外国来防御。这是一个合理的要求，却立即激怒了沙皇的两个盟友法国和德国，他们告诉日本，坚持这样的要求将被认为是不友好的举动。英国再一次把目光投向别处，而日本只好再一次吞下苦涩之果，重新等待时机。与此同时，日本做了很多准备，积极筹备战争。它看到必将与俄国决一死战，以复仇之心加紧武装自己。而俄国还在圣彼得堡幻想自己以外交手段征服远东，其主要的外交手段就是虚张声势。日本则在东京扩建它的陆军和海军，修建堡垒和兵工厂、军火库，积累了大量的军火。更重要的是，日本持续不断地向它的国民灌输错误的思想情感，说如果日本不站起来战斗，他们的国家将遭受他国的奴役，将威胁到他们国家的生存。这样一来，日本人都做好了随时上战场的准备，而俄国对此一无所知，根本没有设法应对日本赤裸裸的野心。田贝上校已经很好地讲述了这个故事，在日俄矛盾日趋尖锐的同时，欧洲各国在中国的争斗也在继续。大英帝国丢失了挽救中国和帮助日本的极好机会，投入到与他国的争夺之中，要求得到与旅顺隔海正对面的威海卫。而德国和法国分别要求得到胶州湾和广州湾。更让日本怒火中烧的是，得知早在 1896 年俄国就与中国签署了密约，俄国通过该密约得到中国允诺，可以在满洲驻扎铁路卫队和修建防御工事。这一密约的签订，很可能是通过行贿得逞的。正如田贝上校所说，俄国的这一攫取是义和团暴乱的主要原因之一。这是一条长之又长的路，而且没有拐弯，中国在义和团运动爆发后看到俄国把大批军队派驻满洲，在旅顺建起了坚固工事，还在海边建设了大连，称大连为"法令城"，把它作为西伯利亚大铁路的终点站。然后，中国从睡梦中醒来，叫喊着要挣脱锁链。对于俄国 1901 年做出的表态，英国和美国是支持的。日本走得更远，随着国力的增长，第二年它把英国拖过来签订条约，与它建立同盟国关系，该条约的确十分简单，只是规定，如果任意两国进犯日本或英国，另一国将与之同战。而眼下的战争，当然不必履行该约，因为只有一国，即俄国与日本的战争，但是这一条约有着奇妙的效力，把德国和法国摒除在战争之外，而这两国是极其热衷于掐死日本的。当英日同盟条约签订的消息传出，所有的国家都静默了好长一段时间。这也显示了日本已是一个世界强国了。日本能够引诱保守的英国与它签订盟约，显示了两个方面：一方面是日本的力量，另一方面是英国的机警。现在有了英国的武力支持和海约翰的影响，日本开始对俄国在满洲的地位问题连续打出干练的外交重拳。最终"北极熊"畏缩了。形势发展得太快，而俄国的反应太慢，于是俄国犯了致命的错误。它与中国签订条约，定于1903年10月1日从满洲撤出俄军。该条约的签订，说明俄国放弃了虚张声势的政策，采取退后一步的策略。正当它这样做之时，它领会了自己的错误。它是否真的领会了还是没有领会，没有人知道。俄国的大使们反复地向我们美国，向英国和日本外交官员表示俄国的打算是有诚意的。但是当撤军的日子到来时，它的军队却不挪动。很明显，它不想撤走已在中国的军队，俄国正式同意撤军而又断然食言，这使它在世界人民面前丢了脸。精于盘算和倚仗外交手段还可以原谅，甚至赞赏，但是笨拙地公然地撒谎，众神与人类都不能饶恕它。失去了世界的尊重，俄国在20世纪里决不能赢得满洲或任何其他地方。

当1903年10月1日到来之时，3个列强抗议俄国不按条约撤军。俄国仍没动静，而日本在全面估计形势后则开始行动。在英国和美国的同意和支持下，日本向俄国提议：尊重朝鲜和中国的领土完整；俄国同意不阻拦日本人在朝鲜的商业发展，日本同意在满洲对俄国采取同样的态度；俄国有权派遣军队进驻满洲，日本有权派军队入朝，维持秩序，但是任何一方都不得企图永久性地军事占领那里。俄国承认日本在朝鲜问题上有权提议就是让步。拖了两个月之后，俄国给出了相反的建议，要求日本正式放弃在满洲的一切利益，并不干涉俄国在满洲的计划；同时俄国同意，认可日本有关朝鲜的提议，但是建议在朝鲜北部设一个中立区。很自然，日本立即反驳这一建议，并给出另一个提议，在维持和平方面修正了它的第一个提议。第二份提议提出双方联合声明尊重中国和朝鲜的领土完整，由俄国保护满洲，由日本保护朝鲜。俄国拖了41天才对此做出答复。俄国在答复中，同意日本提议中有关朝鲜的部分，但是没有提到满洲的问题，这明显地意味着满洲事务日本管不着。日本却不这样想，表达日本看法的照会于 1904 年 1 月 13 日到达俄国。俄国没有回答。日本一次又一次强烈要求俄国作答，但俄国的唯一回应是作答的日子无法确定。2 月 5 日，俄国驻东京公使罗森男爵（Baron de Rosen）获知外交协商已破裂，第二天他接到命令撤离东京，就在同一天，日本在圣彼得堡的公使也被要求离开。两天后，2 月 8 日，日本舰队进攻停泊在旅顺外港的俄国舰队，战争正式爆发。

东乡平八郎

相信这次战争在读者心中仍记忆犹新，在此不再赘述，只是讲一个大概。冲突开始之时，俄国在太平洋沿岸有两个据点：旅顺和海参崴。俄国的军队分散在满洲的各个地区，以沈阳为行动中心，哈尔滨则可以叫作总司令部，这两个城市都在满洲。日本人的计划是：一方面，海陆军联合行动，尽快攻占俄国的两个海港；另一方面，将俄军赶出满洲。首次进攻俄国舰队是由日本联合舰队司令东乡平八郎发起的，那时，俄国舰队出于一些十分错误的想法，正抛锚停泊在旅顺外港。2月8日的进攻几乎大获全胜。俄国海军舰队突然遭到攻击，损伤惨重，两艘舰艇被击沉，几艘舰艇受损失去战斗力。几乎与此同时，黑木为桢率军登陆朝鲜，两天后占领首都汉城（今首尔），随后一路向北穿越朝鲜进入满洲。从4月29日到5月1日，打了第一场硬仗。当黑木为桢从朝鲜一方跨过鸭绿江进入满洲，赶到俄军面前时，俄军大吃一惊，完全没有想到日本会发动战争。因为缺乏准备，俄军在第一时间面对由日军满洲军总司令大山岩统领的日军可怕而迅速的行动时只能做出些微弱的抵抗。同时，为了夺取旅顺，日军必须孤立旅顺。为达此目的，日军第二支军队在奥保巩率领下于5月5日在辽东半岛的貔子窝登陆。三天后，奥保巩在普兰店切断铁路线，旅顺就此处于孤立状态。然后奥保巩继续向北，向俄军主要据点挺进。这时日军第三支军队由乃木希典率领，登陆位于貔子窝以北的大孤山，也开始向北进发。这些军队都不承担攻占旅顺的任务。这一任务留给了日军第四支军队，该军以野津道贯为统领。第四支军队于6月登陆貔子窝以南的克尔湾（Kerr Bay）[1]，立即承担起这项艰巨的任务。与此同时，俄军已经焚烧和放弃了大连，这是他们花费了数百万建造起来的"远方的

---

[1] "克尔湾"系音译，未能查实确切名称，不过最可能是指大连湾。——译者

日军满洲军总司令大山岩

城市"。5月30日，日军进入大连。这一军情对于日军第四军来说非常重要，为他们进攻旅顺打下了基础。

俄军这时候驻扎的地区在日军以北，拉开一条战线长达150英里。他们由库鲁巴特金（Kuropatkin）指挥，他是俄国最伟大的军事将领。日军的第一、二、三支军队就朝着北面的俄军前进。两军开战的故事很简单，就是前进、前进，有时候快，有时候慢，但肯定总是可怕的日本兵在前进。5月26日，在南山发生了一场重要的血腥战斗。8月26日至9月4日，两军在辽阳第一次全面对阵开战，参战人数达42万，结果日军获全胜。库鲁巴特金只得后撤。10月9日，库鲁巴特金决定进攻日军，于是就有沙河之战，结果俄军惨败。与此同时，野津道贯顽强地向南朝着旅顺前进，一路上拼了命地打了好几次血腥之仗。最可怕和最惨烈的一仗发生在 11 月 30 日，结果日军拿下了 203 高地（即老虎沟），这座山头可以俯瞰旅顺内部工事，这使得旅顺的投降也就是时间的问题了。1905 年 1 月 2 日，旅顺在被包围了 232 天之后终于投降。为拿下旅顺，日本付出了几千人的生命和一亿美元，多么可怕的代价！

旅顺之战的最后几个星期里，因为是冬天，整个满洲战场没有继续开战。但是占领旅顺后，日军满洲军总司令大山岩立即下令向沈阳进发，那时库鲁巴特金把他的司令部设在沈阳。从 2 月 24 日至 3 月 12 日，进行了如果说不是有史以来的话，也可以说是现代史上最为拼命的一场战役。大约 80 万人参与此战。结果又是大山岩赢了，库鲁巴特金又一次撤退，不过还算是有序地撤退。俄军撤退到了沈阳以北 100 英里处，之后在满洲没有再发生过大规模战斗。战争再一次转移到沿海。

自从战争初期俄国舰队在旅顺港遭遇惨败之后，俄国开始装备黑海舰队，由罗杰斯特文斯基（Rojestvensky）率领，意图让这支舰队在中国的海面上展现他们海军的雄姿和威风。这支海军舰队直到 1904 年 10 月 15 日才离开里堡港（Libau），5 天之后，关于这支舰队的新闻传遍世界，首先是这支舰队在北海[1]炮击了几艘英国渔船，因为误认它们是日本鱼雷艇。两个渔民被打死，一条渔船沉没。这一行动几乎导致英国向俄国开战，但是通过外交斡旋缓解了这一事件造成的危机。组建了一个调查法庭，几个月后给出了一个苏格兰式的判决。总的看法是俄国方面神经紧张，因歇斯底里发作而酿成此案。同时，罗杰斯特文斯基继续他的死亡之旅，他走绕道好望角的航线，于 1905 年

1　此处的北海指位于英国东海岸附近的大西洋海域。——译者

1月3日到达马达加斯加，这一天正是旅顺投降之后的第二天。他就在这里等待决定他命运的日子到来。终于他接到命令继续前行。5月，他进入日本海，遭遇到了东乡平八郎率领的日本舰队，27日发生了大规模海战，结果俄国舰队惨遭全歼。这场海战粉碎了俄国的希望，使它最终转而听取劝告，欢迎罗斯福总统为双方安排和谈。和谈会议的代表，俄方有俄国总理谢尔盖·维特（Sergius de Witte）、俄国驻美大使罗森爵士，日方有日本外务相小村寿太郎、日本驻美公使高平小五郎。会议地点设在美国新罕布什尔州的朴次茅斯，8月9日和谈开始。9月15日签订和约，随后即下令停战。在此无须再赘述条约条款，因为已众所周知。官方的正式条约文本还未公布，但是我们知道日本实际上获得了它发动战争想达到的目的，即把俄国赶出满洲和日本有权控制朝鲜。日本的前景如日中天，在东半球它的威望超过任何一国。

谢尔盖·维特

为了方便读者，下面附了日俄战争大事记：

1904 年

2 月 5 日 日俄断交。

2 月 8 日 东乡平八郎攻击旅顺俄国舰队。

2 月 9 日 俄舰"瓦良格号"（Variag）和"科里茨号"（Korietz）沉没。日军在朝鲜半岛的济物浦[1]（Chemulpo）登陆。

2 月 10 日 沙皇对日宣战；日军占领汉城（今首尔）。

2 月 11 日 日本天皇对俄宣战。美国宣布中立。一艘日本商船被海参崴舰队击沉。

2 月 28 日 黑木为桢在平壤，第一次陆战。

3 月 6 日 上村彦之丞炮击海参崴。

3 月 8 日 马克洛夫（Makaroff）担任旅顺指挥官。

3 月 27 日 库鲁巴特金抵达沈阳。

4 月 4 日 黑木为桢占领鸭绿江上的义州。

4 月 13 日 马克洛夫与俄旗舰"佩特罗帕夫洛夫斯克号"（Petropavlovsk）一起沉没，事情发生在该舰从旅顺港突围之时。

5 月 1 日 鸭绿江之战。

5 月 5 日 奥保巩登陆貔子窝。

5 月 11 日 俄国人焚毁大连并撤出该城。

5 月 14 日 旅顺被孤立。

5 月 15 日 日本战列舰"初濑号"（Hatsuse）和"八岛号"（Yashima）触雷沉没，巡洋舰"吉野号"（Yoshino）遭碰撞。

5 月 22—26 日 日军攻占旅顺第一道屏障——南山。

5 月 30 日 日军占领大连。

6 月 15 日 海参崴骑兵中队炮击朝鲜文山，击沉运输船"佐渡号"

---

1 济物浦，即今韩国仁川。——译者

（*Sado*）和"日立号"（*Hitachi*）。

6月27—29日　黑木为桢和乃木希典占领分水岭、大关、毛田关。

7月13—17日　俄志愿巡洋舰"圣彼得斯伯格号"（*St. Petersburg*）和"斯莫伦斯克号"（*Smolensk*）在红海劫持英国轮船"马拉卡号"（*Malacca*）和德国轮船"普赖斯·佩恩瑞曲号"（*Prins Peinrick*）。

7月23日　日本鱼雷艇攻击旅顺舰队。

7月26—30日　日军占领旅顺狼山。

7月30日　日军开始向辽阳进发。

7月30—31日　海城之战。

8月8日　奥保巩占领牛庄。

8月10日　俄舰司令威特泽夫特（Wittsoeft）从旅顺港突围时身亡，舰队被击溃，受损严重。

8月14日　上村彦之丞击败海参崴舰队；"鲁里克号"（*Rurik*）沉没。

8月19—24日　日军第一次向旅顺发起总攻。

8月26日—9月4日　辽阳之战。

9月19—21日　日军占领库鲁巴特金要塞；控制了旅顺外围防线。

10月11—21日　沙河之战。

10月15日　罗杰斯特文斯基率黑海舰队从里堡港出发。

10月20日　两军在沈阳以南进入冬季休战。

10月22日　北海拖网渔船遭罗杰斯特文斯基舰队炮击。

10月25日　库鲁巴特金取代阿莱克谢夫（Alexiff）成为最高指挥官。

10 月 26 日　日军进攻东鸡冠山炮堡并占领了二龙山。

11 月 16 日　俄军驱逐舰"罗斯托洛普尼号"（Rostoropny）从速逃亡烟台，并炸舰以避免被俘。

11 月 30 日　日军攻占 203 高地。

12 月 6—10 日　日军焚毁旅顺舰队。

12 月 18 日　日军第一次彻底破坏旅顺防线。

12 月 18—31 日　野津道贯全面占领鸡冠山。


1905 年

1 月 1 日　俄旅顺要塞司令司徒塞尔（Stoessel）下令投降。

1 月 2 日　旅顺投降。

1 月 3 日　罗杰斯特文斯基抵达马达加斯加。

1 月 10—11 日　哥萨克骑兵袭击日军后方，直插至牛庄附近。

1 月 25—29 日　浑河之战。

2 月 15 日　第三支太平洋舰队由聂博嘎脱夫（Nebogatoff）率领从里堡港出发。

2 月 24 日—3 月 12 日　沈阳之战。

3 月 16 日　罗杰斯特文斯基从马达加斯加向东行驶。

4 月 8 日　罗杰斯特文斯基抵达新加坡。

5 月 2—5 日　海参崴鱼雷艇袭击日本北海岸。

5 月 8 日　聂博嘎脱夫舰队加入罗杰斯特文斯基舰队。

5 月 27—28 日　日本海之战。

6 月 3 日　恩奎其特（Enquist）率 3 艘巡洋舰到达马尼拉；巡洋舰被扣留。

6 月 9 日　罗斯福总统向交战国发出外交信件，呼吁寻求和平。

6 月 11 日　俄、日各自保证进行和谈。

7月8日　日军登陆库页岛。

8月9日　和谈在新罕布什尔州朴次茅斯举行。

9月5日　签订和约。

图书在版编目（CIP）数据

百年前的中国和中国人：田贝北京回忆录 /（美）
田贝著；叶凤美译 . -- 北京：北京联合出版公司，
2025. 6. --（外国人眼中的北京）. -- ISBN 978-7
-5596-8330-4

Ⅰ . I712.55
中国国家版本馆 CIP 数据核字第 2025V49G25 号

## 百年前的中国和中国人：田贝北京回忆录

作　　者：［美］田贝（Charles Denby）
译　　者：叶凤美
出 品 人：赵红仕
出版监制：刘　凯
责任编辑：孙常凤
封面设计：XXL Studio 郑　坤
内文排版：北京麦莫瑞文化传播有限公司

北京联合出版公司出版
（北京市西城区德外大街 83 号楼 9 层　 100088）
固安兰星球彩色印刷有限公司印刷　北京联合天畅文化传播有限公司发行
字数 262 千字　 710mm×1000mm　 1/16　 21 印张
2025 年 6 月第 1 版　 2025 年 6 月第 1 次印刷
ISBN 978-7-5596-8330-4
定价：98.00 元